绿色中国行动

包 云　周鸿升｜主编

中国林业出版社

"绿色中国行动"
报道组风采

启动仪式上的合影

报道组在江西鄱阳县

出了西口，就是内蒙古大草原了

报道组在云南

报道组在红水河

绿色中国行动

图书在版编目（CIP）数据

绿色中国行动／包云，周鸿升主编.— 北京：中国林业出版社，2015.1

ISBN 978-7-5038-7865-7

Ⅰ．①绿… Ⅱ．①包… ②周… Ⅲ．①退耕还林－中国 Ⅳ．①F326.2

中国版本图书馆CIP数据核字（2015）第033785号

出版发行　中国林业出版社（100009　北京市西城区德内大街刘海胡同7号）
　　　　　　Email：wildlife_cfph@163.com　电话：83143519
　　　　　　http://lycb.forestry.gov.cn

印　　刷　北京华联印刷有限公司
版　　次　2015年2月第1版
印　　次　2015年2月第1版
开　　本　787mm×1092mm　1/16
印　　张　20.5
字　　数　492千字
定　　价　200.00元

《绿色中国行动》编委会

主　编：包　云　周鸿升

副主编：潘晓闻　蔡小林　杨志东　李　涛　王殿富
　　　　张秀斌　吴礼军　敖安强

编　委：吴紫芳　魏漫伦　郝　佳　胡国华　崔　彤
　　　　凌　晨　王贵山　任　捷　刘　青　李　珠
　　　　石建华　刘鑫铭　武俊山　樊永信　陶　磊
　　　　徐　冰　李天娇　陈　俊　刁　莹

报道组成员：
　　　　崔　彤　凌　晨　王贵山　魏漫伦　许　云
　　　　杜　震　陈　俊　岳旭辉　郑　澍　李　赢
　　　　马　喆　俞天颖　吉梅洁　范存宝　许新霞
　　　　陆明明　张国亮　刁　莹　王　利　吴朝晖
　　　　李　楠　梁　悦　张则华　郭　静　饶　蕾
　　　　马文佳　夏　文　韩　秀　元　轶　康维佳
　　　　王志勇　黄立新　黎政祥　王茂盛　刘长江
　　　　辛如记　张江元　陈代泽　蒋　琦　赵美兰
　　　　殷志强　朱　琳　崔爱玲　杜昌华　刘　湛
　　　　张孝成　张毛清　郑　颖　李健飞　邓文辉
　　　　孟晓光　傅　蕾　姜文婧　张　垒　许大为
　　　　刘　军　张　磊　刘　涛　温　超　宝　音
　　　　金建军　任磊萍　张　晶　左艾甫　陈鸿燕
　　　　郭　威　刘涛（川）　　　邹佳琪　王　薇
　　　　赵　净　宁　静　任　芳　杜　虎　徐志强

照片提供者：李　珠　凌　晨　岳旭辉　崔　彤　吴宗凯
责任编辑：徐成忠　李　珠　刘家玲　田　红

备注：书中除手记署名外，其余均属集体创作。重庆退耕还林办公室提供部分照片。

序 一

倾听绿色中国

中央人民广播电台台长　王求

党的十八大报告中明确提出：大力推进生态文明建设，建设生态文明，是关系人民福祉、关乎民族未来的长远大计。十八届三中全会又提出：紧紧围绕建设美丽中国，深化生态文明体制改革，加快建立生态文明制度，健全国土空间开发、资源节约利用、生态环境保护的体制机制。正是在这样的大背景下，在国家林业局的大力支持下，中央人民广播电台在今年（2014年）春夏之交启动了大型系列报道"绿色中国行动"。

"绿色中国行动"从2014年6月16日启动至7月3日结束，历时18天，报道组兵分四路，北至内蒙古，南到广西，西到新疆，东到辽宁，行程近4万公里，分别深入我国16个省（区、市），扫描山区生态环境现状、透视退耕还林等国家生态补偿措施的效果、直面生态环境隐忧，诠释退耕还林、青山保护这一前无古人的积极行动的历史意义和现实成效。记者们走进重新披绿的青山，与基层百姓倾心交流，用声音记录蓝天白云、高山湖泊的壮丽景象，展现退耕还林后百姓的真实生活，折射政府造福一方的努力。

由于客观生存环境的压力，几千年来，由于人口众多，生存压力大，中国历代政府和百姓都鼓励垦荒增加粮食产量，直到今天，仍有一些地区在向山林、湿地、海洋要地。向大自然无休止索取的结果，是森林的减少、草原的退化、湖泊的干涸和山林的荒漠化。为了解决生存问题而无限度"掏空"山林，在一切能够种植的坡地、荒山上开垦种植，虽然增加了粮食产量，但对生态环境的破坏也是巨大的。今天那些直插云天的山区梯田景观，固然仍然让我们感动和叹为观止，但也常常让我们感叹大自然的不堪重负，水土流失等地质灾害频发，更给我们留下太大的伤痛。

始于1999年的退耕还林工程，今年走进了第十五个年头，这是一个有历史意义的工程，它不仅标志着中国温饱问题的解决，更是标志着复兴中的中国今天终于有能力并开始偿还生态欠账这一历史性变化。退耕还林还草，是中国政府补偿历史生态欠账的一个伟大行动，是中国政府在国家实力强大后采取的一个对人类、对地球、对历史负责的壮举。从砍伐森林到护林、造林，从普通意义上的造林、护林到国家投入巨额资金退耕还林，这一步步历史脚印，不仅见证着林业这个行业的变迁，见证着普通中国人环保意识的觉醒，更见证着复兴中的中国从黄土走向绿色。中央人民广播电台作为国家电台，有责任也有义务宣传好、报道好"美丽中国"这一宏大的主题。绿色中国行动正是以"生态文明"、"美丽中国"为主线，以退耕还林为切入口，以生动的音响、感人的细节、宏观的叙事，全景式地诠释了"推进生态文明，建设美丽中国"这一宏大的主题。

中央人民广播电台
台长 王求

党的十八大报告首次单篇论述生态文明，首次把"美丽中国"作为未来生态文明建设的宏伟目标，表明我们党对中国特色社会主义伟大事业认识的深化，把生态文明建设摆在"五位一体"的高度来论述，也彰显出中华民族对子孙、对世界负责的精神。以习近平同志为总书记的新一届中央领导集体，又从我国经济社会发展实际出发，围绕生态文明建设提出了一系列新思想和新要求。比如："望得见山，看得见水，记得住乡愁"、"山、水、林、田、湖是一个生命共同体，人的命脉在田，田的命脉在水，水的命脉在山，山的命脉在土，土的命脉在树"等等。

值得高兴的是，今年的9月25日——国家2014年退耕还林还草500万亩计划任务正式下达，以此为标志，新一轮退耕还林工作正式启动。实践证明，实施退耕还林是促进人与自然和谐、实现可持续发展的成功典范。退耕还林工程让世界看到了中国负责任的重大的行动，让世界听到了中国铿锵有力的声音！退耕还林工程已经吹响新的号角，必将有力推动中国走上绿色增长之路。

序 二

在"绿色中国行动"
启动仪式上的讲话

国家林业局副局长　张永利

国家林业局副局长
张永利

今天很高兴参加中央电台和国家林业局联合组织的大型系列报道"绿色中国行动"启动仪式。我代表国家林业局对"绿色中国行动"的隆重启动致以热烈的祝贺！对中央人民广播电台长期以来对林业工作的关注和支持表示衷心的感谢！并向即将前往退耕还林16个省（区、市）采访的记者朋友们表示崇高的敬意！

党的十八大做出了大力推进生态文明和美丽中国建设的重大战略部署，把生态文明纳入了中国特色社会主义事业"五位一体"建设的总体布局，凸显了生态建设和生态文明建设的历史地位和重大意义。

退耕还林是党中央、国务院站在民族生存和发展的高度，着眼于经济社会可持续发展的大局做出的重大战略决策。工程实施十多年来，全国共完成退耕还林工程建设任务4.41亿亩，共需中央投入4397.6亿元，已下达各项资金3541亿元。工程取得了十分显著的生态效益、经济效益和社会效益，对改善生态环境、维护国土生态安全、推动农业结构调整、发展特色产业、增加农民收入、解放农村劳动力、拉动国内需求都发挥了重大作用。实践证明，党中央、国务院关于实施退耕还林的战略决策是完全正确的。

"绿色中国行动"是一次主题鲜明、跨地区、跨流域的具有重大意义的大型采访报道活动，希望各级林业部门积极配合、大力支持，确保活动顺利开展。希望记者们的采访既反映退耕还林经验和成效，也直面工程存在的困难和问题，通过你们的声音、文字和镜头，让全社会更加关注退耕还林、支持退耕还林。

采访期间天气炎热，还望同志们保重身体，注意安全。

预祝"绿色中国行动"取得圆满成功！

（2014年6月13日）

目　录

探青访绿行与思

寻绿不辞大漠西

为了梦中橄榄树

绿色中国在呼唤

主持人： 建设美丽中国是中国梦的重要组成部分。从今天开始，中央人民广播电台将联合国家林业局开展大型采访报道"绿色中国行动"，用话筒记录我国青山再造的生态实践，直面生态环境隐忧，绘制青山绿地生态版图。今天请听开篇报道：《绿色中国在呼唤》。

【压混……】

【出录音】**退耕农民：** 当时这些地，有个什么说法呢？开荒种地脱层皮，下一场雨没了泥，拼死拼活干一年，粗茶淡饭裹肚皮……就是随处开荒种地，越垦越荒，越荒越垦，恶性循环。【录音止】

1998年，长江、松花江、嫩江流域发生特大洪灾。灾害敲响生态保护的警钟。在国家林业局退耕还林办公室主任周鸿升看来，盲目毁林、对坡地过度开垦导致的水土流失加剧是这场灾难的主要原因。

【出录音】**周鸿升：** 自然条件恶劣的地方还要无度索取，就会遭到自然对你的惩罚。【录音止】

37.1% 的国土因为水土流失变得贫瘠、荒漠化扩大、湿地湖泊萎缩、生物多样性下降……中国工程院院士尹伟伦说，面对水土流失和风沙肆虐，退耕还林是势在必行的选择。从 1999 年开始，涉及全国 3200 多万农户、1.24 亿农民的退耕还林工程启动。

【出录音】**尹伟伦：** 就是把农业从生产粮食转向生产木本粮油，转向生态产品和林下经济。既有经济价值，又有生态保护功能。荒凉的荒山秀岭绿起来了，经济还发展起来了，环境又好了，不是很好吗？【录音止】

今年是我国实施退耕还林工程的第十五年，这是迄今为止世界上最大的生态建设工程。截至目前，国家共投入资金 3500 亿，累计完成造林任务 4.41 亿亩，全国 1.39 亿亩陡坡耕地和严重沙化地恢复了植被，相当于再造了一个东北、内蒙古国有林区。

（音响）【出录音】**李克强：** 必须加强生态环境保护，下决心用硬措施完成硬任务。推进生态保护与建设。继续实施退耕还林还草，今年拟安排500万亩。【录音止】

李克强总理在第十二届全国人大二次会议上的庄严承诺，让世界看到了一个负责任大国的绿色进程。

【出录音】**周鸿升：** 还成林木后，水源涵养、防止水土流失的作用非常巨大。退耕还林带来山区林农最重要的变化是他的生产方式和生活方式的改变，调整了产业结构。退耕还林工程让山川更秀美，乡村百姓更知山乐水。【录音止】

【加入压混、现场声】

记者口播： 我现在是在山西大同县塔儿村。退耕林已成一片绿色屏障，清风吹往京津，桑干河水清澈供北京。退耕户姚文成退耕后种植的700亩杏树，金黄果实挂枝头，将在一周后迎来收获。

【出录音】**退耕户姚文成：** （和以前）那没法比，原来这地是非常陡的山坡地，一亩地也就是100斤（粮食）产量。【录音止】

目前全国仍有陡坡和严重沙化耕地8200万亩，水土流失面积达295万平方公里，脆弱的生态仍是建设美丽中国的"拦路虎"。国家林业局副局长张永利说，绿色中国在呼唤，要不断巩固退耕还林成果，还要在江河源头、湖库周围等重点国家生态功能区适当扩大退耕还林规模。

【出录音】**国家林业局副局长张永利：** 党和国家为了我们乃至子孙后代营造一个良好的生存环境，不惜投巨资加大生态保护和建设力度。许多昔日荒山秃岭、水土流失严重的地方生态环境得到显著改善，农民收入不断增加，生活水平大幅提高。实践证明，退耕还林是一项功在当代、造福子孙的生态工程、民生工程和德政工程。【录音止】

　　这次"绿色中国行动"的采访活动，我们华北组第一个出发，满打满算历时 20 天，地面行程逾 4000 公里（不含飞行距离）。大家开玩笑说，除了吃饭和睡觉，所有的时间都用在了采访和写稿上，甚至在吃饭时也不忘讨论报道选题，更有人开玩笑说，连睡觉做梦的内容都离不开稿子中的人物与对话。

　　就是这样，穿越冀、晋、内蒙古、辽四省区八千里路的跋涉和 20 个日日夜夜的努力，我们出色地完成了全部采访任务。前后共发广播稿 16 篇，新媒体稿（含文字、图片、视频）22 篇。其中中国之声《新闻报摘》的头条就有 2 篇！要知道，给我们的报摘发稿任务总共也才是 4 篇呢！不是说稿子上了头条就怎么了不起，而是这一艰辛的过程至少说明后方对前方的工作和稿子的质量是认可的，也说明我们的不懈努力没有白费。

　　还是说说第一个头条《寻找"小老树"》吧。

　　从 6 月 17 日黄河边农家小院里的彻夜讨论，到 21 日凌晨敲下"发送"键，载着文字和音频的邮件通过互联网飞往千里之外的北京。连续 4 个不眠之夜，我们的耳畔是东去黄河的阵阵涛声，我们的思维是"设计"怎样请"树爹"和造林专家接受采访，我们的行动是"引诱"山西站老记者竹筒倒豆子讲故事。

八千里路云和月

报道一组组长：崔彤

那几个夜晚，在我们的宿营地，总有几个房间一直是大门敞开着的，从屋里传出来的只有无休无止的讨论、烟头燃烧带来的刺鼻异味，以及时不时响起的敲击键盘的声音。直到稿子发完，东方既白，担任执笔的记者李赢刚刚睡下，还被报摘值班编辑紧急提溜起来再次改稿……

苦不苦？当然苦！累不累？当然累！但这些苦、这些累，都在最后那一刻，化作那憔悴面容上舒展的眉头和清晨6点半《歌唱祖国》的嘹亮乐曲。

辛苦是一方面，大家的专业精神和对追求的执着也给我留下深刻的印象。记得在第一站河北，节目就要截稿了，编辑打来电话一再叮嘱，要短些，再短些！后来干脆硬性规定"报摘"不得超过1分30秒，"纵横"不超过3分30秒。可我们怎么能舍得辛苦采到的那么多精彩内容呢？只好跟编辑"蘑菇"……最后终于如愿以偿。

这给我的启示就是：好新闻要跑，要等，也要"做"。

我们平时在新闻的采写和发稿时有个误区，常常认为我已经辛辛苦苦在外面采访了这么久，稿子所反映的内容也符合编辑要求，甚至是很重要的（比如规定动作的题目），编辑不会不用。但是错了，仅

凭这些还不足以构成上重点、上头条的要件，弄不好也许连一般新闻都不够格。为什么呢？我们知道，新闻往往是重复的，如果你在采写的过程中只知道沿袭以往的思路，偷懒了，或者仅仅是付出一般的努力，那你的稿子就很难被编辑相中，更难作为重点使用。

一个事实的表述往往只有一句话甚至一个字是最精彩、最恰当的。我们去寻找了吗？我们的内心是不是总有一种语不惊人死不休的冲动呢？看看我们这一路所发稿子的标题就知道，大家在写作时下了多大的功夫。

《那山、那水、那核桃人家》；

《太行山人的退与进》；

《退耕还林退出了一个绿色产业》；

《寻找"小老树"》；

《黄土高原的三重突围》；

《小树小草写就生态大文章》；

《对话草原》；

《当杨树遇上苞米》。

提高是一个过程，不会有那么一个标志性的里程碑，也不可能有一天早上某人从某篇文章开始就提高到了什么样的水平。正因为如此，对我们来说，提高就不会有终极，而应该被看作是一种生活和工作的态度，一种积极的价值取向。拥有这种取向，"提高"将伴随我们终生。更为重要的是，真正的"提高"不应停留在大脑，而是要更多地通过我们的身体力行去实践。

我们常说提高报道质量，创造新闻精品，由"绿色中国行动"的实践，我想也许可以从以下几个方面进行尝试：

一、屁股坐准位置，找到好的着力点。屁股决定脑袋，你的屁股坐在退耕农户的板凳上，就应该有一个想着退耕农户柴米油盐喜怒哀乐生老病死的脑袋。要多想想他们的生活，想想他们的需要，想想他们的期望，

从中选择可做的素材，找到好的着力点。这也许就能解释在彰武的一间小会议室里，许云困得眼睛都快睁不开了，却一定要刨根问底，听听退耕农户想法。现在说的是绿色中国行动采访，换一个场合和对象，也是同样的道理。

二、将题材的启动点放在深入细致的调查研究上。我们对退耕还林的来龙去脉，对它的现状，对退耕农户的生活和需求都还不是十分了解，或者只知道一点点皮毛，这也是采访到后来在操作一些题目时的现实困难——油水已经被榨干了。所以，要给记者充分的时间去调查研究，将问题搞清楚再进行操作，从这个角度讲，我们采访安排的时间还是有点紧，记者采访和写作的自由度也还不够。

三、报道过程中对每一篇稿件进行质量监督。我们要对稿件进行事实是否典型、细节是否充分、逻辑是否严密、文字是否简洁的考衡，尤其提倡稿件的修改和补充，提倡记者自己写编前、编后、手记、背景资料等。凡是成功的范例都有这样的过程，我们这次采访也不例外。报道结束还不到 10 天，大家的采访手记、感言、心得就像雪片一般飞来，最年轻的记者郑澍排在头一个。

四、要把成功报道的落脚点放在"造势"和追求最佳解决效果上。一篇报道或者是轰轰烈烈，引起听众的热评，在社会上造成强烈影响，或者是推进政府部门的工作，促进问题的解决，这样的效果多被当作报道成功的标志。在这里，我更趋向于问题的解决，以显示媒体的社会力量。所以，我们没有过多地执拗于正面多一点还是负面多一点，而是尽量多一些理性的思考，多一些有参考价值的经验，多一些建设性的意见。从国务院参事姚景源的点评来看，我们的努力还算成功。

五、当然，新闻精品的出现，还需要我们这个团队所有的成员团结协助，更需要参与的人严谨务实，不可假一时之勇，也不能凭一点小的聪明。

最后还想再说的是：我们这个报道团队太棒了！许云、郑澍、李赢，还有沿途的河北、山西、内蒙古、辽宁记者站的兄弟姐妹们，是他们给我们整个报道组带来了勃勃生机，我们互相鼓励，互相支持，互相关心，互相帮助，这才有了坚持到最后的勇气和力量，感谢他们！感谢我们！

太行山人的退与进

河北涉县、临城是我们华北报道组的第一站，我们对退耕还林的初之体验从认识核桃树开始。为了遏制我国生态环境的恶化，解决中西部地区严重的水土流失问题，扭转长江、黄河流域水患灾害，国务院决定在全国范围内实施退耕还林（草）（以下简称退耕还林），1999 年开始试点，2002 年全面铺开。退耕区多属于自然环境恶劣、交通不便的山区或半山区。我们在林业局负责人的介绍中补了"盲"，知道了为什么要退耕还林？退出的耕地是次耕地、坡耕地，用口语说就是收成不好的那些"困难地"。虽说是"困难地"，让老百姓退出也是很困难的。在河北涉县、临城实地采访，望着成片已经带来比耕地效益高的经济林，追溯退耕还林的最初，有今昔这番光景可并不容易。这依靠于有耕户退与进的观念转变，这里得益于政府为老百姓谋利益的思索行动。于是我们华北报道组的新闻纵横由此开篇。

"一个守着耕地的农户，一个想推进还林的县长。当生态碰撞经济，退还是进？农户、县长二者之间如何抉择？"

进入河北临城，采访车在十几公里^①核桃林中穿行。树上挂满了绿色的小核桃。村民乔二民骑着三轮摩托车迎面而来。66 岁的他带着草编帽来巡林，看起来比实际年龄小。

乔二民： 30 多亩。一年比一年好，每年递增。一年可以买一辆小轿车不成问题。

种植核桃，年收入二十几万元，他说，现在给他个县长，他都不换。在场的临城县副县长刘贞哲笑着说，当初乔二民可不是这么想。十几年前河北省开始退耕，退出一亩耕地就意味着少一份收入，乔二民先打起了退堂鼓。

刘贞哲： 这地原来是次耕地，每年只能靠天收，基本上是种点玉米，原来租这个地的时候，老百姓说，我们祖祖辈辈就没有见树，还种树呢。拿着钱去喝酒，你们玩石头去吧。

这边乔二民打起退堂鼓，另一边刘县长响起了敲边鼓。临城是丘陵地区，种树难种活，老百姓有顾虑，当地政府开始想办法。

---

① 为尊重采访报道原文，本书中非国际标准单位未做修改。

 1 公里 =1 千米 =1000 米；1 里 =500 米；1 亩 =666.67 平方米；1 斤 =500 克；1 公斤 =1000 克。

客土种植，优种树苗，引水灌溉。刘贞哲借用了政府和专家合作出来的三条锦囊妙计，进了一步。这样一来乔二民退了自家的33亩耕地。

乔二民：以前靠天吃饭，没啥收入。种上核桃树以后，县里搞退耕，给大家补贴，大家有热情了。以前都是荒岗，现在空气特别好，骑自行车。

退了耕地，进了绿色。乔二民和他的乡亲们在退进之间可谓生态效益和经济效益兼收。在河北省，像乔二民这样退耕的农户有218万户，一共800多万农民。如何进一步给退耕户增收？河北省退耕还林见了成效，下一步又将如何推进？太行山人还有哪些期望？

河北省越来越多的"乔二民"种上了核桃林，离临城200多公里的涉县，农民陈水洋同样因为种植核桃林富裕起来。

涉县副县长孟凡哲：退耕还林为山区农业找到了一个发展方向，在广大山坡地种核桃，除了树本身以外，林下经济也是一个很好的兼容经济的增长点。

去年一场大雪，核桃减产，让临城、涉县等这些太行山区县的县长们开始想下一步如何延长核桃林产业链，提升附加经济值。

绿色笼罩中的临城

刘县长：退耕还林推出了一个绿色产业。核桃树多了，我们进行深加工，建立了3家核桃深加工企业，有核桃油、核桃露、核桃碳、核桃奶片。

第一产业是种核桃等经济林、第二产业是扩宽产业经济。有了第一产业、第二产业，河北省退耕还林见了成效，下一步将如何更进一步？

河北省退耕还林办公室（以下简称退耕办）副主任贡克奇：我们现在通过发展林业做绿色产业，我们做旅游、森林旅游，我们做果品采摘，我们做产品加工。我们一个果园，赵县的一个果园，他们有统计，他们做梨花节这些游客赏花的收入，再加上卖当地农副产品的收入，比他们卖果品的收入还要高，这就形成了我们的旅游产业，而且是没有污染，绿色、循环、可持续的。

退耕还林15年，退进之间，太行山更多绿色，更多绿色经济。乔二民、刘贞哲这些太行山人又开始考虑他们下一步的退与进。

刘贞哲：下一步政策怎么走，也是我们的期待，一方面更加进一步地调动农民的积极性，使林木持续地发展下去，希望国家政策继续延续或者是加大退耕还林的力度。

乔二民：退耕还林以后，国家政策的发展还不知道是啥样，现在老百姓的效益提高了，以后再种菜、养鸡或者种药材。

太行山的乡亲们对未来充满期待，在全国各地，退耕还林工程还在继续。河北省的成功经验为发展"绿色中国"带来哪些启示？国务院参事室研究员姚景源如此点评：

姚景源：河北的经验告诉我们，要想建设绿色中国，我们最重要的途径是发展绿色产业，绿色产业一方面使农民能够增收致富，另一方面又使绿色中国有了个极大的成就，就是把绿色中国建设与改善民生和怎么样让民众致富紧紧连在一起。

退耕还林
退出了一个绿色产业

中央人民广播电台（以下简称中央台）"绿色中国行动"记者今天下午走进河北省邢台市临城县实地采访当地退耕还林情况。那里的情况如何？当地老百姓生活发生了哪些变化？下面我们连线前方记者。

主持人：临城现在有多少退耕林？老百姓退耕以后的生活如何？采访中遇到哪些人或事给你印象深刻？

记者：好的，主持人。临城位于河北省西南部，地处太行山东麓，境内山区、丘陵、平原呈阶梯状分布，素有"七山二水一分田"之称，是中国核桃之乡。进入河北临城，采访车在十几公里核桃林中穿行。树上挂满了绿色的小核桃。谈起对临城的最大印象，恐怕也是这核桃了，自2002年退耕还林以来，共完成退耕地造林4.8万亩，至2013年底薄皮核桃保有量达18.2万亩，而这个临城的人口也仅有不

倾听临城

临城喜悦

到 21 万，核桃林几乎达到人均一亩，森林覆盖率逐年提高。

在这里，不仅是核桃林多，更重要的是，核桃林成了农民的摇钱树。在临城县的乔家庄村采访时遇到了村民乔二民，7 年前，现年 66 岁的他将自家的 30 多亩次耕地实施了退耕，种植了核桃树，如今，收入一年比一年好，年收入二十几万元。他告诉我说，他们村的老百姓都是通过退耕还林种植核桃树才发家致富的。让我印象非常深刻的是，当着他们县副县长的面说，现在就是给他个县长，他也不愿意换，因为确实从核桃林里得到了效益，收获了幸福。

最后，我还想说，临城退耕还林已经退出了一个绿色产业，核桃种植、加工和深加工等等，带动了 10 万人的就业。

主持人： 退耕还林带来生态效益的同时，如何也能为当地老百姓带来经济效益？中央人民广播电台"绿色中国行动"华北采访组从河北临城发回的报道。

记者： 看着自家核桃园里挂满核桃，林农乔二民喜上眉梢。乔二民是河北省邢台市临城县乔家庄村的村民。7 年前，他把家里的 30 多亩的次耕地，进行了退耕还林，种上核桃树。【出录音】"从挂果这三年看，平均一亩地就是两千来块钱，这个树一年比一年大，每年还递增。以前靠天吃饭，下点雨就种点小庄稼，没啥收入。"【录音止】

临城山绿了

　　如今，乔家庄村的1200多亩次耕地已经全部进行了退耕还林，小小的核桃让村民们走上了致富路。【出录音】"这是才挂果这两年，要是今年我估计在5000块钱，一亩地。比咱的好地还好，比种玉米棒子强多了，他那个纯收入下来顶多1000块钱，最次的地效益还差，它这还比较省工呢，纯利在4000块钱。俺村凡是弄这个的真沾光了，你包30多亩地，一年还弄个小车子，四五万块钱。"【录音止】

　　乔家庄村的变化是河北省发展林果经济、为退耕百姓谋划绿色发展道路的一个真实写照。目前，河北省累计落实退耕还林补助资金142亿元，退耕农民户均受益6514元。依托退耕还林工程，培育出一大批林果特色产业基地。共发展干、鲜果品基地560万亩，林板（纸）原料林基地500多万亩，年收益86亿元。昔日贫瘠的退耕地现已成为百姓脱贫致富的"绿色银行"。河北省临城县副县长刘贞哲说：【出录音】"退耕还林，退出来一个绿色产业。核桃树多了，我们进行深加工，全县一共是20.7万人，其中有10万多人直接或间接参与这个产业，这样一业兴，带来百业兴，通过退耕还林，使许多人做了绿色产业。"【录音止】

记者手记：
小核桃 大产业

孟晓光　王志勇

临城县实施退耕还林工程15年来，发展种植薄皮核桃近20万亩，年产值达5亿元，全县形成了以薄皮核桃种植加工为主的绿色产业链，促进了农民增收和生态环境改善。

"薄"核桃 "富"口袋

7月14日下午3点，刚驶入河北临城县境内，报道组记者们就被公路两旁大片大片的核桃林所吸引，而当采访车拐进蜿蜒曲折的核桃林通道中，更让人仿佛进入了仙境，大大小小的核桃树上，挂满了绿色的小核桃。

十几分钟后，在一片30多亩的薄皮核桃林前，车子停了下来。不远处，一位带着草帽的农民骑着三轮摩托车迎面而来，随行的临城县副县长刘贞哲告诉记者，这是临城县乔家庄村66岁的核桃种植大户乔二民，也是临城县有名的核桃大王。

乔二民告诉记者，2007年，当地政府鼓励农民实施退耕还林，他家有30多亩次耕地，种植小麦、玉米等大田作物，但每年的收成很少。经过比较，乔二民决定响应政策号召，将30多亩次耕地进行了退耕还林，并种植了临城县推广的薄皮核桃树。如今，30多亩的薄皮核桃林，一年给他带来20万元的收入。乔二民告诉记者，他们村的老百姓基本都是通过退耕还林种植薄皮核桃才发家致富的。为了打消记者的疑问，乔二民笑着说，现在就算刘贞哲用副县长给他换这片核桃林，他也不愿意。

据了解，临城县的岗坡地多以种植一季花生、谷子为主，每亩土地一年的纯收益约为1000元，而进入盛果期的薄皮核桃亩产可达150千克，按平均售价30元/千克计算，亩产值4500元，扣除成本1000元，每亩纯收益3500元。加上林间间作、育苗、贩卖、到核桃种植企业打工，农民在核桃产业链上的受益远远高于其他经济作物。

退耕还林工程以来，政府开始大力支持农户种植薄皮核桃，建水利、修道路，一头补苗子，一头补深加工，引导农民建立合作组织，对农户进行多方位、全过程帮扶。

临城县副县长刘贞哲说，为了扶持核桃产业的发展，该县成立由县政府主要领导任组长的薄皮核桃产业发展领导小组，制定薄皮核桃产业发展五年规划，将任务分解落实到乡镇和部门，纳入年度考核。县财政每年出资120万元，鼓励农民、企业连片开发、规模种植。对种植大户及发展核桃先进个人进行奖励，2013年度一次性奖励9家龙头企业和合作社30多万元，仅补助苗木就达26万元。

退耕还林"退"出一个绿色产业

临城县副县长刘贞哲说，自2002年退耕还林以来，临城县共完成退耕地造林4.8万亩，辐射带动发展薄皮核桃近20万亩，年产值近5亿元。而临城县人口不到21万，核桃林几乎达到人均一亩。退耕还林不仅让农民得到了实惠，更是给当地"退"出了一个绿色产业。

经过十多年发展，临城的薄皮核桃从星星点点的种植，到育苗、种植、生产、加工、销售、科研，最终形成了一条完整的产业链。目前，全县已培育绿岭、绿蕾、新惠通等股份制企业37家，形成了全县8个乡镇、100多个村、10万余人参与的薄皮核桃产业大军。而临城已建成我国北方最大的优质薄皮核桃生产基地。

在绿岭公司深加工区，刚刚下线的绿岭"核桃乳"正在装箱。绿岭公司负责人王秀江介绍，公司目前能生产原味和多味核桃及保鲜核桃、核桃食用油、核桃保健油、核桃复合蛋白饮料、核桃壳活性炭、核桃肽营养品等产品。可直接为社会提供3000个就业岗位，解决整个邢台市"百里百万亩核桃产业带"所产核桃的销售问题。

临城县副县长刘贞哲说，为了更好地促进薄皮核桃产业的发展，河北临城县组织有关企业和部门制定了《绿色食品——核桃》、《绿色食品——薄皮核桃生产技术规程》两个省级技术标准。另外，由河北绿岭果业有限公司与河北农业大学合作共建的河北省核桃工程技术研究中心，目前已获得验收，成为河北省唯一一家以核桃产业为主研究方向的科研单位，唯一一家设在企业的工程中心。

刘贞哲表示，今后，临城县将形成从基地种植到核桃提取物开发应用完整的产业链，实现对薄皮核桃的综合利用。可以说，小小的薄皮核桃，将成就河北临城的绿色大产业。

细数核桃好处多

情洒太行绿山富民——记河北农业大学教授李保国

前南峪村、岗底村，富岗苹果、绿岭核桃……从太行山到燕山，河北农业大学李保国教授用自己的辛勤耕耘和科学技术，点亮山区农民的富裕路。30多年间，李保国示范推广36项林业技术，粗略统计，累计增加农业产值超过35亿元，世代在荒山上"刨食"的农民因他甩掉穷帽子。河北省科学技术突出贡献奖授予李保国当之无愧。他让荒岗生金、绿山富民。

要找到李保国教授不容易，他不是在承德兴隆、宽城开展苹果技术培训，就是在邢台的板栗集中产区手把手指导农民。他研究出的"双枝更新修剪法"，既保证了板栗产量，也提高了质量。采用新修剪技术，前南峪村的板栗产值一下子翻了两番。

劳作中的李保国

而李教授创造的聚集土壤、聚集径流的"两聚"造林理论，使石质山地的造林技术发生了一次革命。经过土地改造，树木栽植成活率从原来的10%一跃达到90%，循此模式，太行山140万亩荒山由秃转绿。

还有优质无公害苹果栽培技术、绿色核桃栽培技术等多项标准化林业技术，在与农技人员的交流中，在农技推广的培训中，通过李保国教授朴实易懂的话语，转化成了实实在在的生产力。

现在，年近56岁的李保国面对十分繁重的山区治理开发，总感觉还有太多的事要做，他说：要建立一套完整的示范体系，建立看得见、摸得着、学得会的示范基地，对全省的技术人员直接培训，指导他们掌握适宜的规范化技术，让更多的人成为"李保国"，将科技推广覆盖全省，服务山区，致富百姓。

那山、那水、那核桃人家

初夏的傍晚，地处太行山麓的河北省涉县绿意盎然，车在一个叫做北脑山的山间缓缓前行，路两旁是一眼望不到边的核桃林。我们的到来，打破了核桃园的宁静。

一位黑瘦的老汉快步走来，和我们一起来的县林业局工作人员介绍，他就是核桃园的主人陈水洋。

十多年前，当地开始退耕还林，老陈在这座荒山上种下了第一棵核桃树。转眼间，几千棵核桃树已经漫山遍野成片成林，结下了丰硕的果实。提起退耕还林，陈水洋是满满的喜悦：

【出陈水洋录音】"栽树可有好处，就这个大树，哪一年都能弄个十来万，我准备养点牛、羊，都换成钱了。"【录音止】

太行山多石、少土、缺水，退耕还林如何让老百姓退得下，稳得住，当地政府可以说煞费苦心，选择了生态、经济兼用树种——核桃作为主要树种。涉县林业局副局长李和保回忆，十几年前为了帮助农民嫁接核桃树，林业人披星戴月奔波在千千万万个核桃园里。

提起退耕还林，陈水洋满满的喜悦

如今，涉县已经种植了200万棵核桃树，为广大农民致富找到了出路。200公里外，同属太行山脉的临城县，核桃产业也正蓬勃发展。临城县副县长刘贞哲说，县里专门成立了薄皮核桃产业研发中心，培育了绿岭、绿蕾等核桃深加工企业，制定了全国唯一的省级核桃生产技术标准，产品行销

临城绿色

全国各地，"绿色效益"更为丰厚。

【出刘贞哲录音】"这样一业兴，带来百业兴，通过退耕还林，使许多人做了绿色产业。"【录音止】

太行山由"黄"变"绿"，带来的不仅是看得见的经济效益，周边的生态环境也在悄然发生着变化。【水流声压混】在太行山脚下，一条清澈的河流缓缓流淌，茂密的水草旁，蝴蝶、蜻蜓翩翩起舞。不远处，三三两两的农民正在插秧、浇地。

【出录音】"记者：浇地呢？

农民：是哩！

记者：这个水现在咋样啊？比过去好了还是差了？

农民：水，比前两年清亮点了。这几年，河里有小鱼了，野鸭子，到处都有。"【录音止】

涉县县委书记李书生提起这些年的变化，言语中充满了自豪。

【出李书生录音】"现在可以这么讲，涉县是太行山最绿的地方。"【录音止】

15年来，退耕还林给河北省带来了巨大的生态效益，河北省退耕办副主任贡克奇给出了实实在在的数据。

【出贡克奇录音】"河北省退耕还林工程涵养水源一共是49亿立方米，这相当于490个西湖，释放氧气能够供40万人一年的呼吸用量，生态效益总价值每年是970.8亿元。"【录音止】

满眼的绿 清澈的水

退耕还林作为世界最大的生态建设工程，从启动之初就引起广泛关注。"绿色中国行动"华北组深入太行山实地采访，从 6 月 12 日以来，华北组深入河北，感受退耕还林 15 年来的变化。

可以用几个词来概括沿着太行山脉一路采访深刻感受，一是满眼的绿，一是清澈的水。在公路两旁，我们可以看到麦田尽头的青山，还有带山而过的清澈的水。我们知道，作为京津重要的水源地，河北一直承担着重要的生态作用。

从 2000 年以来，到 2013 年河北全省森林覆盖率增加 6%，其中部分重点工程县增加 10% 以上。根据最近检测结果，退耕还林工程实施以来，全省荒漠化土地面积与 1999 年相比减少 604.4 万亩。沙化土地减少 143.9 万亩，是全国沙化土地减少最明显的四个省份之一。全省生态环境明显改善，野生动物种类和数量普遍增加。目前，全省已累计落实退耕还林补助资金 142 亿元，退耕农户人均收益 6541 元。

涉县地处河北省西南部，是一个以林为主的全山区县，被称为八山半水分半田，抗日战争时期一二九师司令部旧址就在此地。截至目前，涉县当地退耕造林 10.6 万亩。15 年来，涉县发生了巨大变化，森林覆盖率提高了 13.8 个百分点，达到 51%，成为太行山最绿的地方。不仅仅山变绿，植被也发挥了重要的涵养作用。

涉县环保局局长杨振民：水不太好，等从我们这出口时，是比较好的，通过涉县，说明改善了，下游野鸭、鸳鸯都有，前几年没有，这几年有了。

在采访的时候，我们在林地听到蟋蟀和鸟叫的声音，听到清漳河畔潺潺的水声。记得，农户说今年旱，好久没有

太行脚下访农户

下雨了，一直不下。突然有人喊了一声下雨了，记者回到路面，看见雨下到地上，但是却不留雨迹。当地人很高兴，说这雨来得及时，哪怕小雨，也没有那么干。由此，我们也可以感受到退耕还林的难度。

在涉县的一个小河流边上一个正在田地里劳作的农民，他告诉记者这里发生了很大的变化：

农民： 前几年污染河道，现在厂子停了，水干净了。前几年鱼、鸟很多，后来水污染就没了。这几年，河里有小鱼了，水里有水鸟了，河滩到处都有野鸭子，树多了，对环境，前几年发了好几次洪水，1963年、1996年，两次大洪水，这几年没有。

河流变得清澈，青山绿水仿佛就是一幅山水画。当地林业局的工作人员告诉记者，很多年轻人都愿意到这里拍结婚照。

林业局工作人员： 像现在年轻人比较时尚，拍结婚照的时候他们就愿意选择有山有水的地方，这个地方特别适合，每到夏季的时候，不少新郎新娘就在婚庆公司的引导下到这里拍结婚照，另外，像下边还有一个小树林，有的时候，也有野炊。

硕果累累

记者手记：
躬行绿色满收获

李楠

"纸上得来终觉浅，绝知此事要躬行。"陆游《冬夜读书示子聿》告诉我们，要透彻地认识事物还必须亲自实践。

在北京完成了"绿色中国行动"的前期采访和开篇写作后，决定马上回山西和华北报道组汇合。

在回太原的高铁上，对于未来四天，充满期待，莫名兴奋。

"是为了看山西的那一抹绿而回去吗？"

望着列车窗外黄土高原的沟沟壑壑，我问自己。给自己的回答是：和大家一起，实地看看山西的绿。

在太原和报道组顺利汇合。他们是首站看完了河北的山、水和核桃人家后翻越太行山入晋。

山西的采访地点是吕梁和大同。在去中阳的采访车上，听着广播里他们在太行山看到的"满眼的绿、清澈的水"，同行的记者突然就问我："在山西，我们写什么？"我回答："到了再说，绝知此事要躬行，看了再说。"其实，她问的茫然，因为我们的主题是"绿色中国"，她显然对山西的绿色不怎么期待。而我自己，看着报道手册上山西省那排名靠后的森林覆盖率，内心一志忑，心想：哪管是为绿色的付出？

采访开始，吕梁山谷、雁门关外、表里山河、纵横沟壑，却在那出人意料的满目葱茏中，听到了每一位采访组记者的惊叹。

报道组崔彤组长的相机就没有停过，某天凌晨，发稿群里突然冒出他的"满目青山"。

来自海南记者站的副组长许云，在后来的作品中，直抒胸臆。在大同的那个凌晨，我眼睁着她，敲出了这段文字。

"在山西，一路走来，我们的采访车在拉煤货车间穿梭。我们来自五湖四海，大多数人都是第一次踏入山西。习惯性的思维让我们将山西与黑色的煤和黄色的土，建立起某种关联。可当采访车真正驶入，我们看到周围，不禁惊叹，这是山西？"

当初问我该写什么的是中国之声记者李赢。果然，最后，也从"老记者"山

生态家园

西记者站的康站长"我要为小老树唱一首赞歌"的采访沉淀中，发掘了山西的绿色坚守，在颠簸的采访车上，写下了作品的最后一句话："小老树渐渐退役，但它的接力抗风沙的精神还在继续。"

送华北组到内蒙古和林格尔，和报道组的所有成员，熬夜到凌晨4点多。发完稿件，伴随着评论员的那句"山西能够做到的，全国绝大多地区也应该能做到"点睛之笔，四天绿色山西行画上句号。

在微信群里，答应早饭给李赢和郑澍带两个鸡蛋回来，让他们多睡会儿，随后望了一眼草原泛亮的天边，倒头入睡。

早上7点多，起床，吃饭，为战友最后服务一次。然而，当我拿着鸡蛋们回到楼层，以为他俩还在睡觉，敲了半天门，服务员告诉我，他们早已经在楼下集中，要开始在内蒙古的采访。

"他们刚才还在找你和你道别呢"，康站长说。

我飞奔出去，赶在他们的采访车即将出发。报道组崔组长从车里又下来，和我深深拥别。望着他们渐去的车队，留下我深深的失落。

的确，并肩战斗，尽管短短四天，但朝夕相处，每个人都是那么认真负责，写稿干活，已然难舍难分。

报道组记者，来自广东记者站的年轻记者郑澍之后说，"一定要抱持一生只遇见一次的心情。"

的确，一起奔波、一起采访、一起熬夜写稿、一起绿色中国行，带给我们的是团队责任、是躬行访青山、是开眼观世界、是对绿色国土的实地认知、是对记者责任的再次思考……

记者手记：
大同的大不同

吴朝晖

文庙文坊路

一

我是第一次来大同。

最早的一班飞机，早上6:05起飞，50分钟到达云冈机场。现代交通工具果然迅捷，却剥夺了我通过漫长而充满期待的旅行，逐渐接近一个城市的过程。

接站的小李与我约定，以《人民日报》为号。果然，一出机场，就看到小李举着《人民日报》东张西望。

认识一个地方，往往需要一种特殊的机缘。

比如大同，我对它只是有一些一鳞半爪的信息碎片，相当模糊。这也很正常。全世界、全中国地方多了，我既不是旅行家，也不是地理学家，哪里会对一些地名——尤其是不那么有名的地方，有什么特别的敏感呢？

我们对山川河流地理的判断，有时是很势利甚至功利的。比如我们都知道美国、英国，但不一定知道非洲或者太平洋的一个小国；我们知道北京、上海，却未必知道新疆的哈巴河、若羌。

但大同，似乎不应该被人忽略，毕竟，它曾经是一朝帝都，两朝陪都，在长达近4个世纪的时间里，它曾经强烈地影响了中华民族的历史走向，并改变了我们的种族基因和文化版图。

这次中央台与国家林业局合作推出大型报道"绿色中国行动"，大同被确定为一个重要采访地，于是我便有了一次到大同的机会。

临出发前，我在办公室的电脑上，搜寻了一些有关大同的基本资料，粗枝大叶走马观花地正在浏览，我突然想到，大同，这个词怎么这么熟悉？这个地方为什么叫大同呢？

仿佛天启一般，一道强光照射过来，穿透了地名的"大同"与理想的"大同"之间的阻隔——我怎么就那么麻木痴愚，从来就没有想到两者之间直截了当、明白无误的关联呢？

"大同"，一个多么美好的字眼，充满强烈的诱惑力，散发着迷人的、令人眩晕的辉光。

中国文化和西方文化，都有对理想社会的美好向往，西方给出的方案，最具代表性的是柏拉图的"理想国"，而在中国，则是"天下大同"。

在儒家经典《礼记》中，孔子描述了一个"天下为公"的理想社会，人们之间没有等级、没有剥削、安居乐业、各得其所。这种类似乌托邦的儒家最高境界，被孔子称为"大同"。

一代代的中国仁人志士，曾经为实现这样一个伟大的社会理想上下求索，奋斗不息。像康有为戊戌变法失败后，逃到印度的大吉岭，思考十年，拿出了《大同书》的社会变革方案，可惜只能存留书本无人理睬。

大同生态文明建设初见成效

地名的大同叫起来容易，社会理想的大同实现起来却异常艰难。即便是现在，这个世界依然纷争不已、混乱不堪，不同的民族，不同的宗教，不同的国家，不同的地区，似乎很难找到相互和解达成共识的途径，大家因为彼此的不同相互为敌，难以共同相处，更别说达到世界大同了。

这仅仅是人类的困境，还是人类的命运？这个名叫大同的地方，又能够为我们提供一些什么样的视角和思考呢？

二

在大同的历史中，有很多重大的事件发生。比如说著名的"白登之围"，汉朝的天子刘邦，在这里差点被匈奴俘虏，最后以重金贿赂匈奴单于的老婆阏氏，才得以脱身。

但大同最大的辉煌，是它成了北魏的首都。那时候它叫平城，是整个北方中国的统治中心。

公元 398 年，北魏道武帝拓跋珪的辚辚车驾驶入平城，将都城从位于蒙古草原的盛乐，迁到了位于农耕与游牧交界点上的大同，一个草原民族的原始部落，开始大踏步地走向中原，走向农耕的汉地，接受汉文明的洗礼。

他们仿照长安城，在大同建立了布局严谨、规划完整的宏伟都城。据历史记载，拓跋宏时期的平城，周围 32 里，旁开九门，人口百万以上，是当时世界上规模最大、

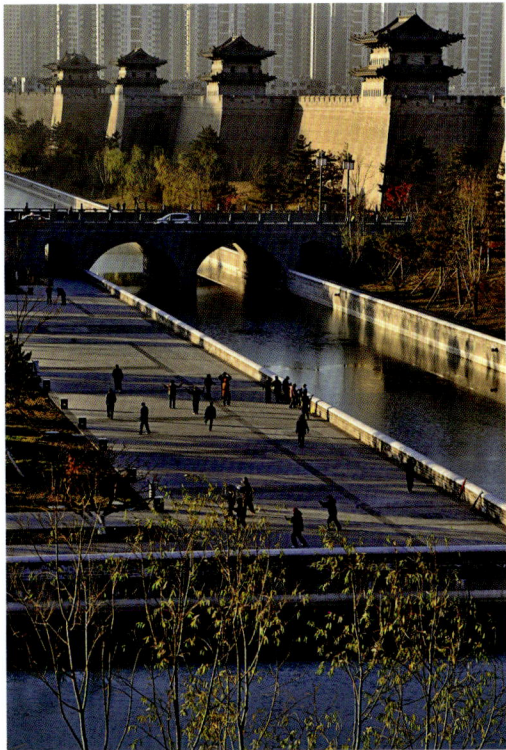

绿色影影绰绰

最为繁华的城市之一。

在这里，鲜卑人的领导集团大约花了 40 年的时间，先后灭掉了北方的大夏、北燕和北凉，于公元 439 年统一了北方。与此同时，他们在执著而缓慢地适应着新的生存环境，学习治理有着深厚文化传统、土地辽阔、人数众多的大汉民族。

北魏第七位皇帝，进行了一次匪夷所思的改革——让自己的民族彻底消失的改革。

这次著名的改革，史称"孝文帝改革"。这一年，孝文帝 28 岁，他以难以想象的勇气和生命爆发力，做了两件重大的事情。

这两件事情的历史分量，使鲜卑族，不对，应该是整个中华民族的运行轨迹发生了巨大改变。

这两件事是：迁都洛阳，彻底汉化。

我们来看看拓跋宏采取的具体办法：他先是于公元 494 年把都城从大同，迁到了汉文化的核心地带洛阳；然后颁布了一系列看起来非常极端、严厉的汉化政令：易胡服，禁胡语，改汉姓，通婚姻，改籍贯。总起来说，就是让鲜卑人一步到位成为汉人。

现在的我们已经很难揣测拓跋宏当年的真实想法了，但这么彻底的汉化改革，就没有遇到整个民族的强烈抵触、乃至抵抗吗？他们就那么心平气和、心悦诚服地穿上汉族的服装，接受一个汉族的姓氏，然后用不那么灵活的舌头说出生硬的汉语吗？还有将自己的女儿嫁给汉族，他们就不担心自己充满草原天性的女儿，受不了汉族人的大男子主义、受不了小心翼翼伺候公婆，并因此受气吗？

还有，如此彻底地消灭自己民族特点的措施，汉文化如此繁文缛节的种种限制，就不会使那些天生自由自在、惯于在马背上驰骋，充满激情和战斗力的部队将士，反叛而去，重归大漠吗？

还有，鲜卑人是胜利者，是征服者和统治者，为什么要这么谦卑地俯下身来，向战败者、向自己的俘虏学习？而不是相反，把汉地的田畴全部变成牧场，让所有的汉族人胡服胡语，去过一种游牧生活呢？如果是这样，那么消失的也许是汉族，以及汉族所承载的汉文明。

公元 499 年，五世纪还有一年就要结束，孝文帝拓跋宏在南征途中因病去世，死时年仅 32 岁。

拓跋宏把自己的名字改为元宏，极富象征意义。一元复始，万象更新，注入新鲜血液的华夏文明，抖擞精神，走向了最为鼎盛、辉煌的隋唐。

作为一个民族的鲜卑人已经消失了，他们融入了汉族的庞大血统。现在走在大同的街道上，还可以在许多一闪而过的面容上，依稀看到他们先人流传下来的强大的印记。

我想，这一次的改革之所以意义重大，它是中国北方游牧民族，主动融入华夏民族的一次成功努力——实际上，鲜卑人自称黄帝后代的一支，接续的是曹魏政权。我觉得可以将此看做，北方游牧民族和中原农耕民族走向天下共融、共和的标志性历史事件，这是人与人、民族与民族、生活方式与生活方式、文化与文化、宗教与宗教、文明与文明，等等，由对抗走向融合，由差异走向认同，由截然分明走向彼此接纳的最为伟大、彻底的一次事件，开启了人类走向大同、和谐共处的范例。

鲜卑人的事迹虽然一再传颂，但鲜卑人的面容已经渺不可考。好在还有他们在大同留下了云冈石窟，在洛阳留下了龙门石窟，可以让我们隐约想见鲜卑祖先们当时的生活场景和精神追求。

与龙门石窟相比，大同的云冈石窟，似乎更接近鲜卑人的原始风貌。在这里，来自草原的鲜卑人肆意挥洒着他们不可遏制的激情，张扬着他们光芒四射的创造力，以及他们浪漫、热烈、悲悯、庄严的心灵世界。

冰心先生年轻时来过一次云冈石窟。这里的世界，显然超出了她的知识范围和视觉界限，她从没见到过这种风格迥异、绚烂热烈的艺术，强大的视觉冲击力让她似乎受到了惊吓，她不知所措，难以自持，于是留下了这段有些慌不择词的文字：

"万亿化身，罗刻满山，鬼斧神工，骇人心目。一如来，一世界，一翼，一蹄，

丰水湖湿地公园

绿帘下的九龙壁

一花，一叶，各具精严，写不胜写，画不胜画。后顾方作无限之留恋，前瞻又引起无量之企求。目不能注，足不能停，如偷儿骤入宝库，神魂丧失，莫知所携，事后追忆，亦如梦入天宫，醒后心自知而口不能道，此时方知文字之无用了！"

说实在的，来到云冈，我也被这里的大佛吓了一跳。虽然我从小受的是正统的汉文化教育，但我曾西出阳关在西域待了十几年，整日被异族文化冲刷洗礼，大碗喝酒，大块吃肉，大唱胡歌，大跳胡舞，养成一身胡气，基本已被改造成标准的西北胡儿。

这些年因为职业的缘故，丝绸之路上的佛教文化遗存，大部分都去看过，像克孜尔千佛洞、敦煌石窟、麦积山石窟等等。我不是专业的研究者，很难分得清这些形形色色佛像的具体艺术差异，但眼睛和直觉告诉我，云冈的大佛的确与过去看到的有大不同。

有哪些不同呢？

一是气质上的。

新疆的石窟，还有浓重的印度和犍陀罗色彩；到达敦煌时，逐渐加入了西域文化、汉文化元素；然后逶迤东行，到达云冈，不光是印度、犍陀罗的，西域和汉文化的，更加入了一种游牧文化的元素。

它的形象清癯而俊朗，它的气质雄健而奔放，它的色彩炫目而热烈；他眉目低垂，似乎已把草原无限的广阔与苍茫，化作低头的沉思与怀想；它似笑非笑，饱含自信，似乎已经彻悟人间沧桑。它的衣服上水纹一样的流线皱褶，仿佛骑马奔行草原，疾风吹动衣襟飘逸，流荡着一种浩荡之气——这是马背民族强大的文化基因密码，写入了大佛的形象。

一是气度上的。

到云冈，震撼之下，遂有疑问：

佛为什么要修这么高，这么大？仅仅是为了显示佛的威严吗？是为了让芸芸众生感到自己的渺小，从而不由自主地伏地跪拜吗？

云冈石窟体型最大、最摄人心魄的是所谓"昙曜五窟"，即现在编号为16～20窟，据说是由一个名叫"昙曜"的和尚负责开凿的，为云冈最早的石窟。各窟中央佛高度在14～17米不等，窟内空间极为高峻，专家说，这是中原地区首次尝试如此巨大的佛窟及造像。

这五尊巨大的造像，实际上是北魏的五位开国皇帝。这里的雕像是写实的，甚至皇帝身上的黑痣，都用一块黑色石子予以呈现。

在这里，神与世俗的皇帝已经合二为一。

据说佛教初传东域，受到儒教文化的强烈排斥。佛家弟子遁入空门，割断尘缘，乃无父无母、无亲无友，也就无家无国、无君无臣，儒家的君君臣臣、父父子子、

高原擎柱

忠孝信义等基本价值观也就无从体现。当时的高僧法果声称"太祖明睿好道，即是当今如来"，将皇帝拓跋珪比作当世如来，并说"能鸿道者人主也，我非拜天子，乃是礼佛耳"（《魏书·释老志》），由此佛教打破人神界限、人主与佛陀的冲突，受到北魏统治者推崇。

云冈石窟的开凿，遂为北魏皇家祈福的国家工程。

佛窟为什么要依山而建？佛像为什么要凿石而雕？在山坡上砖砌墙垒，寺庙之中也可以安放佛像；泥塑木雕，铜铸石筑，也可以塑成大尺度的佛像，何必峭壁挖洞凿窟，山体雕而琢之呢？

这样的工程，在当时的施工技术和施工条件下，实在难度太大、工期太长、成本太高了，须知，那可是工匠一锤一锤、一凿一凿，日复一日、年复一年修建出来的。

金代曹衍《大金西京武州山重修大石窟寺碑》中有这样一段文字："物之坚者莫如石，石之大者莫如山，上摩高天，下蟠厚地，与天地而同久。是以昔人留心佛法者，往往因山以为室，即石以成像，盖欲广其供养与天地而同久。虑远而功大矣。"

大金西京，就是大同；武州山大石窟，就是云冈石窟。

石窟研究专家赵德一先生，在《云冈石窟的文化价值》一文中找到了鲜卑人的民族文化根源："云冈石窟之所以能超越河西、西域早期那种小型坐禅窟的格局，一下子创建出如此大型的、辉煌的、气势赫赫的大佛窟，恐怕'石室'遗风的膨胀当推首要因素。"

这里所谓的"石室遗风"，与鲜卑族的发源和原始崇拜有关。

20 世纪 80 年代初，在内蒙古鄂伦春自治旗阿里河镇西北的山麓上，一个当地人称作"嘎仙洞"的地方，一位考古学学者在洞壁上的泥苔下面，发现一块石碑，这正是《魏书》上记载的"鲜卑石室"——鲜卑族先祖的祭坛所在，是鲜卑族的发

天鹅迁徙文瀛湖

源圣地。

"鲜卑人留下的云冈石窟，把 1500 多年前北魏兴盛时期的物质文化与精神文化，凝重地熔铸于石窟之中，使今天的人们能够从有形的实物去揣摩一个业已消逝的民族在其极盛时期的生活情景和精神面貌。"赵德一先生说。

穿行在光线暗淡、幽昧迷离的云冈石窟，仿佛置身于一个特殊的历史文化洞穴，冥冥中一道光线从大佛头顶直射下来，突然想到周涛先生在长篇散文《游牧长城》中的一段话：

"若是想弄清中国封建文明的这枚仙桃何以能历经两三千年而长久不衰、老而弥鲜，谜底就在这儿。因为每当它衰腐、变质时，便有长城之外的游牧民族强盛起来，以战争的方式突破长城，把洋溢在山野大漠间的原始生命活力注入进来，使之重新开始一次轮回。那生命活力是那样充沛、那样野性而活泼，他毫不自知地成了封建文化的天然防腐剂。"

解开中华民族文明何以绵延至今从未断绝的奥秘，应该就藏在这里。

所以余秋雨先生在他的《从何处走向大唐》中断定：中国的大唐，实际上是在大同打造的。

云冈大佛颔首微笑，沉默不语。它的微笑含蓄而神秘。

三

从机场到大同市里的路上，两边植物茂盛，树木繁郁。但我发现都是小树，应该树龄都不超过 10 年，此后几天的采访，见到的景象也复如是。

大同作为皇家都城将近百年，作为影响北中国的要地，则时间更加漫长。从植物角度的传承，这里不应该是古树参天、流水潺潺的风景优美之地吗？但眼前的低龄小树，显然配不上这个城市的声名。

但地质和环境学家们考证，历史上的大同地区是个河流纵横、湖泊遍地、森林茂密、山青水秀的好地方。

大同素有"煤海"之称，煤是怎么来的？来自森林。

大约在二三百万年前，大同一带是一片浩瀚的湖水，地质学家称为"大同湖"，它是个封闭的内陆湖。那时候这里气候温暖、雨量充沛，参天乔木遍布湖畔。野马、披毛犀、大角鹿在这里追逐奔驰；多刺鱼、鲤鱼在湖中自由嬉戏。随着地壳的升降运动和干湿交替，大同火山群开始喷发，大同湖于数万年前悄然消逝。

几度沧海桑田，直至北魏在这里建都，这里仍是古木参天，山青水碧，湖泽相间。郦道元在《水经注》中曾详细记载了魏都大同城的环境状况。在《云中郡志》中还记载着大同景物"滴翠流霞，川原欲媚。坡草茂盛，群羊点缀……挹其芳澜，郁葱可冷。"

北魏曾于天兴二年（公元399年）凿渠引武周川水注之苑中，"疏为三沟，分流宫城内外"。还先后在鹿苑和平城内开挖了鸿雁池、东西鱼池、天渊池，开凿了城南渠，在房山脚下修建了泉池。当时的平城，山环水绕，弱柳荫街，长塘曲池，不让江南。

五百年后的辽代，最好狩猎的辽兴宗，在黄花山打猎，一天之内获熊36头，为了炫耀这一壮举，这年十月，他居然以"日射三十六熊"和"幸燕诗"为廷试的考题。

大同毕竟为边地小城，它地理位置，位于游牧文明和农耕文明的衔接地带，在两种文明融合的过程中，发挥了关节点的作用。但一个地方的山川风物、土地物产，毕竟受制于它的自然环境和条件，它的承载力是有限的。百年京城、两朝陪都，上百万人规模的城市，已经让小小的大同盆地耗尽物力，难以为继，这也是孝文帝决意迁都的重要原因之一。

北魏建都时，便依照长安城修建了规模宏大的皇家建筑，这些建筑都是木结构的；北魏统治者热衷佛教，京都内建有寺庙百所，有为太祖以下五帝铸像的五级大寺，有"镇固巧密，为京华壮观"的天宫寺，还有造型惊险、结构奇巧的"天下巨观"悬空寺，有建明寺、报德寺、皇舅寺、华严寺等。当然还有著名的云冈石窟——石窟是在岩壁上开凿的，但建有大量的附属建筑。

大同当地有一句民谚："砍尽黄花梁，修起应县塔"。建于辽清宁二年(1056年)的应县木塔，全部是由坚实的松木建造，所用木料达3000立方米。

大同右玉县宝宁寺建于金代，新中国成立以后被拆毁时，人们在榫头缝里发现了一张白麻纸，上面的记载说明，这座寺院所用木料均采自当地。

1976年右玉县北面的杀虎口和东面的邓家村，先后发现了合围粗的树墩化石，密密麻麻排列，可以想见当年树木的高大和森林的茂密。至今该县文物陈列室还有一个粗大的松树化石，静静地站在那里，似乎在诉说着大同的生态衰变历程。

除此之外，大同的逐渐萧索还有一个因素，就是它的另一副面孔：战场。

大同，古代曾经叫雁门、云中、云城，在历史上赫赫有名。像李贺的《雁门太守行》中"黑云压城城欲摧，甲光向日金鳞开"，崔颢的《雁门胡人歌》中"闻道辽西无斗战，时时醉向酒家眠"，等等，都是写这里的，透出一片肃杀凶险之气。

在古代，大同"三面临边，最号要害"，是一个非同小可的战略要地。地处内外长城之间，它的西部、北部是连绵起伏的阴山和逶迤雄伟的长城，再加上九曲黄河，形成一道天然屏障；沿长城一线，雄关险塞林立、烽火台星罗棋布。南部则偏关、宁武、雁门关内三关凭临险要，太和、广武等"雁门十八隘"独当要冲。东部有战略要地延绵五百余里的恒山及飞狐、倒马、紫荆外三关，号称"北方锁钥"。

地理位置决定它是"自古用武地也"，历史上发生在这里的大小战役，有记载的就达一千多次。像刘邦、隋炀帝都差点在这里被游牧民族俘虏，杨家将中的杨业也在这里殉国，还有著名的平型关大捷等等。

时间是直线的，历史却有着无限的曲折回环，并且每一个曲折回环中，都隐藏着无数的血腥，伴随着残酷的杀戮。

一片被鲜血反复浸泡的土地，会逐渐丧失生殖能力。明代兵部尚书王越，当年视察九边重镇之一的大同，写过一首《雁门纪事》的诗：

> 雁门关外野人家，不养桑蚕不种麻。
>
> 百里并无梨枣树，三春哪得桃杏花？
>
> 六月雨过山头雪，狂风遍地起黄沙。
>
> 说与江南人不信，早穿皮袄午穿纱。

祥云福冈着绿装

这首诗当时就被认为"曲尽大同风景"而广为流传。诗中的大同是一个荒凉贫瘠、植被稀疏的可怕之地，一派飞沙走石、苍苍茫茫的塞外景象。

辽金时期大同是松明、松脂的著名产地，到明清时期就变成"天险关高愁涧旧壑，荒边无树鸟无窝"的"不毛之地"。大同考古研究所的丰驰先生，在《大同历史环境考略》一文中认为，战争是造成大同衰败的主因。

宋辽对峙，以雁门关为界，边界百里内不准耕种。明代更甚，在一封明王朝给镇守大同的太监、总兵官、巡抚、右副都御史的制敕中写道：

"即今秋深，草木枯槁，正当烧荒，以便瞭望。出于境外，或二三百里，或四五百里，务将野草林木焚烧尽绝，使贼马不得久牧，边方易为守……"。

在边界放火烧荒实施的结果是，内、外长城一线二三百里的野草林木被毁于一旦，大同地区几无野草林木。植被破坏导致水土流失严重，大同"十山九无头，洪水遍地流，一年一场风，从春刮到冬"。

到新中国成立之初，大同市森林覆盖率仅有 2.5%，这个数字意味着，大同基本是赤地千里。当地歌谣唱道"山山和尚头，处处鸡爪沟，有地尽沙丘，风吼百姓愁"。

这次我们的采访目的地是大同县。大同县比较极端，新中国成立之初的森林覆盖率为 0.3%，目前已经提高到了 31.8%，从 1983 年开始大规模植树，30 年造林 100 万亩以上，超出全国平均水平 10 个百分点，被授予"全国防沙治沙先进县"、"全国绿化模范县"。

大同县的植树速度全国罕见，这与该县有一个特别热爱种树的林业局局长有关。

林业局局长叫赵德清。为了种树，他曾经两个月住在山上的一个破窑洞里，一个月磨坏 4 双鞋；为了保护树不被盗伐，他和同事曾经连续两个月，深夜 12 点到凌晨 3 点，在一家压板厂门口蹲守；为封山禁牧，他与拿着匕首的当地牧民对峙……还有，他已经当了 16 年的林业局局长，这恐怕在全国也是独此一个，也许有其他原因，但爱树应该是其中最主要的一个原因。

赵局长一看就是那种特别质朴的人，脸色黝黑，像个真正的老农民。他给我们介绍情况，说得激情澎湃、慷慨激昂，我们却一脸茫然——他过于地道的当地土话，实在听不懂。

但我们看得懂。站在大同县城城北的一座火山上，放眼望去，满眼苍翠。这是一片 30 多万亩的连片绿化林区，南起桑干河畔，北至大张公路，绵延 40 多公里。

大同火山群，在地质学中非常著名，是世界上唯一发育在黄土高原上的火山群，也是华北地区规模最大、保存最好、内容最丰富的板内裂谷系火山群，30 余座死火山整齐排列，壮阔连绵，鬼斧神工，记载了大自然运动变迁的神秘历史。目前，已被辟为国家地质公园。

曾经地动山摇、喷薄而出的炽热岩浆，早已冷却为赭黑色的死火山。但要让这些寸草不生的死火山披上绿装，那就实在太难了。

树坑挖下去，全是浮石，树种下去成活率很低，年年种树不见树，有人说起风凉话"大老爷们做梦坐月子——想娃娃想疯啦"。

水神堂

山丹丹花开

赵德清带着一帮人反复试验，找到了"请客土"、容器苗、ABT生根粉、根宝、保水剂等技术和产品，同时采取多树种搭配、乔灌草相间的种植方法，硬是在浮石上把树栽活了。

他们还探索出专业队伍承包造林的办法：林业局与专业队签订合同，从苗木购买到整地、栽植、浇水、管护，全部由施工公司负责，并按"四、三、三"分期付款。即3年间每年的成活率都达到90%，分别按造林款总额的40%、30%、30%付款。

大同县的造林成活率超过90%，被国家确定为"风沙治理工程科技示范县"。

当然，国家的退耕还林政策，该县主要领导的支持，也为赵局长的爱树、种树提供了政策和资金保障。

现在的大同县，已建成30万亩的火山群连片绿化工程、20万亩的采凉山防沙治沙工程、10万亩的南山"三北防护林"工程，另外还有9万亩的经济林。经济林主要是杏树，被县里称作"金树"。

我们到了被称为"杏果之乡"的聚乐乡，该乡有3万多亩的杏林。农民姚文成家有杏林300多亩，年收入达四五十万元。正是杏子成熟季节，满树金黄色的杏子饱满浑圆，散发出一种成熟的光泽。主人摘了一些让我们品尝，说这是县里专门从新疆引进的"哈密杏"品种，果实大而甜。果然，香味扑鼻，甘甜如饴，太好吃了！

退耕还林确实是一项了不起的造福工程，国家得到了生态效益，当地农民得到了经济效益，大同县的农民人均纯收入达到了6364元，在西部地区，这是一个不低的数字。

如果说孝文帝改革、云冈石窟是鲜卑人为实现天下大同、民族大同、文化大同、宗教大同所做的卓异贡献的话，那么现在的大同实施退耕还林、绿化火山、土地，就是重铸生态，实现人与自然的和谐大同。

大同真是一个奇特之地，民族在这里融合，文化在这里汇聚，还有，人与大自然的裂痕也在这里慢慢得到修复和弥合。大同，不仅是一个地名，一个理想，还是一个民族梦想的出发地和践行地。

大同已然遥不可及，我们还在一次次走向大同的路上。

黄土高原上的绿色坚守

　　退耕还林作为世界最大的生态建设工程，从启动之初就引起广泛关注。"绿色中国行动"华北组深入吕梁山系实地采访，从6月17日以来，华北组深入山西，看14年退耕还林，感受当地每一个细微的变化。

　　我是记者郑澍。山西中阳，位于吕梁山区。作为南方人，我可以很明显地感觉到山西的干，而林业的涵养作用也就体现得更加明显。原本以为黄土高原之上，应该是纵横沟壑，在中阳县城的制高点凤凰山顶，记者不禁惊叹，这是山西？这是中阳？我们可以看到东、西两山现在是郁郁葱葱。可即便是满眼的绿，绿的明暗、绿的深浅却不尽相同，有白杨，有槐树，拼凑成一片绿色的海。中阳县林业局总工程师霍建光告诉我们，县城环境的变化改变了当地人的生活方式。

　　作为山西全省16个退耕还林试点示范县之一，中阳县于2000年启动退耕还林工程14年来，全县已累计完成退耕还林工程总面积53.5万亩，其中退耕地还林14.5万亩，荒山造林36.5万亩，封山育林2.5万亩。

　　霍建光：老百姓实际上出来休息锻炼，对他的生活质量，实际上是一个提高。

　　通过科学营林，实现四季造林，山西中阳县通过自己的摸索，实现了北方冬季植树禁区的突破。目前，中阳县林木绿化率达到

光影斑驳说婆娑

展望造林植绿任重道远

黄土高坡上的绿色繁衍

55%，在北方人工种植林地区首屈一指。以林养农，退耕户实现核桃经济林产运销技术输出一条龙服务，退耕户得到了实实在在的收入。退耕还林过程中，中阳县栽植的 20 万亩核桃经济林，由国家供给树苗，农民经营栽种，管护收益，户均达到 8 万~10 万元，目前还有很多农民成为了土专家，实现了产、运、销一条龙，农民林业技术劳务输出也拓展了农户收入的渠道。

对于农户而言，最为实在的就是收入的变化，多一条路子，就多一份收入。在采访的过程中，很多农户告诉我们，技术的掌握不仅仅让他们更好地管理起自己家的核桃林，同时通过帮助别人批量嫁接，也获得了实实在在的收入。在暖泉镇，农户告诉我们，在冬末春初，春天来临的时候，通过帮助别人嫁接，一天可以增加好几百块钱的收入。有经验的农耕户手上多年的锄头，也就变成了揣别在腰间一把小小的刀。

农户：到别的地方，修剪，嫁接。

记者：你这是拿的什么东西？

农户：这是个嫁接刀。晚熟品种嫁接早熟的。

当地人的想法很朴实，因为以前他们下地干活，起风的时候，即便用头巾包住头，回来的时候鼻子、耳朵里边还是堆满尘土，现在天更蓝，山更绿，而且还有了更好的收入，他们也就高兴了。

农户：当时有新品种以后，开始育苗请的技术员，我们组织工队，去临汾地区等其他地区，跑得远了。嫁接 500 个，一个 8 毛，一天 400 块钱。

录音报道：
黄土高原的三重突围

在山西，黄沙弥漫、黄土裸露是人们未抵之前的印象。然而，记者在山西采访发现，纵横沟壑、表里山河，借助退耕还林，山西省的茂密植被和蓝天白云，令人一惊。在山西，无论是一位农民，还是一座荒山，一个城市，都在青山再造的实践中，转身、突破，实现着自己的绿色突围。

我是记者许云。在山西，一路走来，我们的采访车在拉煤货车间穿梭。我们来自五湖四海，大多数人都是第一次踏入山西。习惯性的思维让我们将山西与黑色的煤和黄色的土，建立起某种关联。可当采访车真正驶入，我们看到周围，不禁惊叹，这是山西？我们一路寻找由黑、黄变绿的答案。

采访车行驶在大同的林间小路，两边的树不断地向后。我们要去看的，是农民姚文成的700多亩杏林。知道我们要来，他早已在屋前等待。看着我们，却急急转身回屋，提起两个小铁桶。我们上前一看，桶中装的是这几天刚刚摘下的黄杏儿。

姚文成：种杏儿吧，现在一亩地能起码收入个三千多块钱。

姚文成和大多数农民一样，过去是靠勤劳的双手种点口粮养活一家，可是在山西，干旱少雨、风大沙多、土壤贫瘠。

姚文成：原来，从春到秋，挣不了几个钱。就种点小杂粮啊，玉米啊，地是相当贫瘠，一亩地玉米产量也不过300斤，其他都百八十斤。

2002年开始的退耕还林，改变了姚文成家的种植结构，他知道，要想多挣钱，更需要技术，要不断琢磨，不断试验。

姚文成：专家来指导，通过实践，需要琢磨，好多树种，要试验好多次，慢慢都掌握了。

如今，姚文成扛了很多年的农耕锄头，也就变成了揣别在腰间的一把小小嫁接刀。

记者：你现在也是种杏儿专家了吧？

姚文成：现在是很有名气的土专家，在大同地区，大都请教请教咱们。

记者：十里八乡要请您去指导了？

姚文成：请。这是科技实验室、技术方面的事情，嫁接啊，打药啊，多大的量啊，都打电话，多会打，这些事情。

记者： 你是从什么时候开始完成这种转变？

姚文成： 2008年见成效，就开始了转变，转变得非常快，退耕还林的成果相当好。

种田的锄头变为嫁接刀，退耕户姚文成实现了从农民到果农、甚至土专家的突围。我是记者郑澍，中阳县城位于吕梁山区，翻过几座山坳，县城在吕梁山高低不平的地形中，若隐若现。中阳县城不大，东西两山将县城夹在中间，呈南北走向，地形上是天然屏风，却曾是大风四起，黄土压城。

中阳县林业局总工程师霍建光： 以前站在这看，两边都是黄土。大部分面积都是耕地，有坡地，有梯田，25度以上，我们这里降水少，产量不稳，地吧，也就是夏天能看到绿色，冬、春是黄土。

2000年，中阳县开始退耕还林。居民回忆，从县城的街头抬头一望，可见东西两山上男女老少挖坑浇水，松柏一颗颗多了起来。

"什么地？栽什么树？根据海拔高度不同和地块不同，栽的树种不同。栽的时候，向阳的地方，用红油漆毛笔刷上，怕得不行，老是怕栽不活。确实技术非常重要。"

中阳县退耕还林十年突围，在中阳县城附近的凤凰山，俯瞰县城，我们不禁惊叹，漫山遍野的绿，让人恍惚，这是不是到了江南？

霍建光： 我们现在看到的视野以内，5公里长，以油松、侧柏、刺槐为主，城区生态环境改善了，植被增加了，环境变好了，老百姓生活锻炼，对生活质量有改善。

被绿色包围的城市

吕梁山城中阳县，居民抬头所见，从黄土飞沙变成绿树青山，借助退耕还林，完成小城绿色突围。我是记者李楠，山西大同，这个距北京市只有300多公里的城市，是京津地区防御风沙的前线。以前，风沙从西北扬起，经过这里，因为这里脆弱的生态，又裹上更多的风沙。

大同市林业局林业站站长宋昌：主要的晋北沙区，就地起尘，风沙加强，大同从3月下旬能刮到5月中、下旬，将近五十多天，都是黄的，都围着纱巾，鼻子、耳朵都是土。

大同年降水量还不到400毫米，即便是种树难度高，为保清风吹京津，多研究一下适合的树种，多抬几次水，大同人也要坚持把树种起来。

"刚开始，投资标准比较低，最难接受，大同县又是国家贫困县，拿不出钱来。当时有个口号叫：把风沙挡在大同，把蓝天送给北京。"

大同县林业局局长赵德清：在这个地方种树很难，比拉扯一个孩子都难。我们一年浇3~4次水，还科技造林，这里土层薄，成活一棵树不容易。

现在，得益于退耕还林和京津风沙源治理，在大同火山区，可见郁郁葱葱，层峦叠嶂，本地的尘土被树木固定，外来的尘土被绿色拦截。在山西，我们一路听到的是农民、大山和城市共同演奏的绿色交响。

山西省造林局党委书记赵百选：在山西财政比较困难的情况下，确保投入力度，确保绿化进程，要把泥沙截留在山上，还一片蓝天。

绿了山川

寻找"小老树"

孤独的小老树

斑驳的树干和凌乱的枝条仿佛记录着与风沙搏斗的历史

踏入山西就听到当地老记者口中赞美的小老树，让我们联想起"白杨礼赞"：30年前，"我跑雁北的时候，我就看一个园接着一个园，那么宽阔一个地方，就长一棵树，我就问当地通讯组的同志，这叫什么树，他说那个叫"小老树"。它这个长不到一米多高，浑身的关节，但是他们说它对固沙防风起到很大的作用。为"小老树"唱一首赞歌，抗风沙不惧寂寞，就在我们土地上顽强生活着。"

"小老树"实在是不平凡，你们一定要看看"小老树"。带着老记者的叮嘱，我们从吕梁山的中阳县到雁门关外的大同县，一路寻觅。种树专家、省造林局书记赵百选告诉我们，"小老树"是为了抗风沙最早种下的树种，也叫小叶杨，"就从小叶杨的枝条上剪下来，然后采取压条造林，是一种比较传统的造林方式，采取这种方式进行大面积的小叶杨的造林。"

一路采访过来，我们看到了各种树，就是没有见到传说中的"小老树"。"小老树"去哪里了？赵百选回答："现在我们看到的，大部分是我们在本世纪之初，京津风沙源启动之后大规模营造的树种。樟子松、油松、新疆杨，更好的树种。科技的进步，我们要加大针叶树的营造。"

寻找"小老树"的路上，我们采访到了被当地人叫做"树爹"的大同县林业局局长赵德清，30年来他不断寻找比"小老树"抗风沙更好的树种，并不断用科学方法种活它们。经过山西几代种树人艰苦努力，科学尝试，现在抗风沙的绿色军团中，不再是"小老树"独自在战斗。晋北地区也不再是原来的尘沙飞扬。当地老百姓说："现在是小风不起尘、大风不扬沙。"

"看到那一片油松没有？它后面，那零星的几棵矮树就是小老树。"顺着赵百选的手指，我们终于在大同县火山岭退耕护林示范区、环京津防沙示范园找到了"小老树"。已经超龄服役的小老树被护林员夹上了保护的木板。它旁边的樟子松、油松长势正旺。"小老树"渐渐退役，但它的抗风沙的精神还在继续。"树爹"赵德清："我退休了还要继续种树……"

雁门关外古长城烽火台脚下的绿化林

录音报道：
以退为进，再现秀美山川

主持人： 内蒙古多伦县地处浑善达克沙地南缘，距离北京直线距离仅180公里，是距北京最近的沙源。上个世纪八九十年代，这里的沙化相当严重，严重威胁着京津地区的生态安全。下面，我们跟随"绿色中国行动"报道组走进多伦，感受这道生态屏障所发生的变化。

【汽车声压混】"绿色中国行动"报道组驱车八个多小时，从内蒙古呼和浩特赶到多伦县，满眼的绿色一扫旅途的疲惫，青草绿树郁郁葱葱、广阔的青川碧野与蓝天白云交相呼应，形成了一幅幅美丽的生态画卷。你很难想象这里曾经就是沙尘肆虐、沙进人退的风沙源头。

【音乐渐起】多伦县史称"多伦诺尔"，译为7个湖泊，是京津北部的生态屏障和水源涵养地。意大利旅行家马可波罗在游记中记载到：多伦诺尔曾经是千里松林。

记者采访因沙化三次搬家的赵成祥老人

多伦县治沙初见成效

　　但上世纪七八十年代，由于过渡开垦、超载放牧等破坏，多伦县风蚀、沙化面积不多扩大，流动沙地以每年1.8公里的速度向外扩张。

　　81岁的赵成祥老人，由于沙化一连搬了三次家："我就在这一块搬了三次家，那沙子把房子埋了，挖不起沙子，可不就得再盖房呗。再挪挪地方呗。"老人清楚地记得当年环境的恶劣："不但没树也没有草，什么都没有，只有沙子。夏天起风还刮沙子，冬天就是白毛风，沙子带雪。"

　　由于多伦靠近北京，且海拔高，多伦县林业局副局长石靖伟向记者作了一个形象的比喻："呵呵，人比喻么，说由于高差太悬殊，沙子过去像拿一个簸箕往北京倒一样。"

　　沙化治理，刻不容缓，绿色屏障，势在必建。2001年，多伦被列入退耕还林工程试点县。当地把握机遇，采用多种措施对沙化土地进行治理。截至目前，全县累计退耕还林74.8万亩。多伦县林业局副局长石靖伟介绍，为提质增效，2011年启动了百万亩樟子松造林工程："截至现在已经完成85万亩了，总体的计划是五年完成130万亩，现在三年时间就完成85万亩了。"

　　【《蓝色的蒙古高原》音乐起，背景压】通过飞播种草、封山育林，当年北京头上的"大沙盆"，如今林草盖度已达80%。与想象中漫天黄沙的情景迥然不同，起伏的沙丘上植被茂密，沿途大小湖泊不断，很少见到裸露的沙土。绿色已经锁住了浑善达克沙地的南缘。

　　【音乐几秒后渐弱】**主持人：**伴着悠扬的歌声，我们仿佛已经置身美丽的内蒙古大草原。那么多伦县从土地沙化严重的生态谷底，变成如今的山清水秀，这条道路是这么走的，我们来连线中央台记者宝音，来给我们介绍一下：

多伦是内蒙古离北京
最近的县，治沙后呈
现出蓝天白云

　　宝音：嗯，多伦的这条生态治理的道路走得也还是很艰辛的。大量的农牧民从地里退出来，如何保障他们的收益，让他们配合这项政策。当地从 2002 年开始种植樟子松，"以造代育"，蓄积资本，同时摸索林下特色种养殖的发展，改造低产低效林地，保障农牧民退耕不减收。也吸引一些企业和专业合作社进行垫资承包造林，来解决资金投入问题，防沙、治沙同时要提质增效，可喜的是，这条路现在看是走得比较有效的。

　　主持人：那多伦在生态建设中还面临哪些困难和问题呢？

　　宝音：内蒙古的生态环境还是很脆弱的，而防沙治沙本身就是长期的工作，所以多伦及内蒙古其他地区生态的建设是一个长期、艰巨的任务。特别是防沙治沙的主战场开始逐渐向着远山大沙推进，立地条件越来越差，治理难度也越来越大。需要技术、资金及人才的保障。另外绿色产业如何更好发展，使退耕的农民有普遍的收益，都是值得深思的问题。

录音报道：
小树小草写就生态大文章

主持人： "绿色中国行动"今天走进内蒙古。在全国率先开展退耕还林、还草的内蒙古自治区，自1998年国家实施退耕还林、京津风沙源治理等工程以来，退耕造林种草的步伐进一步加快。目前内蒙古人均森林面积约为100.7平方米。请听报道《小树小草写就生态大文章》。

【压混】内蒙古多伦县81岁老汉赵成祥，因为沙尘暴搬了三次家，他的遭遇是当年这里环境恶化的老百姓心中的痛。

【出录音】"那沙子把房子埋了，挖不起沙子，可不就得再盖房呗。再挪挪地方呗。"【录音止】

多伦县是内蒙古离北京最近的县，2002年70%的土地被风蚀、沙化。这里起风沙，就会像一大簸箕倒进北京。改善生态不仅是为当地老百姓造福，也是保护京津的一片蓝天。

1998年起，退耕还林、京津风沙源治理、三北防护林体系建设等一系列重点工程在内蒙古相继展开，在经济相对落后的内蒙古，上百万亩的植树造林人力、资金缺口应该怎么办？

多伦县首先在管理经营机制上做文章，制定"国家、集体、个人一起上，谁投资、谁所有，谁管护、谁受益"新机制，调动各个社会层面的力量，提高积极性并参与其中。

林业局副局长石靖伟：【出录音】"投入可多了，主要以社会投资为主，个人公司占得多，将近60%。"【录音止】

种生态林不比经济林，要想办法让老百姓从中受益，才能吸引更多人参与种树、留住种树人。近几年，老百姓通过隔株移植出售树苗获得收入，有的还参加绿化工程建设，创利增收。

曲家湾村村民吴文龙：【出录音】"卖苗四年，大概是整个村子赚了一千多万，平均每人十七万。"【录音止】

无独有偶，离多伦县600多公里的和林格尔县在吸引更多力量参与生态建设上做文章。和林格尔县林业局邢局长说：【出录音】"引进像蒙草抗旱和盛育林这

森林向山顶挺进

破坏严重的草原经过
治理，已逐渐恢复原
有的生态

样的企业，把农民的土地、集体林地扭转承包下来，这样农民发包他的林地，有一部分收益，在企业搞林业经营的过程中能挣钱，解决就业的问题。"【录音止】

从和林格尔到多伦县一路走来，我们看到蓝天白云下，错落有致的树、天鹅绒一般的草延绵到天边。政府与企业、个人开始了符合本地实际、节约成本、可持续生态修复的探索。

数据显示，2013年，内蒙古森林覆盖率比2004年提高了3.5%，草原植被覆盖程度提高了9%。小树小草的背后是各方力量共同谱写的生态大文章。

而与此同时全区目前还有一半多的土地处于荒漠化状态，防风治沙的主战场开始逐渐向着远山大沙推进，面对这场攻坚战，接下来生态文章如何落笔？内蒙古林业厅党组成员、巡视员杨俊平说：

"如何做好内蒙古生态保护，需要技术、资金及人才的保障。另外绿色产业如何更好发展，使退耕的农民有更大的收益，都是值得我们深入探索和研究的问题。"

录音报道：
对话草原

主持人： 一提起内蒙古，我们就想到辽阔的大草原，内蒙古草原占总面积的80%，养育着1400万农牧民，是内蒙古以及我国"三北"地区的天然生态屏障。

主持人： 上世纪60年代以来，因为气候恶化、大面积垦草种粮，超载放牧，草原开始绿草荒荒、沙石裸露。为此在14年前（2000年），内蒙古开始退耕还草、修复草原，草原现在好些了吗？草原生态如何修复到位？亲历者有哪些心得？"绿色中国行动"华北组走近内蒙古大草原，对话全国政协委员、中国畜牧业协会草业分会会长、内蒙古蒙草抗旱公司董事长王召明，思问草原生态修复的当下和未来。请听报道。

记者： 12年前的夏天，初次来到内蒙古，慕名去大青山草原，望着眼前的砂石裸露、绿草稀落，说不尽的失望，怅然"天苍苍，野茫茫，风吹草低见牛羊"的美景，只是在草原的前生。今天重回内蒙古，听说那里正在修复，禁不住想会是什么样？

【歌曲《敕勒歌》渐进压混】

记者： 傍晚6点多，光线正好，浅绿、深绿、成片的草在风中摇曳，我们进入大青山万亩草原修复基地，是走进了绿色的海，又像走进了风吹的麦浪，闻到了久违的清香。

王召明： 小时候的愿望就是希望我家院外的草更绿些，羊可以吃的更饱。

45岁的王召明是草原修复项目的带头人，他从小生活在草原上，愿望就是恢复草原的绿色，从2012年开始动土，短短两年时间修复了万亩草原，引起联合国环境署的关注。在外人眼中，这一切难以想象。

对于大家的疑问，王召明一语道出玄机，方法很简单，就是顺从大自然，在每一片草原上种下它原本有的植物。

王召明： 一方水土养一方人，更养一方的花草树。这个地方适合什么样的草，该长什么树、种什么树，不应该是人为给规定的哪几种，都应该先培育适合当地长的植物。我们不能盲目引进，甚至从国外引进，花了很多钱，长得却不好。

记者： 没有想到，这里除了绿色，还可以看见"山丹丹花开红艳艳"，芨芨草、长青石竹等十几种植物随风摇曳，这些叫得上、叫不上名字的花草，有一个统一的名字，叫"蒙草"。蒙草用于草原生态修复也用于整个"三北"地区的防沙、治沙和绿化。

王召明： 蒙草就是生长于干旱、半干旱地区，包括蒙古高原，野生植物的统称。其实，我们做的过程，这个树、草不是我们自己发明的，它们原来就长在这里，我们只是把它们驯化。

主持人： 在内蒙古，记者实地采访感受到，无论是政府，还是社会民间力量都在积极治理与修复草原。种了草，草原"活"过来了，草原修复就此可以打住了吗？后续的生态修复摆在面前，如何给草原一个更好的来生？当事人在实践中有何心得？请继续听记者与王召明的对话。

记者： 对话中，我们从草原修复谈到我国的生态修复，生态修复主要靠人工建植，建植就是在上面种上草、树。王召明认为这还不够。

王召明： 整个生态建设可不是单纯的种草、种树，我们恢复生态是恢复生态系统，在一定程度也是恢复生态链。草原修复好了，不仅有水土保持功能，有生态功能，还有饲料价值，有旅游价值。

记者： 生态保护、经济发展、能源基地建设等多种目标的政策措施在草原同时施行，这些措施对草原生态的影响方向不尽一致，有人担心政策各自为政，不当的生态修复是变相的破坏，王召明谈出了他自己的看法。

王召明： 恢复生态就是一个尊重自然的过程，尊重生态规律的过程。这么多年，我们被自然已经惩罚了好多次了。说这种树好，漫山遍野只种这一种树。最后由于

工人正在为种苗浇水

企业的种苗基地

草原美景

物种单一起生病。我们修复的过程中，有时候单纯从林业的、水利的、农业的角度考虑，各自分隔开。生态不应该拿部门行政界限各自分隔开。生态是近自然的，都是互生的互相营养。

记者： 王召明说生态修复最好的老师是大自然，理想的草原，未来就是应该回到它的最初。

王召明： 应该是人与自然、人与动物、人与植物、动物与动物、动物与植物之间完整的生态链。人应该是自然界的一分子，不应该是自然界的主宰者。

记者： 夜幕下草原的歌声响起，晚风轻拂绿色的梦，牛羊如云落边陲。这样和谐的草原生态美景，在王召明看来并不遥远。

王召明： 只要我们方法得当，还是完全能做到的。第一个，从人的心态观念的改变，包括全社会的；第二个，从企业方向上的改变，就是选适合当地的，不是选什么最挣钱。

记者手记：
找寻绿色 感谢有你

宝音

　　"绿色中国行动"报道内蒙古的采访报道已经结束一个月，但过程中的点点滴滴仍历历在目。从6月19日出发到和林格尔、6月22日到达多伦，一直到6月24日、25日四篇关于内蒙古的稿件播发，几天时间我们跨越八百多公里，见证并记录了一颗颗绿色大树、一片片青青草原背后的人和故事，这些站在"绿色"背后的人们和他们的故事，让我们的采访旅程充实而有趣、丰富而感动。

　　6月20日，在华北线报道组大部队到来之前，我们内蒙古站几位同事一起，先在和林进行了实地采点。

　　在盛乐镇罗家窑村，翻下满是黄土的山坡来到彭福生老人的家。一孔窑洞，窑洞里简单地垒了一盘炕和一个灶台。90岁的彭福生和老伴儿就生活在这里。简陋的窑洞摆满了各式的奖状和证书，"造林能手"、"最美青城人"……都是他几十年坚持绿化荒山获得的各级政府的嘉奖。对植树造林、绿化荒山，彭福生老人始终怀着特殊的感情。从60岁开始，他坚守荒山植树。几十年来已在罗家窑村附近的一座荒山上营造出1500多亩郁郁葱葱的松林。

　　彭老说，现在老了希望自己的孙辈们也能继承他的事业。他还为两个心爱的孙子起名叫"绿化"和"祖国"。但是年轻人有自己的选择，到城市去打拼发展。彭福生的大儿子彭满良告诉记者，村里已经没有年轻的壮劳力。而且他父亲种下的树并没有收益，也养不了他。

　　听到这样的故事，莫名的辛酸还是在心头涌起。像彭福生老人一样执着地追求绿色的人们为什么会走得如此艰辛？内蒙古林业厅的王海主任告诉我们，其实不仅是和林格尔，整个内蒙古目前90%以上的退耕还林等造林工作，基本上还是以发挥生态功能为主，现在还很少有经济效益。在我们要离开时，彭福生老人一定要送我们出来，并且给我们指向他创造出的林地。

　　在接下来几天的采访中，和林格尔人单纯、质朴，一心追寻绿色，再造敕勒川美景的坚持让我积攒的辛酸渐渐消融。我突然觉得，彭福生老人"绿化""祖国"的愿望并非那么脆弱，每一个和林格尔人、每一个我们，都可以是"绿化"和"祖

彭福生老人家摆放着各类证书奖状

和林格尔县林业局局长邢密牢接受采访

国"。于是，不同于其他地区的报道内容和报道形式，报道组的成员们寻找到了"绿色中国行动"内蒙古篇的立意和精神！

　　和林格尔县林业局局长邢密牢在采访期间一直陪着报道组，从前期对接工作到记者实地采访、了解情况，邢局长对于和林格尔的退耕还林情况如数家珍、了如指掌。他从扎根基层一线的林业种植科技人员到主管造林工作，所有事情亲力亲为，见证和记录着和林格尔的绿色变迁。邢局长为报道组精心制订了采访路线和采访点，在介绍这些绿化成绩的时候，邢局长眼神和语言中饱含着骄傲。由于采访行程紧张，不得不临时改变采访计划，取消一些采访点时，不经意间我看到了邢局长失望的神情。我深深的理解，在一片黄土地上艰辛地打拼出这一片片充满希望的绿色，他是多么想把这其中的故事与记者们分享。邢局长告诉记者，老百姓怎么样可以在

如今的多伦青川碧野
与蓝天白云交相呼应

林业上获得收益是下一步必须解决的问题。他觉得，引进林草企业，把集体林地承包下来，这样农民发包他的林地，就可以有一笔收入，然后在企业搞林业经营还可以挣钱，解决就业的问题。

可喜的是，我们也见到了敢于先行的林草企业，蒙草抗旱、和盛育林都已经在开始探索绿色产业的发展道路。也许探索的路还很长，但和林格尔从普通农民到县委决策层努力再造青山的故事，一定不会戛然而止。

同样的故事，也发生在锡林郭勒盟的多伦县。6月22日，"绿色中国行动"报道组驱车八个多小时，从和林格尔赶到多伦县，满眼的绿色一扫旅途的疲惫，青草绿树郁郁葱葱，许多同事很难想象，这里曾经就是沙尘肆虐、沙进人退的风沙源头。在这里，我们遇到另一位老人，81岁的赵成祥。上世纪七八十年代，由于过渡开垦、超载放牧等破坏，多伦县风蚀、沙化面积不断扩大。凶残的沙化逼赶着赵成祥一连搬了三次家。如今，当年被风沙吞噬的旧址上已经种起成片的樟子松及其他林木。通过飞播种草、封山育林，当年北京头上的"大沙盆"，如今林草盖度已达80%。起伏的沙丘上植被茂密，很少见到裸露的沙土。绿色已经锁住了浑善达克沙地的南缘。

一路上我们见证着内蒙古生态建设的可喜成绩，担忧着依旧脆弱的生态体系，感味着每一个内蒙古人为创造绿色的艰辛付出。无论是甘守清贫一生种树的彭福生老人、还是扎根岗位致力绿化的邢密牢局长，抑或是先行先试修复草原的王召明……他们所带给我们的故事，让我们报道组一路找寻的"绿色"鲜活而真实！

最后，想说一下。7月14日上午，我们接到多伦县宣传部的电话得知噩耗：多伦县宣传部部长王磊和副部长李强等三人，在出差途中遭遇车祸不幸全部罹难。颇感人世无常、生命脆弱。两位部长为人真诚、踏实，在本次"绿色中国行动"报道和多伦县前期对接工作，以及报道组在多伦采访工作期间，王磊、李强两位部长都积极高效地支持配合我们的工作，对于他们的离去深表痛惜。愿青山常在，他们的精神永存！

记者手记：
再访敕勒川

金建军

"敕勒川，阴山下，天似穹庐笼罩四野。天苍苍，野茫茫，风吹草低见牛羊。"这首南北朝时期的鲜卑民歌，描写的就是我们即将走进的内蒙古呼和浩特市和林格尔县一带，古时候的景象。是的，这里就是曾经的"敕勒川"。

历史的车轮滚滚而过，在这里留下的除却传颂千载的诗歌，埋藏地下的盛乐古城，剩下就是贫瘠荒凉的土地。据和林格尔县的老人讲，从前水土流失严重，农民一年到头是"种一坡，收一车，打一簸箕，煮一锅。"现在退耕还林的农民回忆起当年"六月雨后山头雪，狂风遍地起黄沙"的景象仍然唏嘘不已，因此当他们看到自己曾经贫瘠的土地里长出茁壮樟子松，脸上的喜悦格外多一些。几代和林格尔人付出的努力已经能见到成果，青草依依、绿树成荫在和林格尔也成了随处可见的景象。一路采访下来，我们发现支撑着和林格尔人能够几十年植树造林的动力，是他们心中的再现敕勒川美景的梦想。初到和林，总会有人跟你介绍"北魏第一个都城

90岁的种树老人彭福生接受记者采访

盛乐古城就建在这，这里曾经是敕勒川。"而给我们留下最深印象的是一位种树几十年的老人。

6月21号，天空中点缀着片片白云，汽车在山间乡村公路曲折前行，两旁掠过车窗的是黄土高坡和蒙古高原的沟沟壑壑。我们来到和林格尔县盛乐镇罗家天村拜访这位90岁高龄的种树老人——彭福生。车只能停在山坎儿上。顺着土梁向下的小路，我们也一路蜿蜒来到彭福生老人的家，一口五十多年前打的小窑洞。彭老特别喜欢树，自家房前院边种着几棵山杏和杨树，虽然长得不十分挺拔，但也能为这个农家小院提供一片阴凉。走进老人的窑洞，简单的家具上显眼的位置摆着1989年和林格尔县委、县政府颁发给老人的"造林能手"奖状，还有三个镶在老镜框里的荣誉证书。我们问彭老有没有自己算过种了多少树？彭老说，没算过，不知道种了多少。县林业局的同志告诉我们，彭老从60岁开始坚持种树30年，一共种下1400多亩树木。我们问老人为什么要坚持种树？老人说："念书、识字、栽树是好事情！"

采访过后的一段时间，脑中常常响起彭福生老人的这句话，简单、朴素，没有华丽的辞藻和豪言壮语，但却是最打动人的。我想和林格尔人再现敕勒川美景的梦想，也许就是源自这种朴素的生态意识。当然再现敕勒川美景的路或许还有很长，或许还要付出更多的汗水，但是彭老的话让我们相信这个梦想一定能实现。采访结束时90岁的彭福生老人说："学习老愚公，老愚公是子子孙孙挖山不停，我是子子孙孙植树造林、保持水土、保护生态环境，我不停。"

宁静的绿色

记者手记：
致我们同行

李赢

　　碛口那一夜，多想坐在黄河畔，静听岁月的水流过，我们没有；草原那个黄昏，心往奔跑在绿丛中，放声天上白云飘动，我们没有。在我心里是般遐想，脑海中却是另一番记忆。那一夜，我们围在八仙桌旁热闹地探讨《山西突围》，冷落了泡好的茶；那个黄昏，我们以急行的脚步《对话内蒙古草原》，离开时点燃的篝火已成灰烬。从河北、山西、内蒙古到辽宁，记录退耕还林的现在，探思绿色中国的未来，我们一路同行。爬青山，走西口，迎风沙，穿草原，我们早起、熬夜甚至不眠，痴醉在一篇篇报道中，苦中乐事是我们同行。

　　分别时候，广东站一哥郑澍说终点就是起点。他的话把我们带回了起点，湖北站站长崔彤、海南站副站长许云、郑澍、我，虽说是台里"一家人"，真正的相识却是从河北涉县"会师"那一刻起。国家林业局的刘鑫铭兄，虽说是两个行业的，从相见那一刻，我们便成了统一"战线"。也许那一刻我们谁都没有想过，曲终时候，我们会像亲人一般相拥一起。回想我们一起的 21 天，万里之行，心里已经忘却一路颠簸辛苦，甚至因为太累悄悄流下的眼泪，记得的是我们同行，他们敬业给我的触动，他们真心给我的感动。

　　许云姐是厦门人，她的名字"云"闽南语音称"魂"，人如其名，她就是我们华北小组的"魂"，《那山、那水、那核桃人家》，《寻找"小老树"》，这些灵动的名字，都起源她给予我们的灵感。在我们苦于万千素材无法着手时候，她会在一旁帮我们抽丝破茧，取出要点菁华。在我们筋疲力尽想睡个懒觉的时候，她为了精益求精早起出门补一段录音，这让比她年纪轻的我们汗颜，心里由此更生敬意，鞭策我们如她般敬业。我们喜欢她，因为她一路给我们"活力"；我喜欢她，因为她对人真心，特别有姐姐样，一路担心我会丢三落四；我们的采访老乡们喜欢她，因为她"云"所到之处，必会给久旱的当地带来一场吉祥雨。

　　山丹丹花开红艳艳，在内蒙古和信园蒙草抗旱公司的蒙草培植基地，我们兴奋地叫着"队长"、"队长快看"。那一刻我们的队长崔彤，穿着我们报道的标配红色 T 恤，没顾上自己的"本名"，正拿着相机记录采访。这一路，我们队员享受的是高规格待遇，拿起话筒冲在前面露脸，队长崔彤在后面拍摄记录我们工作；

我们在广播中活色生香侃侃而谈，队长默默无闻地"收拾"我们的稿子，斧正、润色、配照片，再传上网络。在路上，我们好像是孩子，队长是那个宽厚的家长，用镜头记录我们"成长"；在工作上，我们好像是学生，队长是那个智慧的导师，点金之语将我们醍醐灌顶。河北退耕还林种核桃等经济林增加老百姓收入，山西也是，我们的报道如何不雷同？除了报道成效，我们是否还能看得更远？如何从小树小草中写就生态大文章？队长一步一步发问指导，我们的报道由此一步步见层级。

我是"澍"雨的澍，不是种"树"的树，从采访最初逢人解释此"澍"非彼树，到最后自认此"澍"就是此树。郑澍自称的变化源于一路走来他对树的情感。而我

走进绿洲

长城出彩

们亲切地从阿澍改称他为大树，是因为一路上，他渐渐成长，成为我们依靠的"大树"。他很活泼，在闷长的途中，他会给我们唱歌；他很贴心，每到上、下车，"女生"的行李他主动拉起。他很聪明，以至于可以一心多用，比如写着一篇稿子，兼顾就把同期音响听好，打出文字。工作时候，他像个"弟弟"不计繁琐地听许云、我两个姐姐的"派遣"，除此之外，他称我们"师妹"，对我们呵护有至，教会我们运用新技术同步更新稿子。

"广电女婿"刘鑫铭，我们真希望有位广播电台的好姑娘与他白首。"我来自国家林业局退耕还林办，很荣幸与大家同行，我希望这一路为大家做好服务。"鑫铭兄初见面与我们的开场白，一如他的憨厚和不苟。放弃做"大法官"只因为要坚持自己喜爱的林业，这一点就让我们把他同归为性情中人。他讲起国家退耕还林的缘起、现状及政策，如数家珍，一路上他从给我们"补盲"起步，逐步加深我们对退耕还林的了解，最后把我们辅导成了半个林业专家，我们的报道也由此受益、更见功夫。绿色中国行报道，是我们中央台与国家林业局的一次合作，我们华北报道组中，更像是电台人和林业人的一次结合。我们被辅导成了半个专家，他也被我们培养成了半个记者，不仅参与了我们的报道流程，还亲自动手敲下了同期声文字。抛开工作，最让我们女生记得他的好，是他为了慰问熬夜作战的我们，跑了大半个县城为我们买来酸奶和花露水。

"夜空中最亮的星，曾与我同行……"分别的时候，大家亮开嗓子，弥补了我们在黄河碛口、草原的遗憾，用《我是一片云》、《好大一棵树》、《山丹丹花开红艳艳》、《爱拼才会赢》等一首首和我们名字有关的歌曲来记忆我们一路同行。我们感谢彼此，也同时感谢那一路支持我们同行的我们同行河北站、山西站、内蒙古站、辽宁站的兄弟姐妹。晓光的核桃，王站长的"饺子"，李楠的鸡蛋，康站长的"小老树"，郑颖姐姐的奶茶，黎站长的"闷倒驴"，郭威、徐志强娘家两位弟弟的"大米饭"，耿站长的"老玉米"……我记得吃，因为这温饱后面有温暖，这温暖来自中央台一家人彼此关心、合力。我不只记得吃，更记得大家与我们华北组一起"纵横"的辛劳与不眠……因为绿色中国行，我们同行；我们同行，不只在绿色中国行，还有未来……

和林格尔人
再现敕勒川的愿景

内蒙古作为中国北方重要的生态屏障，生态状况如何，不仅关系内蒙古各族群众的生存和发展，而且关系到华北、东北、西北乃至全国生态安全。"绿色中国行动"6月20号走进内蒙古和林格尔县，开始关注这里的生态屏障建设。详细情况连线"绿色中国行动"报道组记者金建军。

主持人： 金建军给我们介绍一下报道组在和林格尔采访到的情况？

记者： 首先我想问一下主持人，您应该记得《敕勒歌》里面最脍炙人口的那几句：天苍苍，野茫茫，风吹草低见牛羊……

和林格尔所在的位置其实就是古时候的敕勒川，地处阴山山脉大青山南麓，黄土高原北部，这里曾经是一片水草丰美的宝地，但是由于历史上自然灾害和人口增加等原因，和林格尔一度变成了一片贫瘠的土地。用当地百姓的话讲就是，种一坡，收一车，打一簸箕，煮一锅。可以说几代和林格尔人心中都有一个再现敕勒川美景的愿望。经过几十年的努力，目前和林格尔全县的有林面积由新中国成立初期的15.6万亩增加到了233万亩，森林覆盖率由3%上升到了34.5%。特别是随着退耕还林等国家林业生态工程及一系列地方林业工程的启动实施，和林格尔新增各类造林面积130多万亩，森林覆盖率上升了15个百分点。我是在大兴安岭脚下长大的，没想到能在黄土高原看到像大兴安岭林区一样的景象，樟子松、落叶松漫山遍野。

主持人： 退耕还林、恢复生态之后和林格尔人还有什么新的愿景期盼？

记者： 退耕还林、绿化造林的工作，生态效益在和林格尔已经开始显现，但是当地生态依然脆弱，自然地理条件差，决定了当地目前所种的树种基本上都是以生态效益为主。内蒙古林业厅的一位专家告诉我们，其实不仅是和林格尔，整个内蒙古目前90%以上的退耕还林等造林工作，基本上还是以发挥生态功能为主，先天的自然条件使得内蒙古发展果树种植等经济林比较困难。而且随着经济的发展许多退耕还林农民进城打工，留下的多是老弱劳力，林业管护成本也越来越高。如何在保证生态效益的基础上发挥出林地的经济效益，让参与生态事业的群众能够直接从中获得长远可持续的经济效益。形成林业、草业经济和生态建设的良性循环。这是政府、林业部门、当地百姓开始考虑和探索的问题。比如和林格尔

和林格尔县造林现场

引进从事生态产业的公司，而企业又争取到世界大自然保护协会和中国绿色碳汇基金会等的支持与合作，来共同探索生态修复治理和政府、企业、农民都受益的生态经济模式。

采访中，和林格尔人在相对恶劣的自然地理条件下，再造敕勒川美景的坚持给我们留下很深的印象。几十年种树的老人彭福生就是和林格尔人的典型代表。下面来听一下我们对他的采访录音。

【出录音（普通话压混）】"种树是从 1983 年开始的，念书、识字、栽树这是好事情。因为退耕还林栽的树，土不下坡，水不出沟，我就爱这个，一直就栽着。"【录音止】操着浓重的和林格尔口音，正在说话的老者是彭福生。几十年种树，90 岁的彭老，身板依然硬朗。就是现在腿脚不便，不能再上山了。但是老人依然惦念着自己种下的树。【出录音】"种树就像养个大姑娘，十几、二十年养下来，谁见着都说好看……"【录音止】

作为一个普通农民，因为几十年坚持绿化荒山获得各级政府的嘉奖：造林能手、最美青城人。彭老说现在老了希望自己的孙辈们也能继承他的事业。但是年轻人有自己的选择，移居到城市。彭福生的大儿子彭满良告诉记者，村里已经没有年轻的壮劳力。【出录音】"我父亲种下的树没点收入，没收益。现在他的树还养不了他。"【录音止】

劳动力流失，农民收益降低，在林地上投入、下功夫积极性不高。怎么才能突破这样的窘境，当地林业部门和政府也在想办法，并且开始做出尝试。和林格尔县林业局邢局长说：【出录音】"再往前看我觉得是要解决农民在林业上收益的问题。引进林草企业，把集体林地承包下来，这样农民发包他的林地，可以有一笔收入，然后在企业搞林业经营的过程中能挣钱，解决就业的问题。"【录音止】

也许探索的路还要很长，在和林格尔从普通农民彭福生父子到县委、县政府决策层都清楚地知道，再造青山的不易，生态环境的珍贵。和林格尔县党委书记吴志强说：【出录音】"绿水青山需要我们来维护、需要我们保持。所以在生态建设上我们和林格尔县作为内蒙古的一个旗县就是要为天更蓝、水更清、地更绿、空气更新鲜做出我们的努力。"【录音止】

录音报道：
退耕还林在辽宁

今天"绿色中国行动"报道组，深入到持续多年沙化严重、土壤贫瘠的辽宁西北部地区，下面就来连线中央台记者徐志强，了解一下详细情况。

主持人：徐志强，你所在的地方看到的情况是什么样，来给我们介绍一下？

记者：好的，我们报道组一行六人今天来到了与内蒙古毗邻的辽宁彰武北部边缘阿尔乡镇北甸子村，上世纪末这里曾是寸草不生，晚上刮起风沙来，住户早上的门都推不开，车辆根本无法通行，马车、驴车是当地人唯一的交通工具。1995年以前辽宁彰武地区的森林覆盖率还不足5%，而我现在眼前看到的景象可以用满目葱茏来形容，我周围3600亩的沙化土壤如今都已经被樟子松、小钻杨和五角枫等绿色植物覆盖。在这生活了半辈子的北甸子村党支部书记董福才告诉我们，当地人为了能够娶上媳妇，吃上饭，用了7~8年的时间，通过退耕还林和栽树固沙，一点点地实现了人进沙退，阿尔乡近8万亩的流动、半流动沙丘如今全都变成了固

记者穿行在成片的
樟子松林中

定沙丘，森林覆盖率接近 60%，完全改变了过去靠天吃饭的命运。但董书记也道出了治沙的艰辛和不易，我们先来听下他是怎么说的：【出录音】"一开始要是没点毅力，那树是栽不活的，非常不容易。流动沙丘往那一立好像是人工砌的似的，坡度都得有 4~5 米高，不浇水根本就活不了，挖一米深不一定有实土。后来我们想一个招是啥呢，先浇水后挖坑，浇点水之后把实土往边上一培，完了继续还浇，这样一棵树得三大水桶水，一天也就栽个七八十棵树顶天了，一直坚持了五六年，现在看基本算是成形了。"【录音止】

主持人：人进沙退成果得来不易，目前当地农户对于退耕的积极性如何？

记者：生态林退耕地的效益主要来源于国家首轮给予的每年每亩地 160 元的补助，现在当地已经进入到第二轮享受国家每年给予 90 元的补助。就当时来讲，由于土壤沙化严重，粮食每亩地的产量只有 200~300 斤，很多种地农民处于赔钱状态，因此对于退耕还林的积极性很高。但随着种粮收益由于土壤在退耕还林以后得到改善，产量提高，加上国家惠农政策力度不断加强，每亩地现在能赚上千元，导致退耕户的比较效益差距日益拉大，复耕的想法也越来越强烈。今年 59 岁的王喜生，2003 年的时候投资 28 万在彰武县五峰镇火石岭村承包了 1002 亩的轻碱耕地和荒地，进行退耕还林。他给我们算了笔账：现在的地如果种粮每年啥活不干就能收入 50 万~60 万，而他家的林地轮伐期为 21 年，每年还要追加上万元的人工维护和除虫害费用，预期收益不到种田的三分之一。这种情况在当地很普遍，很多人现在都有了复耕的想法。

主持人：辽宁采取了什么措施来维护退耕户的积极性呢？

记者：截至 2013 年末，辽宁共完成国家退耕还林工程建设任务 1703.5 万亩，其中，退耕地还林 370 万亩，荒山荒地造林 1067.5 万亩，封山育林 266 万亩，可以说取得的成果来之不易。要想保护好退耕户的积极性说到底还要靠国家政策的调整，减少退耕户和耕地农户的补偿收入差距，为此辽宁也相应出台了一些政策，下面我们来听一下辽宁省退耕还林工程中心副主任常中威的介绍：【出录音】"为了保持住农户退耕的积极性，我们主要采取了几方面的措施。一是由政府来驱动和引

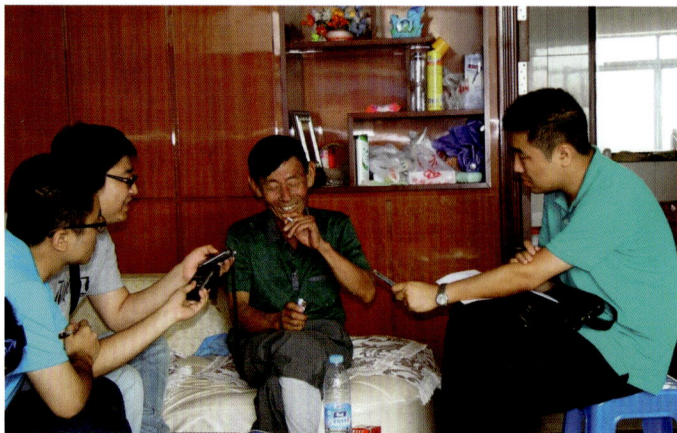

阿尔乡北甸子村的老董说起这些年来的造林经历，忍不住笑了

导农户，我省林业部门免费提供苗木和技术指导，带动退耕农户及时将损毁的退耕地块抓紧补植补造，保证还林成果在数量上不减少，总体林分质量不下降。二是调整还林成果建设项目的补助政策，将干、鲜果基地建设项目拓展到林下种植经济作物项目，同时还大幅提高了补助标准，由每亩补助100元提高到300元，今年就有3.5万农户收益。三是引导退耕农户科学经营好现有的还林成果。通过开展森林抚育间伐等有利于提高退耕还林林分质量的经营措施，提升退耕还林的林木经济价值，让退耕农户们在保护还林成果的同时，确保在木材经济收益上获得一定的保障，切实调动农民巩固还林成果积极性。"【录音止】

这里曾经是一眼望不到边的沙丘

由于大片生态林的屏障，土壤逐渐改善，地里的庄稼也比过去长得好多了

录音报道：
4000公里的行程十六个日与夜
看十五年退耕还林

退耕还林作为世界最大的生态建设工程，十六天来，"绿色中国行动"华北组穿越河北、山西、内蒙古、辽宁四个省区。具体情况，我们来连线中央台"绿色中国行动"华北报道组记者郑澍。

主持人：一路走来，根据你们的调查采访，会做出一个怎样的回顾？

记者：好的，主持人，我们实际上是将今天的重点关注作为华北组的一个小结。今天已经是6月28号，"绿色中国行动"华北报道组也已经即将结束此行的采访进程。

在河北，漫山的绿，清香的果。当地的农户通过种植核桃林，不仅仅让生态发生变化，同时也促进了退耕户的增收，现在回想，我们还记得乔二民，肤色黝黑的退耕户，说话时表情丰富，他说，用他那片核桃林换他当镇长，他都不干。

在山西，纵横沟壑、表里山河。这里与河北一样，经济林的产业链进一步延伸，也看到了以赵德清为代表的林业人数十年如一日的默默付出。他是基层林业工作者，也是林业专家，对退耕还林政策了如指掌。三十多年奔走从事林业，他不是忙造林，就是检查验收、护林防火。老百姓说，赵德清见到树比见到儿子还亲，大伙称他为"树爹"。

主持人：刚刚你提到的，有退耕户，有林业干部，那么我们也很关心，在退耕还林方面，有没有一些新的理念、新的动向？

记者：在内蒙古，草天一线，一马平川。让我们留下深刻印象的是以蒙草抗旱为代表，系统修复草原的大生态理念。真正的生态恢复不是简单的种树种草。简单地种一种树或者一种草来恢复生态，可能也会对生态造成破坏。蒙草抗旱董事长王召明告诉记者，恢复生态就是一个尊重自然的过程，尊重生态规律的过程。生态是近自然的，都是互生的互相营养。

在辽宁，我们发现，伴随目前国家惠农政策力度逐渐加强，导致退耕户的比较效益差距日益拉大，复耕的想法也越来越强。59岁的王喜生告诉我们，在2003年，

行进途中需要连线，路边的小树当房，草地当椅，到处都是我们工作的地方

他承包的千亩的轻碱耕地和荒地，进行退耕还林。他给我们算了笔账：现在的地如果种粮每年啥活不干就能收入 50 万 ~60 万，而他家的林地轮伐期为 21 年，每年还要追加上万元的人工维护和除虫害费用，预期收益不到种田的三分之一。而这种情况在当地很普遍。而另一方面，他们对保护青山，守望家园有一种坚韧的执着，对于他们想得更多的是，下一步怎么办？

主持人： 从北京出发，4000 公里的行程十六个日与夜，一路上最为打动你们的是什么？

记者： 十六天以来，我们报道组走过河北、山西、内蒙古以及辽宁四个省区，行程超过 4000 公里。一路走来，同样是退耕还林工程，在不同的省份出现了诸多不同的特点。采访了很多人，听了很多故事，也感受着这些人的喜怒哀乐。我们努力通过报道呈现退耕还林还草工程在过去十几年时间里面发生的变化，但是带给我们，或者说我们希望带给听众的，又不仅仅是变化，还希望多一些反思，提供一些借鉴。我想，一路走来，大家的耳朵里，或许留下了涉县、临城、和林格尔、多伦、阿尔乡这些以前可能并不熟悉的地方，或许还会记得报道组一路向北的声音……

录音报道：
立法青山 守护家园

主持人： 今天，"绿色中国行动"报道组走进辽宁，祖辈的土里刨食，黑土地慢慢地变贫、变薄，又在退耕还林里着装复绿。当这片被祖先寄予着"企盼辽河流域安宁"心愿的土地，因为厚重的工业标签，留给人们钢铁、矿山和斑驳山岩的硬朗模样的时候，辽宁正用立法青山的决心，守护起不能失去的家园。

晚六月，在辽宁西北边缘上的彰武县阿尔乡北甸子村。伴着鸟叫，村民董福才把我们迎进了他的家。房前屋后的柿子、辣椒，一陇陇油绿的大葱，亮堂堂的房舍旁，农用车静静地守着小院。

【出录音】"不治理的话，这个村庄指定埋没了。那时候沙子把老百姓逼急眼了。刮一场大南风，沙子把窗台都埋没了，沙子屯屋里去了，门开不开。"【录音止】

跟着董福才，我们走上山去看他承包的林子。这个有点瘦小，脸庞被风沙打得黑黑的老人，看着漫山漫坡的绿色树林，就像显摆家里的宝贝一样，平静中透着一股兴奋和骄傲。

【出录音】"转圈瞅，这些树都是十三年了吧，那时候这一带全是流动沙丘啊。想栽树，得先浇水，一棵树一桶40斤那个，得浇三桶，就费那劲。"【录音止】

玉米、高粱的青纱帐，沙土地里的大豆、花生，填不饱农民们的饥肠辘辘，锯子斧头放倒大树，山林下的土地在一辈辈的耕种里贫瘠沙化，灰黄的大山只能在漫天的风沙里艰难地喘息。

【出录音】"没退耕之前啊，一亩地就打二三百斤，那还得好年头。现在，能达到七八百斤，高的能达到1200斤。"【录音止】

现在，退耕还林已经让彰武县千里的黄沙深埋在了绿色的丝巾下。3万座万亩以上的大型流动沙丘被固定，166万亩的农田被迎着风沙的樟子松坚强守护。13年间，董福才和乡亲们的土地里打出的粮食也从1.7亿千克跳到了11.6亿千克。

除了国家退耕还林政策的支持，辽宁省自掏腰包，2012年开始，三年近37亿的投资，也昭示着辽宁人守绿的决心。然而辽宁省林业厅退耕办副主任常中威却仍有着一丝担忧。

【出录音】"陡坡沙化耕地，污染严重的耕地永远都存在，退耕还林制度逐渐完善健全，长期存在下来，退耕还林意识更应该根深蒂固的，各个地区自发的、主动的一种行为、由被动变主动。现在国家重启想的还是确定重点区域，期盼不要把我们辽宁撤下来。坚守成果，保护家园，青山永在。"【录音止】

主持人：曾经，新中国工业长子源源不断地为全国各地输送着钢铁、煤炭和镁砂，座座青山在轰鸣的机器声中伤痕累累。开展青山工程，出台全国唯一一部青山保护条例，意识到工业发展代价的辽宁拿出生态诚意，已经绽放出了绿色的笑脸。然而如何守住青山成果，让人们能继续热诚地保卫青山？面对这场保卫青山的攻坚战，辽宁费力却依旧执着地响着绿色家园的守望曲。

鞍山，因矿而兴，因钢而立，坐拥着全国最大的菱镁矿区。破山开矿削出 60 多度的立壁，镁粉与水相融结出大片厚厚的岩石茧子，留下满眼的灰白。曾经，生活在"大立壁"下的人们，早已习惯了粉尘飞扬，只是怕雨来时的泥石流和滑坡会蛮横地带走自己的家。

村民：【出录音】"我们这嘎达吧，以前很少有当兵的，小伙子们哪都合格，就是体检都不过，哎呀，都是尘肺呗。"【录音止】

还清环境的欠账，为青山立法。2011 年，辽宁率先出台青山保护条例，设立青山保护局。现在，大立壁的平整绿化让闭坑矿的裸眼疮疤被树苗和爬山虎绿莹莹地覆盖。原来的村庄房屋都已被拆除，回迁到几公里外镇上的楼房里。辽宁省青山保护局副局长姜生伟告诉我们，保护和恢复，不再是华而不实的口号，而成了法律约束下的必然行动。

【出录音】"这部法实际上经历了半年多时间就出台了，也是辽宁省这些年立法中最快的一部法。"【录音止】

恢复，青山保护之重。"小开荒"清退、超坡地还林、围栏封育、矿山生态恢复、道路建设破损山体治理。法律以强硬的姿态让千疮百孔的青山正有速度、有质量地恢复着。

【出录音】"到去年底呢，这八大工程累计治理了 906 万亩，投资 106 个亿，投资是多元化的。全省林木绿化率提高 2.2 个百分点，森林覆盖率提高了 1 个百分点。"【录音止】

然而，矿和绿的角力，因为撬动了矿山企业的核心利益，也面临着重重困境。辽宁以法的名义明确了矿山、政府和相关部门等青山工程的责任主体。有法可依的执法主体让持续推进雷厉风行，更创造性地将青山区域划分为合理利用区、限制开发区、禁止开发区。

【出录音】"明确矿山保护与恢复治理方案必须有植被恢复内容，青山保护机构对植被恢复情况进行审查监督，对于破坏的山体要限期恢复植被，如果不恢复由政府代为恢复，可并处恢复成本 1～3 倍的罚款。"【录音止】

如今，良性循环工农业，这个新鲜词儿已经伴随着青山工程，慢慢地融入了辽宁人的血脉。老工业基地上的家园里，矿山生态公园里，大妈们欢乐地跳着广场舞；沙窝深处的人家有着生态林、经济林的护卫和哺养。青山工程和碧水工程、蓝天工程一起，撑起辽宁山、水、天统筹治污的立体框架，有着立法青山的诚意和决心，辽宁将一直走在守望家园的路上。

录音报道：
当杨树遇上苞米

主持人： "绿色中国行动"今天走进辽宁，目前辽宁的人均森林面积是 127 平方米。辽宁彰武守在科尔沁沙地的最南边，经过十几年努力，沙地铺满绿意，小苗长大成材，风小了，沙住了，退耕大户的烦恼却来了。于是一场原本交流退耕经验的座谈会，变成了退耕户、基层干部、林业专家"掏心窝子"的拉家常。

记者： 会一开始，造林大户王喜生的话就出人意料。2003 年最早退耕，现在自家有了 1000 亩的杨树，原本是被人羡慕的大户，现在却被乡亲们笑话。

【出录音】"这都是说实话，现在看就是有笔账算，我要如果不栽这个树，出包我一年就五六十万，我如果要是栽树，一个轮伐期十五年，这十五年一亩地，我算一下子，得的收入，也就是三四千块钱。"【录音止】

眼前种杨树还不如短期种苞米的收入，王喜生一脸愁容。在一旁的镇书记李洪伟提醒老王，当初彰武县的地可没这么好。现在种粮的产量高了，那是因为退耕还林。

【出录音】"1998 年干旱，那时候都赔钱呐，那个苞米干的地都能烧着。由于退耕还林政策的实施，生态效益明显，大家去年玉米的平均产量在 1800 斤。"【录音止】

说起当年，老王想的是种树既可以改善环境，又能在轮伐期后赚钱，两全其美。可是，现在种地的收入比原来高了，种树的补贴还是 10 年前的老样子。老王的话触动了在场的县林业局干部才红艳，她说，老百姓退耕的后续，是他们最担心的事。

【出录音】"退耕还林这么多年，的确是一项利国利民的好项目。但是退耕还林将来到一个轮伐期之后需要采伐了，采伐之后老百姓还不还林，这是一个非常严峻的问题。"【录音止】

旁听的四堡子镇林业站站长张禹林紧跟着也说出了他的担忧。

【出录音】"没有林业就没有农业，这个是见效果了，现在说价格这个事情，是不是有可能林农这块差异太大，老百姓复耕这块真有这个想法。"【录音止】

如何增加老百姓眼前收入，给退耕户吃下定心丸？各抒己见后，在场人的目光都投向了前来听会的省林业厅退耕办副主任常中威。

高大的杨树林成为彰
武的生态屏障

记者在辽宁省彰武县
阿尔乡采访退耕农户

【出录音】

常中威：因为退耕还林，彰武县的自然环境大有转变。

王喜生：对，这个有好处！

常中威：就因为咱们环境好了，所以才建起了工业园区，以前谁到我们这里投资？因为环境吸引了投资。

王喜生：对。

常中威：所以说王大哥为我们退耕还林，为我们彰武县做了很大的贡献。

【录音止】

吃了眼前的小亏，占便宜的不全是外人，还有自己的乡邻和子孙。会上，常主任给老王鼓劲，其实老王遭遇的困难，也一直是常主任他们所牵挂的事。

【出录音】

"一方面我们结合地方政府千方百计增加林农收入，另一方面，也看到提高补助标准也成了老百姓合理的政策需求。"

【录音止】

辽宁彰武 人进沙退

今天"绿色中国行动"报道组，深入到持续多年沙化严重、土壤贫瘠的辽宁西北部地区，下面就来连线中央台驻辽宁记者徐志强，了解一下详细情况。

主持人： 徐志强，你所在的地方看到的情况是什么样，来给我们介绍一下？

记者： 好的，我们报道组一行六人今天来到了与内蒙古毗邻的辽宁彰武北部边缘阿尔乡镇北甸子村，上世纪末这里曾是寸草不生，晚上刮起风沙来，住户早上的门都推不开，车辆根本无法通行，马车、驴车是当地人唯一的交通工具。这里曾流传过一句话，叫"种一车，撒一坡，筛一簸箕，煮一锅，"就形象地反映出当时由于土壤沙化严重，粮食产量低下的恶劣环境。1995 年以前辽宁彰武地区的森林覆盖率还不足 5%，而我现在眼前看到的景象可以用满目葱茏来形容，我周围 3600 亩的沙化土壤如今都已经被樟子松、小钻杨和五角枫等绿色植物覆盖。在这生活了半辈子的北甸子村党支部书记董福才告诉我们，当地人为了能够娶上媳妇、吃上饭，用了七八年的时间，通过退耕还林和栽树固沙一点点地实现了人进沙退，阿尔乡近 8 万亩的流动、半流动沙丘如今全都变成了固定沙丘，森林覆盖率接近 60%，完全改变了过去靠天吃饭的命运。但董书记也道出了治沙的艰辛和不易，我们先来听一下他是怎么说的：【出录音】"一开始要是没点毅力，那树是栽不活的，非常不容易。流动沙丘往那一立好像是人工砌的似的，坡度都得有四五米高，不浇水根本就活不了，挖一米深不一定有实土。后来我们想一个招是啥呢，先浇水后挖坑，浇点水之后把实土往边上一培，完了继续还浇，这样一棵树得三大水桶水，一天也就栽个七八十棵树顶天了，一直坚持了五六年，现在看基本算是成形了。"【录音止】

主持人： 人进沙退成果得来不易，目前当地农户对于退耕的积极性如何？

记者： 生态林退耕地的效益主要来源于国家首轮给予的每年每亩地 160 元的补助，现在当地已经进入到第二轮享受国家每年给予 90 元的补助。就当时来讲由于土壤沙化严重粮食每亩地的产量只有 200~300 斤，很多种地农民处于赔钱状态，因此对于退耕还林的积极性很高。但是目前国家惠农政策力度逐渐加强，种粮收益每亩上千元，导致退耕户的比较效益差距日益拉大，复耕的想法也越来越强烈。今年59岁的王喜生，2003年的时候投资28万在彰武县五峰镇火石岭村承包了1002亩的轻碱耕地和荒地，进行退耕还林。他给我们算了笔账：现在的地如果种粮每年啥活不干就能收入五六十万，而他家的林地轮伐期为21年，每年还要追加上万元的人工维护和除虫害费用，预期收益不到种田的三分之一。这种情况在当地很普遍，很多人现在都有了复耕的想法。

主持人： 辽宁采取了什么措施来维护退耕户的积极性呢？

记者： 截至2013年末，辽宁共完成国家退耕还林工程建设任务1703.5万亩，其中，退耕地还林370万亩，荒山荒地造林1067.5万亩，封山育林266万亩，可以说取得的成果来之不易。要想保护好退耕户的积极性说到底还要靠国家政策的调整，减少退耕户和耕地农户的补偿收入差距，为此辽宁也相应出台了一些政策，下面我们来听一下辽宁省退耕还林工程中心副主任常中威的介绍：【出录音】"为了保持住农户退耕的积极性，我们主要采取了几方面的措施。一是由政府来驱动和引导农户，我省林业部门免费提供苗木和技术指导，带动退耕农户及时将损毁的退耕地块抓紧补植补造，保证还林成果在数量上不减少，总体林分质量不下降。二是调整还林成果建设项目的补助政策，将干、鲜果基地建设项目拓展到林下种植经济作

以林逼沙

绿色满满当当

物项目,同时还大幅提高了补助标准,由每亩补助100元提高到300元,今年就有3.5万农户收益。三是引导退耕农户科学经营好现有的还林成果。通过开展森林抚育间伐等有利于提高退耕还林林分质量的经营措施,提升退耕还林的林木经济价值,让退耕农户们在保护还林成果的同时,确保在木材经济收益上获得一定的保障,切实调动农民巩固还林成果积极性。"【录音止】

记者手记：
我们在一起

许云

6月12日早上，当华北组成员匆匆踏上北京开往石家庄的动车，我们几个还是只闻其声未曾谋面的同事，中国之声的美女记者李赢、广东站充满活力的年轻小伙子郑澍，外加国家林业局派出的得力干将刘鑫铭，而此时，我们的领队湖北站站长崔彤还停留在北京，准备参加第二天的启动仪式。经过19天的"中国绿色行动"洗礼，"4+1"的小团队早已亲密如一家人，南方与北方、帅哥与美女、新闻领域与林业系统等多元素组合，时不时碰撞出灵感的火花，注入源源不断的动力。在崔站长的带领下，我们这群"小树小草"在绿色的海洋里汲取力量，快乐成长与收获着，合力写就了一篇篇小清新的文章。

河北邯郸涉县是我们采访的第一站。提起全国十大污染城市之一的邯郸，脑海浮现出的是一幅雾蒙蒙的景象，从石家庄到涉县的道路两旁，大烟囱不时闪现在眼前，更印证了我对这个老工业基地的看法。傍晚，经过一天的奔波我们到达了目的地，出乎意料，没有刺鼻的味道，此刻夕阳西下，空气清新，小县城在青山绿树的掩映下分外美。涉县，被称作太行山下最绿的地方，果然是名不虚传。"中国绿色行动"实地采访的首篇报道将从我们组开启，大家来不及休整，晚上和站里商量，决定按照策划方案上3个关键词的思路去寻找主题。

小小的脑袋罩上青色的外衣，散发出淡淡的清香，第一次见到核桃的真身，惊讶地发现它竟然如此可爱，6月核桃树上挂满了鸡蛋大小的青果，在涉县，随处可见成片的核桃林，这是当地退耕还林的主要树种，为退耕还林户带来了实实在在的好处。在北脑山，陈水洋开垦荒山近20年，从辟路、垫石一点一滴干起，如今几千棵核桃树、杏树、梨树等各种果树染绿了荒漠的山坡，在半山腰陈水洋搭建的小房子前，老陈讲起了他的故事，想不到天天和树打交道的他竟如此的开朗，兴致一来，还现场唱起了30年前的老歌，我们都被感染了，不舍得离开。夜幕降临，当我们结束第一天的采访，原先的不知所措已荡然无存，在回来途中，大家兴奋击掌，一致通过首篇报摘的题目《那山、那水、那核桃人家》。

在离涉县200公里开外的临城县，那里的核桃产业让我们大开眼界，种植基地、深加工企业、研发中心，小小临城县还制定了全国唯一的省级核桃生产技术标准。

一路陪我们采访的副县长刘贞哲对于核桃产业如数家珍，从他嘴里总能蹦出几句特别提神、特别到位的话，刘县长和戴着草帽骑着三轮摩托车"闪亮登场"的村民乔二民成了纵横稿《太行山人的退与进》最出彩的人物。

6月16日，当我们离开河北的时候，满脑子是核桃。走进第二站山西吕梁中阳，当地安排采访的还是核桃却让大家犯了难。"中国绿色行动"连续报道半个多月，围绕退耕还林这一主题，如何写出新意？的确是一个不小的难题。在采访的路上，山西站站长康维佳一直在提 "小老树"，康站长念念不忘的"小老树"激起了我们的好奇心，或许《寻找"小老树"》能成为我们这一篇报摘的主题呢。到了大同，晚上大伙儿围坐在一起，"引诱"康站长讲"小老树"，康站长慷慨激昂地说了半个小时，李楠悄悄打开了录音机。

一路上，我们在寻找"小老树"的同时，也见到了被当地干部群众亲切称为"树爹"的赵德清，赵德清扎根地处毛乌素沙漠边缘的大同县30年，探索多项适于当地的造林技术，在贫瘠干旱的雁北地区筑起一道京津生态屏障。在大同县火山岭油松、樟子松新一代抗风沙绿色军团中，我们终于见到了超龄服役的"小老树"小叶杨。一路寻找"小老树"，我们被当地抗风沙精神深深折服。当稿件传到北京，大家还惴惴不安，不知这样的选题是否入报摘老师的法眼，在行进的车上却被告知准备上头条，大伙儿一阵欢呼。经过李赢一夜反复修改，《寻找"小老树"》就这样上了头条，而康站长也首次作为被采访对象上了头条。

6月20日，延续着小清新的风格，我们走进第三站内蒙古大草原。过了西口，一进入内蒙古境内，黎正祥站长率领全站同仁已等候多时，风尘仆仆的我们还没回过神来，新一轮的采访在高速路旁不远处的山壑间开始了。内蒙古这一路采访注定是辛苦的，4天的采访时间，两个采访点和林格尔县与多伦县相距600公里，驱车八个多小时。从多伦转场到第四站辽宁沈阳，一天更是辗转跨越3个省区。内蒙古这一路采访却也注定是美丽的，傍晚走进大青山万亩草原修复基地，蓝天白云下，草原美得令人目眩，在采访途中，窗外的风景处处美如电脑里的屏保。可是，再动人的风景也留不住我们匆匆的脚步，大家正费尽心思，思考着如何把第三篇稿件再提升一个高度。每当我们陷入困境时，我们的"御用"顾问刘鑫铭就派上用场了，他的"大文章"提法一下让我们找到了感觉，车上你一言我一语，《小树小草写就生态大文章》就此诞生，在张家口机场里、在沈阳机场开往市区的路上，大伙儿做着最后的努力，李赢敲打文字，郑澍听着音响，内蒙古的同事还在原地帮忙补充音响。为了让稿件呈现最佳效果，夜里12点，我们举着话筒敲开了崔站长的房门。功夫不负有心人，又是一篇头条。

6月24日，终于来到了最后一站辽宁。第二天一早拖着疲倦的身躯，我们又上路了，幸亏有辽宁站郭威、徐志强两位大帅哥强有力的支援，让我们缓了口气。彰武县一天的采访安排得满满当当，上午马不停蹄的现场采访，紧接着是下午1点半的座谈会，说实话，这时大家的眼皮都在打架，不过谁也没忘把采访机开着。东北人表达能力果然了得，一开场退耕大户的话就出人意料，一场原本是交流退耕经验的座谈会，变成了退耕户、基层干部、林业专家"掏心窝子"的拉家常，不经意间，成就了我们的最后一篇报摘特写《当杨树遇上苞米》。

6月29日，华北组的报道率先结束，那一夜，我们终于可以打开电视机痛快地观看世界杯了。一路走来，惊险天使李赢总是丢这掉那，令人担心，可赢弱女子身上却蕴藏着巨大的能量，干起活来从不惜力，经常不知疲倦地整宿熬夜写稿，端出来的是一盘盘色香味俱全的"硬菜"。郑澍，刚参加工作3年的新生代，做起事来却有着与年龄不相符的周到与成熟，让李赢和我两位姐姐安然享受着"小师妹"的待遇。做最后一篇重点关注，为了让自己的口播更流畅自然，他在郭威面前，一遍一遍录着口播，直到郭老师点头认可。崔站长，这一路我们除了佩服还是佩服，采访时，他默默为我们拍工作照，为每一篇稿件精心配图，夜里再晚，他总要等到最后的完成稿发到邮箱才安心去睡，第二天当我们睁开眼，微信里崔站长又开始发言了。刘鑫铭，我们的"御用"顾问加编外记者，我们吃不透的政策，他寥寥数语就解开了大家的疑团，看我们忙得顾不上吃饭，他主动请缨帮忙打音响文字，速度之快，以至于我和李赢感慨，这样的人才没好好用真是浪费了。我们不是一个小组在战斗，一路向北，河北、山西、内蒙古、辽宁4个兄弟站的同仁给予我们太多的感动，每到一处，兄弟站都全力配合，让我们感受着家的温暖。

7月，还来不及好好告别，我们各自离去，新的任务正等着大家，我们期待下次见面的拥抱！

芍药花盛开的草原

记者手记：
二十个日与夜只为八千里云和月

郑澍

人假使在荒地上走了很长的时间，自然就会期望到达城市。后来，他终于抵达伊希多拉，这儿的建筑物有镶满螺旋形贝壳的螺旋形楼梯，这儿的人制造完美的望远镜和小提琴，这儿的外国人在面对两个女性而犹豫不决的时候总会邂逅第三个女性，这儿的斗鸡会演变成为赌徒的流血殴斗。他期盼着城市的时候，心里想着的正是这些事情。因此，伊希多拉便是他梦想的城：只有一点不同。在梦想的城里，他是个年轻人；他抵达伊希多拉的时候却是个老头。在广场的墙脚，老头们静坐着看年轻人走过；他跟他们并排坐在一起。欲望已经变成记忆。

——卡尔维诺《看不见的城市》

从北京飞往广州的航班 CZ3106 已经起航。我知道，属于我们的"绿色中国行动"也暂时落幕。从开始到结束，浮现的是两个情景。6 月 11 日。搬家。下午气喘吁吁地将细软杂物通通搬回办公室，告别毕业之后住了三年的 906，紧接着在傍晚时候，便登上前往北京的 HU7802 航班，我开玩笑说回程的航班上我还不知道我广州的家在哪。6 月 29 日凌晨。当我们将录音稿件上传邮箱，点击发送，心中暗自松下一口气，我们不负此行，更问心无愧。每一个日子，充实、匆忙。赶路，采访，写稿，睡觉。如果说有遗憾，那就是没能够有更多的时间可以记日记、可以写心得。此行，我们几乎将所有的时间都用于写作。

"你是为了回到你的过去而旅行吗？"可汗要问他的话也可以换成："你是为了找回你的未来而旅行吗？"马可的回答则是：别的地方是一块反面的镜子。我们感叹的是，我们永远不能真正地了解一座城，正如很多人不能真正了解自己。对于走过的城市，我们都是过客，旅行者能够看到他自己所拥有的是何等的少，而他所未曾拥有和永远不会拥有的是何等的多。

二十天的日与夜，我们报道组走过河北、山西、内蒙古以及辽宁四个省区，行程超过 5000 公里。一路走来，同样是退耕还林工程，在不同的省份出现了诸多不同的特点。采访了很多人，听了很多故事，也感受着这些人的喜怒哀乐。我们努力通过报道呈现退耕还林还草工程在过去十几年时间里面发生的变化，但是带给我们，或者说我们希望带给听众的，又不仅仅是变化，还希望多一些反思，提供一些借鉴。我想，一路走来，大家的耳朵里，或许留下了涉县、临城、和林格尔、多伦、阿尔乡这些以前可能并不熟悉的地方，或许还会记得报道组一路向北的声音……

因为我们组有两位女生，海南站副站长许云、中国之声李赢，所以也多了几份婉约与灵气。"云"一字，在闽南话中是"魂"发音。茫然无措之时，魂总会灵光一闪，让人拍案叫绝。更有甚者，是喜欢在车里写稿的李赢。果然世之奇伟、瑰怪、非常之观，常在于险远，而人之所罕至；秀美文字，常在于颠簸，抖着抖着就出来了。

在河北，我们的第一站。稿件反反复复地改，一个字一个字，因为我们是首篇。队长崔彤后来说，其实我们也可以轻轻松松地完成，但是大家都不愿意。多年以后，看到的稿件或许已经时过境迁失去价值，可是参与者与经历者都不会忘记挑灯夜战的身影。"两句三年得，一吟双泪流"。凌晨四点，微信群中，许云通知，大家都睡吧，稿子差不多了。天亮，整个身子好像不属于自己，摸到手机一看，许云已经出发，说去补充采访退耕还林大户乔二民。见面的时候，我、孟晓光、李赢都暗自叹服，是信仰、是执着，我们说不清。许云说，这没啥。

在山西，碛口古镇的那一夜。日记里是这样写的，"开完会回到房间，水边的渔火，还在敲打我的无眠。对着星空，按下快门，以为什么都没能拍到，抹开照片，却看到黑暗中又一轮圆月和几个光亮的星。茶叶的效应，加上这般的光景，让人睡不着也舍不得睡。"

所有的想法都是苦苦挣扎之后的灵光一闪。在房间聊天，"引诱"山西站康维佳站长讲讲过去的植被，穿插着秘而不宣的默契，打开采访机。没想到的是，说起"小老树"，康维佳眉飞色舞、手舞足蹈，我们目瞪口呆。在报摘《寻找"小老树"》一文中，我们第一次将老记者变为"被采访者"，将亲历的感受在文中承上启下。稿件传回，捷报传来，好家伙，头条！

从内蒙古呼和浩特出发前往多伦，车辆行走的时候，车就变成了船，在无边的海上航行。海是绿色的，天很蓝，云很低。结束了前一晚的通宵，已经是疲惫不堪。迷迷糊糊地睡觉，醒着醒着就迷迷糊糊睡着，睡了又醒，睁眼一看，还是天蓝地青。将草原的照片上传朋友圈，回复贴中尽是溢美之词，这时候还可以低调地炫耀，说一路走来尽是满眼的绿，绿得眼疼。

在辽宁，最后一站，最后一战。神清气爽，云淡风轻。走路的过程，思考也在继续。从退耕还林给当地带来的生态变化，给农户带来的经济的效应，到内蒙古大生态理念的冲撞，到最后对退耕还林政策的反思，多走一程，就深一层。

从河北涉县前往临城的车上，李赢说："所有的遇见都是久别重逢。"我们庆幸，这样的安排。时光，浓淡相宜；人心，远近相安。正是，若有重要的人，就把握机会好好在一起，慢慢吃，慢慢写，慢慢爱。即使与同一个人多次相见，每一次都不会一样，所以一定要保持一生只遇见一次的心情。

我知道，我们一定会再见！

记者手记：
夏天的十七个瞬间

崔彤

早年看过苏联电视剧《春天的十七个瞬间》，对这个富有诗意的片名印象深刻。本文写自夏天的中央台"绿色中国行动"开始，历时十七天，所经之处感触颇多，并随时笔录，借题命名。

6月13日，河北涉县

尽管在汉高祖刘邦元年时就已立县，但在当代人眼里，涉县仍不如它的河南邻居——林州（1994年以前为林县）名气大，不用说，后者当然是凭着著名的红旗渠而声震天下，"劈开太行山，漳河穿山来，林县人们多壮志，誓把河山重安排。"20世纪70年代电影《红旗渠》的插曲在许多50岁以上的人那里仍然耳熟能详。但是许多人并不知道，早在抗战期间，涉县人就修建了全长15公里的漳南大渠，这在当时的晋冀鲁豫边区可是最了不起的水利工程哦！

当年刘伯承、邓小平率八路军129师挺进太行山区，开辟、创建了晋冀鲁豫抗日根据地，129师的司令部就设在涉县赤岸村村中央的小山坡上。刘伯承、邓小平、李达等老一辈无产阶级革命家在这里领导晋冀鲁豫边区军民，粉碎了日本侵略军对根据地多次的残酷扫荡，指挥了解放战争中的上党、平汉等战役，为取得抗日战争和解放战争的胜利做出了重大贡献。

话说1942年到1943年间，太行山涉县一带接连发生严重旱灾，甭说地里的庄稼灌溉了，人畜吃水都很困难。为缓解旱情，1942年春，司令部设在涉县的八路军129师的政委邓小平指示晋冀鲁豫边区政府水利局实地勘测，拟定了从王堡村开渠，引清漳水上山的方案。全部工程共开凿山洞4个，劈石崖8处，建渡槽14座。工程总共用工12万多个，投资折合166万元冀钞，用的是以工代赈的方法，老百姓出一个工能换3斤小米。

以工代赈如今对许多人来讲比较陌生，它是指政府投资建设基础设施工程，受赈济者参加工程建设获得劳务报酬，以此取代直接救济的一种扶持政策，也就是

"以务工代替赈济"，政府以实物折款或现金形式投入受赈济地区实施基础设施建设，让受赈济地区的困难群众参加劳动并获得报酬，从而取代直接赈济的一种扶持方式。

《晏子春秋·内篇杂上》记载：有一年齐国发生了灾荒，晏子建议齐景公开仓放粮，赈济灾民，但遭到拒绝，当时齐景公正要修筑露台，晏子就命令官吏招收灾民来修筑，并增加他们的工钱，延期竣工的日期，历时三年，露台建成了，灾荒过去了，灾民也得到了救助。沈括在《梦溪笔谈》中也有范仲淹主管浙西时，调发国家仓库粮食，募集民间所存的钱物来赈济灾民的事情，他召集各寺院主持僧人说："灾荒年间民工工价最低廉，可以趁此时机大力兴建土木工程。"于是各个寺院的修建工程都非常兴盛。官府也翻修仓库和官吏住舍，每天雇役 1000 多人。

不仅是中国，外国也有以工代赈。中学的世界历史课本上就有美国第一次经济危机后罗斯福新政所采取的以工代赈史实。罗斯福执政初期，全国共有 1700 多万失业大军，1934 年美国政府将单纯赈济改为"以工代赈"，明确规定对有工作能力的失业者不发放救济金，而是帮助其通过参加不同的劳动获得工资。此举为广大非熟练失业工人创造了就业机会。到二战前夕，政府投资的各种工程总计雇佣人数达 2300 万，占全国劳动力人口总数的二分之一以上。可以说，"新政"通过上

草原深处

述举措，为提高低收入群体收入、缩小社会分配差距、促进需求增加发挥了重要作用。

八路军边区政府在修建漳南大渠时采取的以工代赈和中外历史上的同类办法一样，"既保证工程建设能顺利完成，也可缓解灾荒时期群众口粮缺乏的困难。"刘伯承、邓小平等八路军和边区政府领导还多次来到工地上，和民工们一道抬石头、垒石堰，和施工人员一起商议解决修渠过程中遇到的困难。理所当然的，漳南大渠后来被涉县人民亲切地称为"将军渠。"

多伦陕西会馆一角

我一直在想，也许就是在涉县的那些日子里，我们才真正体会到了"前人栽树，后人乘凉"那句老话的含义。刘伯承、邓小平和他们所率领的八路军和解放军流血牺牲打江山，于是有了后来的人们在和平环境中建设和生活。而15年前开始的退耕还林不也是一样吗？涉县的老百姓响应政府的号召，积极投入到这项具有伟大意义的工程中来，不光是自身受益，更是在造福子孙。

而我们呢，行走涉县山水，书写故事文章，是不是也在其中添了一片绿叶？

6月15日，河北临城

刚接到采访任务时，看到策划文案里计划去采访的河北"临城"，还有点纳闷：这《铁道游击队》里的"临城"车站，什么时候从山东枣庄搬到河北邢台了？

后来才知道，此临城非彼临城。百度一下，中国居然有三个叫"临城"的地方，分别在山东枣庄、浙江舟山、河北邢台，前两个"临城"均非县名。

山东临城位于山东枣庄市辖区，是枣庄现薛城区的旧称。临城自古为交通要道，加上民国时期修建了津浦铁路，这里更成为兵匪劫掠而官府难制的地方。抗战期间，抗日武装也在这里利用铁路打击日寇，像我这个年龄的人差不多都知道的小说和电影《铁道游击队》，说的就是一群不愿意当亡国奴的中国人在枣庄临城的抗日故事。另外，民国12年发生在这里的火车大劫案也轰动一时。皆因这列车上载有参加山东黄河官家坝堤口落成典礼的中外记者和外国旅客多名，英国侨民罗斯门在头等卧车企图抵抗，被土匪当场开枪打死，其余19名外国旅客（包括上海出版的英文周刊《密勒氏评论报》主笔鲍威尔）均被土匪绑走，一时震惊中外。

浙江临城，是舟山市市人民政府所在地。向浙江的朋友打听，说这个临城的名称及来历挺复杂的，不那么容易说清楚。从清康熙年间一直到1950年，舟山均为定海县，后来就在定海与舟山之间改过来改过去，直到1987年经国务院批准才设立舟山市至今，谁也保不住以后还会不会再改回去。而临城则是原定海县的一个镇，舟山设市以后市政府就在临城，现在是舟山市近年开发建设的一个新城区，又称新城。

回到河北，邢台市的临城县是一块古老、神奇的土地。据《临城县志》记载：新石器晚期就有人类在临城聚居、繁衍生息，迄今已有5000年的历史。西汉时置县，属房子县地。北齐天保七年（556年）并入高邑县，隋开皇六年（586年）从高邑析出在临邑故城（今岗西南台南隅）复置房子县。唐天宝元年（742年），房子县始改名临城县，并将县治迁于今址。天佑二年（905年），因避朱全忠父名（朱诚）讳复名房子县，至后唐五代时，房子县再次更名临城县，沿袭至今未变。

而关于临城的房子古名由来有两种说法：一是临城流传的"远古女娲补天曾在西山（即太行山）筑房休息"因名；二是《古房子郡史研究》一书"帝尧时期房姓之封地"。不管是哪种说法，都可以说构成了房子（临城）的历史文化渊源。

史书称：三皇五帝时，帝尧以丹朱不肖而禅位于舜，舜封尧的儿子丹朱为房邑侯，丹朱传位于儿子陵，自陵始以国为姓，称为房氏，这就是史书所说的房陵。

到了周朝，周昭王娶房氏为后，房皇后生子满，即后来的周穆王。周朝天子以皇亲国戚封房氏为"子爵"。这就是说，房氏是周朝穆天子的外祖家，周穆王的母亲是房家的女儿。自昭王之后而穆王继位……她的子孙做了周朝的好几代帝王。如果此说成立，西周以后房氏被敕封为"公、侯、伯、子、男"爵位中的子爵，封邑房子（即今高邑西南的仓房村一带），并且在周朝天子家族鼎盛之况就是真实的历史事实。

自西周以后，子爵房氏一脉祖居封地——房子邑，故房子邑就是房氏的故里和祖籍地。

历史上对关于房氏地望的流转有"三房"之说：①南北朝时期，房氏后裔房雅任清河太守，房氏迁清河一脉，史册也称清河为房氏的祖籍地之一；河北之房称为"房子"，汉以为县，治在房子（今高邑仓房村一带）；②河南之房也称房子，为楚灵王时迁房子国于楚（今安阳一带）；③帝尧之子丹朱南迁丹水战败，湖北房县称房陵，为帝尧所封丹朱所留。

原来，天下房姓之根竟然出于临城！更有意思的是，湖北房县居然也与河北临城有关系！这让我这个来自湖北的老记对临城顿生好感。

6月17日，山西碛口

碛口的"碛"字挺难认的，在电脑上输入"qí"，要在很靠后的地方才能找到这个字，即使在五千分之一的地图上寻找碛口，也得费老鼻子劲才能发现。

但是碛口于我，却并不陌生。倒不是因为山西是我老家，也非梦中来过。我虽为山西人，却仅仅回过家乡两次，最近的一次距现在也有38年了，而且那次回家是因为把我带大的外婆病危，所以回了祁县老家以后就没出远门。

那为何又对碛口"不陌生"呢？说来话长，长话短说。

我父亲 13 岁从军，在陕甘宁晋绥五省联防军驻晋随营学校（抗战胜利后更名为贺龙中学）当学员，大约在 1947 年底或 1948 年初，父亲被编入西北野战军第一纵队 358 旅（1949 年初根据中央军委关于统一全军编制和部队番号的命令，一纵改称中国人民解放军第一军，隶属第一野战军建制），在碛口西渡黄河，奔赴西北战场。

小时候，父亲从来不在我们面前提他当兵的历史，更甭说讲什么战斗故事，可是老了老了，一见我们，就喜欢唠叨年轻时的经历。于是听着听着，我也渐渐了解了父亲，熟悉了父亲所走过的路。

这次在山西采访原本没有计划在碛口停留，在中阳采访结束就打算回太原。但是，好客的山西站站长老康执意安排我们到这里住一晚，他说，碛口交通方便，顺道，不影响你们的行程，而且那里的环境对你们开阔思路有好处。

到了碛口一看，果然不同凡响。

碛口位于黄河晋陕峡谷中部，临县城南 48 公里处，南临著名的孟门古镇，因黄河大同碛而得名。碛，按当地人的说法是指黄河上因地形起伏而形成的一段段激流浅滩。在黄河入晋的河段中，以碛命名的河道比比皆是，当地的许多老船工都能倒背如流地将这些凶险地段一一道来：老牛湾碛、梁家碛、死河碛……一直到大同碛，其共同特点是弯急、浪大、石多、水浅。但像大同碛这样由黄河支流造就的碛实在是绝无仅有，是碛中之碛。因此，黄河航运的船只到了碛口只能抛锚收帆，望河兴叹。站在碛口放眼看去，黄河由北而来，湫水从东而至，卧虎山横亘镇北，黑龙庙雄峙河东，山环水抱，阴阳交会，山的气势，河的雄浑，汇成一幅"虎啸黄河，龙吟碛口"的壮丽图景。

明朝谢榛有《渡黄河》这样描写碛口：

> 路出大梁城，关河开晓晴。
>
> 日翻龙窟动，风扫雁沙平。
>
> 倚剑嗟身事，张帆快旅情。
>
> 茫茫不知处，空外棹歌声。

碛口之名，最早见于《隋书》，是山西面对匈奴的防御要塞。道光七年《永宁州志》记载："州西少一百二十里，曰孟门镇，北周大象元年于次设和县，隋置孟门关，其地势显固，碛口距孟门只有 13 公里，且兼在黄河岸边，均为当时的军事重镇。

清朝乾隆年间，碛口得益于大同碛险关，以及晋商的辉煌，成为"晋商西大门，黄河大码头"。当时，西北各省的大批物资源源不断地由河运而来，到碛口后，转陆路由骡马、骆驼运到太原、京、津、汉口等地，回程时，再把当地的物资经碛口转运到西北。天地机缘汇聚于此，鼎盛时期，碛口码头每天来往的船只竟有 150 艘之多，各类店肆 300 多家。几乎所有的晋商比如祁县乔家、榆次常家等在这里都设有分号，当地民谣唱道："碛口柳林子，遍地是银子。一家没银子，旮旯里扫得几盆子。"

抗日战争和解放战争时期，碛口是华北通往延安的主要运输口岸，共产党贺龙部、国民党阎锡山部都把这里当作物资运输的交通要道。当时镇内建有八路军的军工厂、军衣厂，为繁荣边区经济和解决八路军、解放军的物资发挥了重要作用。1948年3月23日，毛泽东等中共领导人东渡黄河夜宿于碛口，传说在此处罚以后抽得上上签，然后转至河北平山的西柏坡指挥了全国解放战争。

碛口人说，外地人到碛口通常有三部曲：寻古迹，住窑洞，听黄河。我们报道组一行借宿碛口，还要加上一部曲：吃杂粮。除了东北姑娘李赢和山西站的同事，其余都是南方人，而我呢，从小在湖北长大，至少也应该算半个南方人。一行人坐在黄河边的矮桌旁，对杂粮充满了好奇和别样的感情，荞麦粉做的碗砣，吃起来都那么津津有味。当然，还有晚饭后伴着黄河涛声对报道主题的彻夜讨论……

6月18日，山西大同

车过雁门关，在即将抵达目的地大同之前，路边指示牌上赫然出现的"金沙滩"三个大字吸引了我。好熟悉的三个字啊，它让人想起了千古传颂的"杨家将"。

开车的山西站小李告诉我，这里确实就是传说中杨家将大战辽兵的古战场。

"血战金沙滩"是杨家将传说故事中，杨家将打得最悲壮、最惨烈的一仗。杨家将的七郎八虎中，大郎、二郎、三郎、七郎都战死在这场恶战中，四郎、八郎被俘，五郎出家，整个一个杨家战死一大半。英雄的事迹总是难以磨灭，如今雁门关附近的山冈上，仍然留有与杨六郎相关的地名，便是对杨家将永久的纪念。而戏曲《金沙滩》演的就是这段英勇悲壮的事迹。雁门关下有一个以杨家祠堂而闻名的鹿蹄涧村，村里1000多口人，据说其中有一多半是杨家后代，村民们什么戏都看，唯独不看《金沙滩》这出戏。

杨家将抗辽的故事，很早就在民间流传。南宋"说话"，便有《杨令公》、《五郎为僧》的名目。元杂剧中有《谢金吾诈拆清风府》、《吴天塔孟良盗骨》、《八大王开诏救忠臣》、《杨六郎私下三关》、《杨六郎调兵破天阵》、《焦赞活拿萧天佑》等杨家将戏。明代中期以后，满州掘起，"倭寇"入侵，明王朝内部奸臣当政，在这种历史背景下，出现了通俗小说《杨家府演义》、《北宋志传》。

到了近代，描写杨家将的小说、戏曲更是多得数不胜数，运用现代科技手段拍摄的电影、电视剧也不少，深得观众喜爱。

传说中的杨家将主要讲述杨继业子孙五代，对辽和西夏英勇作战的故事，原本载于史实上北宋杨家三代主要三位将领被铺写成了五代数十位男女英雄；原本只是男儿的铁血沙场，又融入了佘太君、穆桂英等女英雄。这些小说和戏曲与历史事实出入已经很大，故事反映的时间跨度被加大了，从宋太祖赵匡胤登基一直写到宋神宗赵顼，约100年的光阴，编织了杨家祖孙世代抗敌的英雄传奇。

但在正史中的杨家只有杨业、杨延昭（杨业之长子）、杨文广（杨延昭三子）寥寥数人。《宋史》记载杨业的七个儿子分别是：杨延朗（杨延昭）、杨延浦、杨延训、杨延环、杨延贵、杨延彬、杨延玉。其中杨延玉随乃父征战，于陈家谷（今山西宁武县，此地距传说的金沙滩尚有百里之遥，不过，金沙滩亦为当年宋、辽两军激烈角逐的战场）一战殉国，其余六子，后皆善终。正史并无战死、出家、流落番邦、身死奸臣之手一说。

杨业原为北汉名将，弱冠之年便入事北汉政权，官至建雄军（今山西代县）节度使，骁勇善战，国人号为"无敌"。后北汉降宋，杨业得到宋太宗赵光义信任，命他复姓杨名业，继续戍边防备辽兵。杨业曾在雁门以奇兵数千骑大败辽兵，自此令辽兵望风而遁，但也受到朝廷中某些人的嫉妒和猜疑。宋太宗雍熙三年（986年），宋军北伐，潘美一路，杨业副之，克云、应、寰、朔四州。曹彬军败绩，潘美、杨业所部护送四州民众内迁。途中遭遇辽兵主力，潘美等强令杨业出战。杨业率部血战陈家谷，其子杨延玉战死，杨业为辽所擒，绝食三日而死。

杨业的儿子中，以杨延昭最为出色，杨业说："此儿类我。"杨延昭在边防二十余年，辽颇为忌惮，目为杨六郎。杨延昭有三子，《宋史》仅载第三位杨将文广（也不是传说中的杨宗保）之事迹。延昭长子传永，次子德征，名字独见于曾巩《隆平集》。杨延昭的三子杨文广，字仲容，年轻时得到范仲淹的赏识，置于麾下；曾从狄青南征。杨文广在西边防御西夏，而不忘燕云。辽宋争代州地界，杨文广献上阵图及进取幽燕的方略，但不久就去世了。

标有"金沙滩"的路牌一眨眼就过去了，但是杨家将众多人物的形象却久久萦绕在脑海中，不愿离去。

为什么杨家将故事能如此深入人心？思来想去，这恐怕与宋、元、明、清时期中国历史的发展轨迹有关。纵观中国历史，北宋被金人所灭，南宋被蒙古所灭，明王朝在恢复汉人政权之后又被满清所灭，清朝在鸦片战争以后又面临列强瓜分。在大好河山饱受铁蹄践踏的时候，人们需要英雄，杨家将就是人们心目中的英雄。

绿色的和林格尔，真不相信这里一千多年前曾是北魏都城

而史籍中关于杨家将的记载实在过于简略，显然满足不了人们对英雄的期待。于是"杨家将"在民间一代一代口耳相传的过程中，不断地被丰富、充实、发展。这些介于历史、虚构之间的人和故事，增添了作品的色泽与情趣，加重了英雄人物的层次感和传奇性，使得杨家将的故事数百年来，在民间广泛流传，并深深地扎根在老百姓的心里，也说不清这是人们在以历史谱写英雄，还是借英雄寄语历史。

从车窗向外看去，传说中雁门关外杨家将征战过的金沙滩古战场一片寂静。昔日的金戈铁马，刀光剑影，早已随着历史车轮的行进而无影无踪了。今日的金沙滩，放眼望去，满滩皆绿，枝繁叶茂，那应该就是著名的三北防护林——杨家将的后人们不是用刀枪剑戟，而是用绿色，守护着中国的西北、华北和东北，守护着自己的家乡。

6 月 20 日，内蒙古和林格尔

离开大同，一路往北，出了"西口"（高速公路收费站），就到了内蒙古自治区的和林格尔县。

到底是有着辽阔大草原的内蒙古啊，县城随便那么一铺，就是好大一片。来之前就知道，这里就是北朝民歌里唱的敕勒川。

> "敕勒川，阴山下，
>
> 天似穹庐，笼盖四野。
>
> 天苍苍，野茫茫，
>
> 风吹草低见牛羊。"

吟唱着这首由鲜卑语译成汉语的民歌，我们走在和林格尔县城宽阔的马路上，我发现县城里许多招牌上都有"盛乐"这两个字，并且想起来呼和浩特机场好像也叫盛乐，颇有些不解。同行的当地干部告诉我，盛乐是和林格尔的古名。早在公元338 年，拓跋什翼犍建立代国，就定都于盛乐。公元385 年，拓跋什翼犍嫡孙、年方 15 的少年拓跋珪在牛川（今内蒙古自治区乌兰察布市境内的塔布河河畔）召开部落大会，即代王位，重建代国。即位不久，因牛川偏远，便迁都盛乐（今内蒙古呼和浩特市和林格尔县），第二年改国号为"魏"，史称"北魏"。我这才恍然大悟，一不留神，脚下便是 1000 多年前的都城。

关于盛乐故址，史书上有三种说法：其一，今和林格尔北。公元 258 年北魏先世拓跋力微"迁于定襄之盛乐"，即此。公元 313 年代公猗卢筑盛乐城为北都，以平城（今山西大同）为南都。公元 340 年代王什翼犍都云中之盛乐，亦即此。其二，新盛乐城在故城东南十里。公元 337 年拓跋翳槐所筑，一岁而崩。其三，在盛乐故城南八里，公元 341 年什翼犍所筑。

但不管那种说法，盛乐作为都城的时间都不长。公元 398 年，拓跋珪就迁都平城了。想起几天前在大同的采访经历，无论是云冈石窟，还是雁门关古战场，都与 1600 多年前的这段历史密切相关。我发现，作为中国历史上第一个由马背民族

创建的饮马长江与南方的刘宋政权对峙的王朝，尽管史家评价有褒有贬，但有一点却几乎是一致的，那就是推动了民族大融合，而且这个大融合不仅仅是客观上的，也是主观上的。

北魏的族属溯源其实就是鲜卑、匈奴两大民族的融合，白寿彝主编的《中国通史》上说：鲜卑族所居的地区，原是匈奴故地。匈奴族大部分西迁和南移，但不是所有的匈奴人都西迁和南移了，还有一部分留在原地，鲜卑族来了以后，就与这一部分没有迁移的匈奴人融合起来，建立起部落联盟关系，把匈奴部落编入鲜卑部落联盟内，并以婚姻为纽带加强两族的关系。

还有一个有趣的现象，边区游牧民族在其政权建立和势力逐渐进入中原地区的过程中，在都城的选址问题上，往往表现为不断从边区向内地迁移。如汉、前赵从离石迁左国城又迁蒲子再迁平阳最后都长安；前燕从大棘城迁龙城再迁蓟最后都邺；北魏道武帝拓跋珪从盛乐迁平城，孝文帝拓跋宏又迁都洛阳。这种迁移的过程是不是也可以看做是这一政权逐渐稳定和汉化的过程呢？

马背民族入主中原，这在中国历史上还是破天荒的，如何得到农耕民族的认可，进而得到他们的拥护，这可是比打天下还难上十倍甚至百倍、千倍的事情。

北魏开国皇帝拓跋珪自幼熟读汉家兵书与历史，即使在戎马倥偬中，也不忘对汉人典章、制度、语言、文化及风俗的学习。为了更好地掌控中原，拓跋珪做的第一件事，就是将北魏的国都由盛乐南迁至战略要地平城。他让跟随多年的朝中汉臣，将长安、洛阳、邺城等历代皇都的设计蓝图一一寻来，建起了像中原王朝一样的宫殿楼阁、园林亭台；并立下新皇登基必祭黄陵、拜孔子的规矩。为了加速鲜卑人的汉化，拓跋珪强势推行屯田制。他将战争中所掳的游牧部落牧人改为农民，让他们到大片荒芜的土地上从事农耕，并且在分配时注意向农人倾斜，这多少平复了归顺者的国灭之恨。他还把京郊附近的地片，划为"畿田"，由皇室直接管理，并亲自到"畿田"参与劳作。更让人惊奇的是，他多次下诏，强制解散靠血缘关系建立起来的鲜卑部落组织，分土地让他们定居，或从事农耕，或在分得的地片里放牧，变部落民为国家编户，同时也变得更像汉人。

到了拓跋珪的孙子、剿灭五胡十六国统一北方的拓跋焘，对各民族的文化与制度同样采取了包容态度。自拓跋珪时就已开始的封建化进程在拓跋焘统治时期出现了一个飞跃。其主要途径是与汉族士人相结合，吸取汉族传统的统治思想、经验和政治制度。拓跋焘统治时，将这种合作的规模进一步扩大。通过兼并战争，拓跋焘大量搜罗各个割据政权中有才识的汉族士人为己所用。

内蒙古草原

我们来看看雄才大略的拓跋焘是怎样推动民族大融合的吧。

政治上，拓跋焘吸取汉族传统的统治经验和政治制度。以儒家学说为指导思想，着力整顿吏治，通过巡行察访了解官吏政绩，不称职者罢免，有恶行者处之以法；进一步修订律令，征用汉族士人崔浩、游雅、高允等先后三次更订律令，大量吸收中原汉族律令条文，使之更适合汉族情况。

经济上，拓跋焘也吸取了汉族统治阶级的传统政策，劝课农桑，崇尚节俭，按人口分配土地，使拓跋部由畜牧经济为主的游牧生活逐渐转向以农业经济为主的定居生活，社会经济得到了发展。

更为重要的是，拓跋焘在思想文化上倡导儒学，崇尚文教，兴办学校，整理经籍，修编国史。这一系列政策，使中原传统的封建文化很快地为拓跋部所熟悉和接受，因此，后人司马光和胡三省都说，北魏自平凉后，儒风始振。尤其值得一提的是，随着学校的建立，教育的发展，儒家经典的整理刊行，提高了拓跋部的汉文化水平，培养了一批精通儒家学说的拓跋部知识分子，从而成为以后孝文帝改革的社会基础与思想基础。

随着北魏大军的南下，北方各族也陆续内迁至中原，与汉族一同居住，受汉文化影响，改用汉姓并学汉语及经书。当北方诸国一一灭亡之后，已经适应中原文化与生活的北方民族绝大部分没有退返草原，而是留在中原与汉族共同生活。

到了南北朝末期，各族人民在经济生活、文化语言、风俗习惯等方面，都已经和汉族基本一样了，南北汉人的界线逐渐模糊，融为一体。据史书记载，东魏权臣高欢的部下包括鲜卑人、汉人和其他各族人，他对军士讲话，时而用鲜卑语，时而用汉语，说明当时各族人民都懂的这两种语言。当时鲜卑没有文字，诏令文书都用汉字，因此各级官吏都必须会写汉字，尤其是鲜卑的上层贵族。孝文帝改革时，干脆将自己姓氏拓跋改成元姓，并与汉族的上层地主通婚。

这一时期，汉族影响少数民族是主流，但是各族人民也与汉族民族融合时，也带来了他们的优秀思想文化，如胡乐、胡舞、胡床、胡饼，尊重妇女的意识，淡化民族界限等。中原也开始流行胡族文化，汉人对于北方民族的生活用具、服装及音乐也越来越感兴趣，并开始普遍食用牛羊酪浆。到隋炀帝再次统一中原，匈奴、羯、氐、羌等少数民族已不见于史册，柔然、吐谷浑、敕勒等也与汉族逐渐融合，从北方迁入中原的少数民族差不多都被汉族融化了，连鲜卑族也最终完成了汉化。

我就时常在想，按照拓跋氏挺进中原的路线，正好经过山西，不知道一千多年前，我的祖先是否就生活在那里，抑或是随鲜卑人打内蒙古草原而南迁定居？

6月23日，内蒙古多伦

多伦二字源于蒙古语"多伦诺尔"，意为"七个湖"，因曾有七水泊而得名。在多伦，我没有看到七个湖，却看到了山西会馆。

位于多伦县城西南的山西会馆是乾隆十年（1745年）由实力雄厚的山西籍商人集资兴建的，以现在的标准看，稍显局促，但在当时算得上规模宏大，也是内蒙古地区当时唯一的外省会馆。

一同前往的县委宣传部美女部长王磊虽说才三十出头，却对多伦如数家珍，说起山西会馆也头头是道。她告诉我，会馆在嘉庆、道光、民国初年曾多次重修，捐款的山西籍客商，光是有记载的就达千余户，足见当时在多伦经商的山西人之多，商业之发达。1933年，爱国将领、共产党员吉鸿昌将军率领的察哈尔抗日同盟军与日本侵略军激战5日，一举攻克多伦，吉鸿昌将军就曾在山西会馆内召集万人大会，宣传抗日主张。

王部长这么一说，倒让我想起了一部根据吉鸿昌生平拍摄的同名电影，由著名演员达奇扮演的吉鸿昌挥舞着大刀与他的抗日同盟军在长城上宣誓、血战多伦、进入多伦民众夹道欢迎的场景历历在目，我甚至还记得电影里多伦民众向吉鸿昌所献金匾上面的四个字是：民族之光。只是电影里并没有吉鸿昌在山西会馆内开会的情节。

说到会馆，最多的还是北京。因为明、清两朝施行"科举"制度，每年考试之间，成百上千的各地举子纷纷来到京城。他们大多家境一般，有的还很贫寒，加路途遥远，人地生疏，乡音难改，在租住客店和一些日常生活小事上常受欺凌，举子们迫切希望这些问题能有人帮助解决。随着这些问题出现得越来越多，得到了先期来京做官和做生意的一些当地人的重视。出于同乡友情，他们相互邀请、筹措资金，购置房产，供来京的举子和其他来京谋事或旅居者住宿之用，会馆便由此而生。因为主要是为接待举子来京考试而为，所以这些会馆也叫"试馆"。同时，作为明、清两朝全国的政治、文化、经济中心，尤其是在这两朝鼎盛时期经济得到蓬勃发展，一些成功的生意人也纷纷在京城设立会馆，最兴旺时，北京城里有各地会馆，大大小小共400余所。

会馆多，应该也与中国人的老乡观念有关。简单说，老乡观念其实就是祖籍族群认同，全世界不同民族、国家的人都有老乡观念。但是中国人的老乡观念往往表现在离开家乡到外地后对家乡的怀念、对家乡人的依恋、对家乡方言的认同、老乡之间的相互帮助行为、乃至老乡之间的组织行为。设立同乡会馆就是一个典型的组织行为。

中国人常说人生的四大乐事："久旱逢甘霖，他乡遇故知，同房花烛夜，金榜题名时。"出了村到外村，同村人成为老乡；出了乡到外乡，同乡人成为老乡；出了县到外县，同县人成为老乡；出了省到外省，同省人成为老乡；出了国到外国，中国人就是老乡。

草原美景

　　有学者研究表明，中国的老乡观念是一个圆轮结构，即以自己父母或者自己出生地的村和社区为中心，向外画圆，一圈一圈向外推，越往外，感情越淡化，越往里面，感情越深。最里面一圈是村或社区级老乡，不管出县、出省、出国，这一级老乡认知最清晰、最知底，但也存在隐匿的竞争和防备，感情最深厚、最真挚，但也存在隐匿的嫉妒，行为聚会最多、最踏实，但也存在隐匿的防备；其次是县乡一级老乡，不管出县、出省、出国，认知最清晰、最知底、最信任，感情最深厚、最真挚、最实在，行为聚会最多、最踏实、最放肆；再次是省市一级老乡，只有出省才会体会，认知较清晰，感情较实在，行为聚会较踏实；最后是国家级老乡，只有出国后才会体会到，大多数中国人不会有这种认知、感情、行为。

　　中国人的老乡观念很容易受地域文化、亲友舆论、个人处境和性别年龄等因素的影响。山西有号称中国十大商帮之首的晋商，有人说："凡是有麻雀的地方，就有山西商人"，山西特别是以太谷、祁县、榆次、平遥等为代表的晋中盆地商人前辈，举商贸之大业，经营范围包罗万象，上至绸缎，下至葱蒜，夺金融之先声，钱庄票号汇通天下。到明清之交，不仅垄断了中国北方贸易和资金调度，而且插足于整个亚洲地区，甚至把触角伸向欧洲市场，从南自香港、加尔各答，北到伊尔库茨克、西伯利亚、莫斯科、彼得堡，东起大阪、神户、长崎、仁川，西到塔尔巴哈台、伊犁、喀什噶尔，都留下了山西商人的足迹。

　　山西商人很有特点，事业做得再大，再有钱，他们也是那块黄土地上的人。电视剧《乔家大院》主要人物身上就有很多山西商人代表性的有意思的东西，比如，他们很有钱，但是他们也很土，很抠门，很简朴。当然，因为长年在外经商，远离家乡，自然就比较重视老乡之间的互助，依靠老乡结成的组织。

　　山西会馆就是山西商人在明、清时期在全国各地晋商所到之处联合捐资建设的共同聚会、娱乐、议事的场所。从狭义上讲，山西会馆是名称中带有"山西会馆"四个字的；从广义上看，山西会馆还包括有山陕会馆、全晋会馆、西晋会馆、秦晋会馆等等。而所有的山西会馆都具有两个共同特征：一是都拜关公，有关帝庙或关公殿；二是都有戏楼。关公是山西人，又忠义兼备，神化他奉之为圣是自然的。听戏更是人之常情，山西人情有独钟的是家乡的梆子戏，小时候在祁县乡下听过一场，台上胡琴吱吱咕咕拉起来，演员高声大嗓唱起来，台下观众摇头晃脑地听得如痴如醉，那种享受非我辈所能理解和体会。离家远了，听一段家乡戏就不只是精神愉悦，更是精神慰藉和寄托。故而往往不惜重金请家乡戏班来山西商号、票号所在地演出，每逢初一、十五、喜庆节日，身在异乡的老醯儿便聚在一起，喝茶饮宴听戏，消遣娱乐，时不时还有人亮一嗓子，聊表对故乡亲人的思念之情。"一堂谈笑，皆做乡音，雍雍如也。"

山西人念家，不管他走了多远。王磊告诉我，她认识出资修复山西会馆的企业家，叫钱小虎，也是山西人，2008 年就投资多伦，回报颇丰。在一次聚会上，钱小虎慷慨激昂畅谈理想，说来说去，最后仍然想的是怎样真正为家乡做点事，他扳着手指头告诉王磊，想为山西农村免费建养老院、水冲式厕所、小学校。王磊忍不住感叹道：钱总，你的心还是向着山西。

6 月 25 日，辽宁彰武

认识彰武，源于 20 多年前的一部电影《大决战》。三部 6 集《大决战》堪称鸿篇巨制，尤其是第一部《辽沈战役》，无论是宏大的战争场面，还是人物内心世界的刻画，都堪称经典。其中，国共双方将领都曾在一个小车站停留，这个车站就是彰武。

先是林彪。东北野战军的数十万大军遵循中央军委命令，晓宿夜行，南下北宁线奔袭锦州，却在获悉蒋介石增兵葫芦岛以后犹豫起来，满载士兵和武器的列车就停留在彰武迟疑不前。但是镜头里却只是林彪等东野将领在列车的豪华包厢里对是继续南下还是回师长春争论不休，只有字幕告诉观众这是在彰武。

后是廖耀湘。锦州战斗打响，蒋介石为解锦州之危，组成东进和西进兵团，从锦西、葫芦岛和沈阳地区东西对进，增援锦州。塔山阻击战我军阵地数次易手，争夺异常残酷，而由沈阳西进的廖耀湘第九兵团在锦州总攻开始前两个多小时占领彰武，一举切断了林彪的补给线。电影里廖耀湘得意洋洋，在彰武车站的站牌下拍照留影。

可见，彰武的战略位置非常重要，是兵家必争之地。

地名为什么叫彰武？查资料，清顺治四年（1647 年），蒙古宾图郡王和吐默特达尔罕王，将此地献给清政府，做三陵的牧养地。康熙三十一年（1692 年）在这里设皇家养息牧场（满语称"苏鲁克"，放牧牛羊的草地）；光绪二十八年（1902 年），以地处柳条边栅彰武台门之北，故取名彰武县，"彰武"二字含有表彰武功之意。

中国历代王朝都十分讲究文治武功，《礼记·祭法》："汤以宽治民而除甚虐，文王以文治，武王以武功，去民之灾，此皆有功烈于民者也。"太平盛世，经国济世，更多地强调文治，而当国家、民族处于生死存亡关头，武功则必不可少。但从国家的治理理念来讲，文治武功不可偏废，须刚柔并济，软硬兼施。

在大同采访的时候曾说到杨家将。杨家将所在的北宋，为避免藩镇割据，军阀争霸，保证大宋王朝长治久安，通过"杯酒释兵权"、推行更戍法和用文官取代武官治理地方等措施尽削藩镇权力，为大宋的内部稳定打下了坚实的基础。但是，矫枉过正，由于宋太祖及宋太宗长期重文轻武，降低了宋朝军队的战斗力，削弱了抵御外来侵略的国防力量，导致宋朝长期陷于挨打求和的被动局面。而南渡以后，家国偏安，仅云小康，更是修文偃武，重的极是文人，自废武功，武将不懂打仗，士兵毫无斗志，亡国也就是不可避免的了。

昔汉武时节，汉朝有多么自信，多么强悍！一个小小的西域副校尉陈汤，就敢放出"明犯强汉者，虽远必诛"的豪言，大汉威武之师逐匈奴、平南越，所向无敌，封狼居胥。大唐王朝金戈铁马，气吞万里如虎，收回鹘，平突厥，破契丹，征南诏，盟吐蕃，四夷宾服，八方来朝，又是何等风光！

宋王朝无论政治、经济、文化还是社会发展都达到了封建王朝发展的巅峰，但是，尽管宋朝富甲天下，空前繁荣，却被后人称为"弱宋"，为何？和之前的"强汉"、"盛唐"等大一统王朝相比，宋朝的疆域面积最小，对比汉武帝、唐太宗这些建功立业、开疆拓土的有为雄主，宋朝被许多人看作中国历史上最不堪的王朝之一。宋军面对辽、金，甚至弱小的西夏的入侵，胜少败多，常常被对手打得狼狈不堪、一溃千里，直至丧师失地、割地赔款，到后来，给钱、给粮、给绸缎、给美女，叫爷、叫叔统统不管用了，金兀术率军打到汴京城下，最后干脆连皇帝、太子和数千王公贵族都被金军掳了去。

写到这里，适逢中日甲午战争120周年，国人都在检讨这场战争给中国、东亚乃至世界带来的影响，反思中国军队特别是海军在战争中的成败，探寻中华民族伟大复兴的梦想。我就在想，经济社会的发展壮大，并不意味可以高枕无忧，也不意味着不会挨打，如果没有强大国防的保障，迟早会成为屠刀之下的肥羊，富庶的生活也会顿时化为乌有。这是一篇大文章，非我力所能及也。

我们的报道主题是"绿色中国行动"，国家林业局和中央人民广播电台共同组织，我们这一路走下来，河北、山西、内蒙古、辽宁，所见所闻，所感所想，所录所写，都离不开一个"林"字：退耕还林，封山育林，植树造林。那么，我们报道的这些，算文治呢，还是武功？

真有意思，在穿越了皖、赣、鄂、豫四省的绿色长廊之后，萦绕于心的却是依附于林木生态链中的那一条动物链。

　　无论是在满眼春色的江南水乡，还是把绿色视为稀罕物的大西北，野生动物有意无意的侵扰给当地人平添了一份无奈与困顿。在滇、黑、蜀、青、新等多省区，那些在上帝看来都难以约束的野猪、野兔、野鸡、野牛、狼和熊，肆无忌惮地损毁庄稼和伤人。就在马年秋末，一头野猪闯入福建省福清城镇，专业人员在枪击野猪时不慎伤及围观者，再次引起人们对野生动物日益增多的忧与思。

　　多位"林业人"告诉记者，约束野生动物并不像想象中的那么容易。既有的法律法规针对野生动物伤及人类和损害公物的行为没有做出具体的规定和实施办法。缺失野生动物与承载量数量关系的权威分析。野生动物太狡猾，繁衍、生存和防御能力超过人类的想象。于是，农牧民抱怨，管理部门无计可施，当野生动物伤及人，严重损毁农作物时，现金补偿成为平息抱怨和弥补损失的单一方法。

　　的确，几乎与退耕还林工程同步，依附于植物链的动物链得到了恢复和扩张。生态是一个源于原始、

探青访绿行与思

报道二组组长：凌晨

相互依存、共生共死的敏感体系，且有一荣俱荣，一损俱损的特性。在短短的几十年，国人从政府倡议的砍树种粮工程，到同样是政府主导的退耕还林工程，无不感受到大自然的神奇。

通过第一轮退耕还林工程的实践证明，毁坏生态的成本要比恢复生态所需要的成本高昂，这也是局部的生态环境在得以改变时，整体的生态环境存在的问题依然严峻的根源所在。万物生灵与植物之间自始至终都在寻求着相互生存的平衡术。平衡造福万物生灵，失衡带给万物生灵劫难。如何掌控这种平衡术，让人类合理索取大自然的馈赠，是人类不得不面对的现实。

此行采访，我们切身感受到，在退耕还林工程中，最大的收获是基层官员、专家学者、农牧民观念的变化。在发展、获益与环保之间，人们体会到了"因地制宜"的重要性，并把尊重自然规律作为判断和选择的前提。只是，几乎所有的人又在感叹，"落实"这两个字并非易事，前提条件是，决策部门首先要尊重科学，要兼顾大环境与小环境的利益关系，实现这一目标的前提是法制保障。

苟日新，日日新，又日新。祈盼我们生活在天更蓝、山更青、水更绿的优美家园不是一个梦想。

记者访谈：
大生态战略需要空间升级

"绿色中国行动"记者凌晨就安徽省的生态战略问题采访了肖斌博士。

安徽省林业厅造林经营总站副站长、博士、教授级高级工程师肖斌（1986 年毕业于安徽农业大学，毕业后担任黄山学院教师。1989 年考入南京民族大学读研究生，毕业后分配至中国林业科学研究院工作。后因不适北方生活回到安徽省从事林业工作至今。1996 年在日本高知县森林局交流工作一年，研修深山修复）。

安徽数据：自 2002 年，安徽省启动实施退耕还林工程。截至 2013 年，完成退耕还林任务 989 万亩，其中，退耕地造林 330 万亩，宜林荒山、荒地造林 504.5 万亩，封山育林 154.5 万亩，此间工程涉及省属 16 个市 84 个县（市、区）。

四个问题：①少数退耕还林地块因自然灾害损毁、重点工程建设征占用等因素的影响，造成实际保存面积下降，补植补造、异地重造任务持续不断。②部分地方没有做到适地适树，造林后的管护跟不上，影响林木生长。病虫害和森林火灾也对退耕还林地造成极大的威胁。③仍然存在一批贫困农户，急需改善生产生活条件。④农民种粮的比较效益不断提升，退耕林地补助标准仍为十年前的水平，林产品价格受市场价格变化影响大，在市场行情持续低迷时，少数地方也会产生退林复垦的可能，退耕还林地保存压力进一步加大。

四个建议：①根据各地实际，有计划、有步骤地再实施一批退耕还林工程，增加转移支付专项资金，确保退耕农户最基本的生活需要；②新增退耕还林任务将安排在大江、大河源头及两侧、25 度以上水土流失严重的陡坡耕地；③参照同类项目其他工程补助标准，适时调整退耕还林工程补助标准，确保退耕农民收入不减，实现退得下、稳得住、能致富、不反弹；④加强基础设施和公共服务设施建设，在原有项目实施的基础上，因地制宜再增加一批新项目，促进退耕还林地区与其他地区基本公共服务均等化。

记者：你的同行说，你是老林业了，真正喜欢上林业这一行是什么时候？

肖斌：应该是 2000 年以后，随着生态环境的变化，水资源的紧缺、环境的污染，我突然开始怀念小时候的青山绿水了，有比较才有感受，那时候垃圾靠风刮、

安徽省林业厅造林经营总站副站长、博士、教授级高级工程师肖斌接受记者采访

污水靠蒸发，直到这10年，我们的环境才开始改善了很多，今年我已经年过半百了，看着山开始绿了，水开始清了，突然感觉到我的工作蛮有意义的。

记者： 还记得上中学那个时候的生态状况吗？

肖斌： 记得，我是在安徽池州上的高中，我们的学校就在河边，那时同学们都喜欢下河游泳，河水漫过头顶，同样还是那条河，但是现在河水只能到我膝盖这么深，不能下河游泳了。那个时候，学校为了确保学生的安全，在校期间禁止学生游泳，于是学校想了一个办法，在学生的臂膀上盖一个戳，戳如果没有了，就说明学生去游泳了，戳没有了会受到处罚，如今，即便是鼓励学生去游泳，也很少能找到那么清澈的河了。

记者： 当时对森林的政策性砍伐是什么时候开始的？

肖斌： 20世纪80年代，为了解决农民的吃饭问题，政府允许农民砍伐林地，于是大家开始疯狂采伐木材，木头市场很快就火起来了，做家具、盖房子、打棺木、当柴烧，消费了大量的木材。

记者： 这类规模采伐对生态环境造成的直接的后果是什么？

肖斌： 灾害多了。山虽然还是绿的，但是大树基本上没有了，只剩些小树，小树因为根浅，无法固定水土，各个地方大大小小的自然灾害开始多起来了。

记者： 你对生态体系的重要性有了深刻的认识从什么时候开始？

肖斌： 是在日本学习的那一年，当时我在日本高知县森林局工作，对比很明显，深感两地的环境差距很大。

记者： 探索差距的原因了吗？

肖斌： 林业应当形成长效发展机制，我们没有形成长效的发展机制，我们更喜欢追求表面，对经济效益的追求太强烈了，造成的后果是损害了生态系统，忽视了生态效益。我们的森林里缺少足够数量的大树，而日本的森林里大树居多，大树是稳定森林的主体。

记者：经历了那样一个时代，如今政府部门开始意识到这些问题了吗？

肖斌：比以往有改变，但是说实话，政府部门还是对追求表面数据感兴趣，例如，对造林面积的多与少感兴趣，对整个系统的质量似乎不是很感兴趣。

记者：我们是在经济林和生态林中寻找出路，解决这两者的矛盾难度很大，如何协调两者的关系？

肖斌：首先我们应该认可林业发展的生态效益，对社会的绿色贡献，不要盲目追求人均 GDP 等数据。其次，协调经济林和生态林只是小产业，我们应该协调大产业，即国民经济和林业的协调发展。

记者：实现这个目标有难度么？

肖斌：难度肯定有，但是按照十八大的精神，把生态文明作为重要战略目标来抓，美丽中国的战略目标一定能实现！在未来的工作中，不能只注重面上的发展，更要注重空间的发展。

记者：您说的空间是指什么？

肖斌：例如一片树林的平均高度 4 米左右，空间是指在这些树林里有 20~30 米高的大树，这些大树的根能扎到 4 ~ 5 米。换句话说，地面的面积是有限的，但是，向上的空间需要拓展。比如，黄山区的森林覆盖率在 2002 年至 2013 年的 11 年中，仅由 72.9% 提高到 79.5%，11 年增加了 6.6 个百分点看似很低，但是，这却是一个通过艰难的付出和高昂的代价才取得的，对人多地少的安徽省来说实属不易。

记者：很多林业工作者抱怨，在当下追求 GDP 的时代，林业部门也遇到了很多的无奈，甚至有些被边缘化的感觉，你同意我的观点吗？

肖斌：完全赞成！林业发展带来的生态效益虽然人人都是受益者，但是从根子上说，社会也好，政府也好，并没有引起真正的重视。

记者：您觉得黄山地区的生态林和经济林的结构合理么？

肖斌：竹子的经济效益虽然高，但还不是我心中的理想经营模式。我的想法是：用一些珍贵树种和竹林混交，把珍贵树种放在竹林的上层，下层的空间可以种植一些菌类等其他作物。这样珍贵树种在上层，生态效益有了，下层的其他作物可以带来经济效益。

记者：您觉得实现这个目标需要多久？

肖斌：至少 10 年。这种模式我已经提出来一段时间了，到现在还没有结果。

记者：退耕还林实施十多年，林地覆盖大幅度提高，老百姓、基层官员问我们最多的一个问题是，对密度大、质量差的树能不能进行适当间伐？

肖斌：间伐当然是有必要的，这个毋庸置疑，因为间伐是确保健康生态系统的必需手段，但是，主管部门担心的问题是，当准备工作没有做好的情况下，贸然实施有可能会出现过度砍伐的情况，如何进行有效间伐，需要制度做保障。

记者：同样的问题，林地增加，野生动物也在增加，袭击人、毁坏良田、林地的情况时有发生，如何控制野生动物的合理数量？

肖斌：的确是这样，比如，野猪泛滥，造成的破坏性很强。按规定，如果野生动物泛滥超过森林资源保护数量的比例，在规定的时间、规定的地点可以进行猎杀。但是实际操作起来时很困难的，除了资金外，需要组织专业队，加强对枪支进行有效管控，问题的关键还在于，由于林地茂密，山地多，打猎的队伍很难寻找到野猪的踪迹，平时开车在公路上能见到成群的野猪，但是，当猎人去打的时候，很难找得到它们的踪迹，结果打猎的成本高、效率低。不少地方一算账，感觉还不如给野猪造成损失的老百姓适当的赔偿更划算。

记者：您能预测一下竹林在黄山地区的发展前景么？

肖斌：给你说一个数字，黄山的竹林面积有 32 万亩，蓄积量有 5407 万根，宁国县的竹地面积是 33654 亩，被誉为"中国竹之乡"，竹子的产业链很长，冬笋的经济效益很好，即使冬笋出不来，还可以发展春笋。竹子的用途也非常广，绝对是优势产业。但是如果能实现珍贵树种和竹林混交的模式，我坚信，前景会更好。

记者：安徽全省除了黄山外，林业发展这么好的地区广么？

肖斌：各地情况不一样，黄山有地形的优势。森林覆盖率能达到 33% 就可以了。

记者：现在平均值多少？

肖斌：27% 左右，再增加 1000 亩绿地就可以达到 33% 的标准了。

记者：达到这个目标要多久呢？

肖斌：有十八大精神的指引，实现目标指日可待。实现这个目标，需要全社会的共同努力。也许 5 年就能实现，但还是要实现空间的发展，向欧洲、日本看齐，

在江南水乡种树也需
要格外精心护理

在江南农村住房越建越好，林业专家希望培育的生态树也越长越高、越长越大

培育大树群，形成健康的林业体系，实现大生态战略。这个健康的体系并不是单指种植、加工、产业链、终端消费这些概念，我所指的健康的森林体系是，确保植物能充分吸收到阳光和氧气，林下扎根很深，能够充分吸收水分。

记者：在你现在的岗位上，您有压力吗？压力是什么？

肖斌：我有压力，如何巩固退耕还林的成果是我最大的压力。比如，当初实施退耕还林时，补助是每亩地300元，稻子是六七毛钱一斤，现在稻子是1.5元一斤。当时农业还收税，现在农业税全免了，不仅如此，政府还提供各种补贴，这样一比较，退耕还林的效益实在是太低了，很难继续巩固和维护几百万亩地。例如，如果种稻子，可以享受粮食补、综合直补、农机补，一百七十块钱一亩地。而退耕还林需要防虫、防火、除草、雇人管理，这些费用也不少。吸引不到劳动力，谁来维护现有成果呢？退耕还林的前提是生态环境的提高，美化环境，恰好反映了"青山绿水"这一主题。只有生态环境好了，才能去提升经济效益。

记者：当初考入安徽农业大学，选择林业专业是因为喜欢而选择，还是无奈的选择？

肖斌：那个时代，对学校，对专业好像没有太多的考虑，分到哪个学校就哪个学校，什么专业也无所谓，大学毕业就有工作。但是，学着学着发现这个专业挺好的，能够结合工作接触青山绿水、接触群众，今天当自己能为生态系统做点贡献时，感觉很幸福。

记者：如果有机会，您会对现在从事林业的大学生、管理者和林业从业者能说点什么？

肖斌：追求财富的脚步停一停，静下心来做林业，十年树木百年树人，要有一个平常心。

靠山吃山 青山常在

主持人：2002 年安徽实施退耕还林以来，退耕还林总面积 62.03 万公顷，相当于六个香港的陆地面积。退耕还林过程中，安徽兼顾生态环境与农民增收的利益，使得"靠山吃山、青山常在"环境和经济协同发展成为可能与现实。请听"绿色中国行动"报道组发自安徽的报道。

陶善忠：这个就是竹笋，这里一根，这里一根。出笋的时候，你的脚都没有地方落脚，就那么密。过三四天，新的一批就出来了，你跟着接着采。

记者：这不就是说的如同"雨后春笋"？清晨的黄山脚下薄雾缭绕，新华乡农民陶善忠已在自家的竹林里开始除草、修枝了。退耕还林是一项硬任务，聪明的陶善忠把祖辈留下来的田地分为了两部分，坡地种小叶雷竹，平地还是种水稻。他的账是这样盘算的：退耕还林前，山坡田种水稻坡度大、浇灌难、产量低，辛苦一年每亩收入只有 150 块钱。而现在，仅竹笋的收购价就达到了每斤 2.5 元。

陶善忠：这个收入最少能达到两千多一亩。这个是去年栽的，明年一根上面又有七八根，就是高产林，产量一高那就高兴啊。

记者：生活更富裕是陶善忠和当地农民兄弟"退耕还林"得以推进的直接动力。陶善忠扒开地上的土，指着一根拇指粗细的根茎说，竹子的根在地下就像蜘蛛网，勾连在一起。和水稻相比，水土保持的效果更好。

陶善忠：以前小时候发水怕，天上下雨，我们河道的水就上来了。这几年都没有了，雨下下来，竹子的根是遍地，慢慢地渗透下去，以前山上没有水了，这两年山上好了，又有水了。

记者：陶善忠告诉记者，今年他已做出了一个决定，租种村里的 82 亩山区坡地，开始属于自己的新一轮"退耕还林"。在漫山遍野层林尽染的片片翠绿中，陶善忠的竹林只是其中的极小部分，更多的人、更大的环境从"退耕还林"政策中受益。再过一个甲子，这里的生态环境，老百姓的新生活又会是什么样呢？我们期待着。

录音报道：
靠山吃山也不易

主持人： 今天的"绿色中国行动"，我们走进安徽。如今的江淮大地，满眼绿色，水土流失和土地沙化大幅减少。形成规模的树林，对调节气候、涵养水源、净化空气、保护生物多样性等重要的生态功能发挥着积极的效能。不过，记者在调查中也发现，安徽还面临很多新的挑战，亟待新的政策支持。请听"绿色中国行动"报道组发来的报道。

记者： 清晨五点，皖南天目山脚下的宁国市仙霞镇盘樟村，村民徐坤山走进自家的竹林，开始了一天的劳作。徐坤山家的地在半山腰，原来并不种竹子

记者杜震在安徽黄山区采访

而是种水稻。"大山开到腰，小山开到顶"，100多年的开垦在盘樟村形成了蔚为壮观的梯田，可是灾害也随之而来。

徐坤山： 那时候下大雨水是浑的，那水就出来了，山边就垮了。

记者： 皖南地区，陡坡开垦地平均年侵蚀规模每平方公里达1万到1.5万吨，可装满500辆重型卡车。黄山市黄山区林业局局长李雷向记者透露，即便是风景如画的黄山，也发生严重的水土流失。

李雷： 在2005年，我们的水土流失面积就达到了黄山区面积的1/4，没有林子的涵养给生态的保护，造成了大量的生态环境的破坏。

记者： 2002年，黄山市、宁国市等地开始全力推进退耕还林工程。徐坤山告诉记者，种树不仅国家每亩补贴400元，还有林下收益，这让村民们尝到了甜头。退耕还林12年，黄山森林覆盖率在大基数上再跃升，增加6.6个百分点，达到79.5%。宁国市退耕还林6万多亩，农民人均年收入增长了9倍，达到13600元，其中林业收入占一半。山变绿，水变清，收入稳定增长，让农民退耕还林的心渐渐

稳下来。

记者： 皖南的变化正是退耕还林工程巨大生态效益的具体体现，记者调查发现，随着退耕还林工程进一步的实施，还面临着新挑战，老政策亟须新调整。靠山吃山也不易，黄山脚下的焦村镇龙源村，村民程立峰望着眼前的林子有点发愁。作为生态林，程立峰的 8 亩枫香树已经种了 12 年，树长到碗口粗就因为太密不再生长。

程立峰： 那我们没办法。你想收益卖掉，政策不允许，你也不允许砍、不能砍。黄山新华乡的王宝平说，当年的生态林补助标准放到今天，已经很低了。

王宝勤： 过去每百斤稻卖 40 元的时候你就补助 700 块钱，那时候我们请工 2 块钱，现在是 100 块钱小工，你也给我补助 700 块钱，肯定是高一点好了。

记者： 和王宝平同村的王宝勤是雷竹种植大户，自家的坡耕地退耕还林后，他还土地流转了其他村民的 60 多亩坡耕地种植雷竹。但是目前退耕还林补贴中对他这样的大户还没有扶持政策。

王宝勤： 竹子周期有五年，至少要四年，四年你要投入，那个钱都是自己拿，没有收益都是自己拿钱投入。

记者： 农民的苦恼，正是管理者的担忧。安徽黄山区林业局局长李雷说：

李雷： 现在林子的产出非常低，过去又是农民的口粮田，在这个情况下，有可能出现复耕的现象。

记者： 安徽退耕还林 12 年绿染江淮，老政策面临新挑战亟待调整。记者在安徽采访发现，十多年的退耕还林，"退得下、稳得住"已基本实现，关键是"能致富、不反弹"。补贴标准如何制定？生态林、经济林比例是否还作限制？又该如何划分？这些问题都关系到今后退耕还林行动的成败。

今年春天，黄山新华乡的小叶雷竹春笋当地收购价达到每斤 2.5 元，而相距几百公里的宁国，同样品质的春笋却只有四五毛钱。如此冰火两重天的局面，是因为宁国当地最大鲜笋加工企业因资金链断裂而关门。安徽省林业厅造林经营总站副站长、教授级高级工程师肖斌认为，要让农民在退耕还林中致富，还必须综合施策。

肖斌： 下一步退耕还林重新启动过程中，一定要把它作为一个系统工程来对待，制定相关的配套措施。比如说道路，现在我们很多地方退耕还林已开始出现效益了，但是它因为没有道路，要往外背，成本很大，很多这些问题，特别是龙头企业吸纳了我们退耕还林的产品，它对巩固我们退耕还林成果非常有效，如果没有这些龙头企业，如果不能把产品变为经济效益，那么巩固退耕还林的压力就大了。

国务院参事室研究员姚景源点评： 新一轮退耕还林其中最重要的内容就是完善的政策扶持体系，比如说我们要研究怎么样让我们各类资金、资本能够进到退耕还林的这个领域，怎么让我们龙头企业能够在退耕还林过程当中发挥更大的作用，显然需要我们方方面面的政策扶持。我们可不可以考虑要建立一个专项扶持退耕还林、绿色中国的这样的基金，对退耕还林的绿色产业给一些减免税负措施。

录音报道：
从心存疑虑到主动转型

主持人：安徽省因黄山而美誉天下，"绿色中国行动"第二报道组首站前往黄山脚下的黄山市进行了深入的采访。

记者：安徽人形容说黄山区是镶嵌在皖南地区的一块绿宝石。观光客对这里的风景都很认可。在黄山区的245万亩土地中，林地面积占到了83.4%。山多、林密、树绿，确实给我们留下了很深的印象。

主持人：南方的气候、湿度、阳光、海拔适合多种植物的生长，政府推行退耕还林工程，在当地应该没有什么阻力吧？

记者：我们经过深入了解之后发现，阻力还是不小的。阻力来自两个方面。一个是，靠山吃山，在山坡上开垦梯田，种植水稻、花生、芝麻、黄豆、土豆等一类的农作物，确保口粮。突然有一天，政府说要农民把耕地退出来，农民们担忧，

记者杜震、吉梅洁在安徽省宁国市农村采访

大家吃什么？第二个阻力是，把几代人好不容易从树林里、山边上开垦出来的地再拱手还给山林，人们从内心深处舍不得。但是，不管怎么说，生存总是第一位的，在坡耕地种粮食，不仅收入低，而且农民经常面对雨水造成的水土流失。新华乡董家湾村的王宝勤给我们说了他的无奈。

王宝勤： 在没有提高发展之前，山里面种黄豆、种花生，十年以后水土流失严重，长黄豆也长不起来，长花生也长不起来，什么都没有。

记者： 在山坡地上投入的劳力多，农作物的产量低，种植的成本高，收入太低，怎么盘算都划不来，坡耕地一直是农民手里的一块鸡肋。集村镇陈村村民陈建农算的一笔账就说明了这一情况。

陈建农： 许多村子现在一亩田打 1000 斤很正常，要犁要耙，要去耕作，收割现在还是 150 元一亩，还要打农药，还有水肥管理。

记者： 黄山区在历史上同属于大徽州的范围，由于当地山林密布，耕地面积狭小，男性自古就有外出游商的传统，后来闻名天下的徽商就是这么逼出来的。面对新的倒逼形势，这些徽商的后代们不得不靠山吃山，再次成为新的选择。

主持人： 既然离不开大山，就要开动脑筋从退耕还林政策里，寻找一条适合当地的发展模式出来。

记者： 是这样的。正如董家湾村的王宝勤那样，他陆续承包了退耕还林清退的 100 多亩山坡地，种植雷竹换取竹笋，销往杭州、上海等地，一年收益相当可观。如今，他已是当地笋业协会的副会长。

主持人： 农民从最初的心存疑虑，到主动转型，确实是"形势所迫"。

记者： 在退耕还林这项工程推广之初，当地政府想尽办法动员农民退出耕地建生态林、经济林。十多年之后，当农民从转型中普遍获得收益后，大家看到了希望，我们相信，退耕还林的方向是对的，勤奋的农民一定会走出一条适合当地发展的致富路。

记者手记：
竹之结

凌晨

　　"游"黄山，缘起"绿色中国行动"，却应了"成事在天"的道理。因采访日程紧凑，无暇领略"会当凌绝顶，一览众山小"的雄姿，尽享黄山之美。唯在西麓西大门撑起"绿旗"，以天地山水为景合影一幅，权且算做到此一游也。

山还是那座山

　　青山绿水间，嵌着稻田、菜畦、谷地、水塘，依地形长成的竹林、枫香树及点缀其间的向日葵，一幢幢白墙黑瓦的徽派小楼，掩映在绿树之间。我们的采访车穿行在蜿蜒的乡间小路，恍若进入了仙境，别有一番柳暗花明又一村的意味。

　　初入者，会有些小醉意，只是鲜有人会走进村里人的真实生活。20世纪60年代的"饿肚皮"，80年代的"砍树种地"，近十余年的"退耕还林"，都是农民遇到的天大的事，更是抹不去的记忆。时代不同，纠结不同。最近一次的疑惑是："退耕还林，人们吃什么？"然而，现实利益永远是一把开启农民心结的"金钥匙"，走过十余年的光景，"摇钱树"结果了，果实换回现金，让习惯于在土地上刨食吃的农民有了想法，种树要比在贫瘠的坡耕地上种植经济作物划得来。

　　山、河、树，依稀恢复到了从前的模样。这样的好山、好水、好生活着实来之不易。王平安，是一个看得远、挺大气的人，我们的采访车所行走在竹林地的一条蜿蜒曲折的山路，就是他自掏腰包拓出的。他知晓一个理，机会是争取来的。凡新鲜事物，鲜有尝鲜者，王平安在精力最充沛、最富好奇心的光景，在上海、芜湖等地闯荡十余年，攒了点小钱，长了些见识。当全国的绝大多数农民在为退与不退之间备受煎熬时，王平安嗅到了商机，辛勤耕耘十余年，他终于在上百亩的坡地上抚育出了一片竹林地。

　　绝大多数农民习惯于跟风，而王平安就是"领风人"，焦村镇的16000名农民退出了16000亩坡耕地，换回了3800万元的收入。章村的查富和，脱下军装后在温州做起了卤菜，"招财树"惹得他心里痒兮兮的，2011年，他弃手艺另起炉灶，回家乡经营起了"黄山竹林土鸡"养殖基地，年入项超 10 万元。

在人口大国，土地永远是值得珍惜的，黄山区的良田就少于林地，245 万亩土地中有林地 187 万亩。只是，凡事似乎自有平衡，超过 80% 的森林覆盖率和林木绿化率，让靠山吃山的当地人，吃出了美滋美味，32 万亩竹林地养活了不少人，5400 万根竹子盘根错节稳住了水土，真所谓一举多得。

乡镇政府的官员也是野心勃勃，如雨后春笋般破土而出的"三兄弟"、"瑞华"等十余家竹笋加工企业和竹笋协会，让县、乡、镇、村的当家人信心满满。精明干练的新华乡党委书记吴兴农誓言："把笋竹产业定为主打产业，合力打造'竹笋富民'工程。"没有新意的"公司+基地+农户"的模式和附属的笋竹协会，无疑会增强市场竞争力，降低种植户的风险，但是，控制大面积种植的风险并非易事。听完了"亮点"频现的"集体汇报"，记者开始"剥竹笋"，硬是探出了乡镇"一把手"心中的"结"。竹笋的销售网络、保鲜技术、食品质量困扰着他们。

市场经济不相信眼泪，万物生长的规律不可违。比如，春雷炸响之后的 10 日之内，竹笋可食用，而 10 日之后笋即转为竹。嘴刁的食客说，分离母体的鲜笋早晚的滋味便有不同，这意味着，时间决定着保鲜的效果，投放市场的速度和竹笋的价值。而腌制的竹笋很难为本地以外的食客所接受。所以采掘、保鲜、处理、运输、加工、进厨、上桌，这条流水线困扰着种植人和中间商。记者在乡村了解到，在采掘竹笋的黄金期，盗挖者亦不在少数，各村委会多出的一项任务是张贴"禁笋通知"，组织人员"巡逻看护"。而事实上，由于农村人劳动力的短缺，稚嫩的竹笋转为竹子的又不在少数。这正是当下农村面临的资源转换过程中的软肋。如何才能做出真正意义上的品牌，困扰着资源富足区的人们。

风景里的人

调研"三农"问题，要勇于直面贫困人口的真实状态，这是我做调查记者坚守的底线。仙霞镇盘樟村，背靠郁郁葱葱的大山，白墙黑瓦的楼房和破旧的房屋交错坐落于半山腰，顺势延伸，则是拉长了宽度的不规则梯田。一位头顶草帽，身骨瘦弱的农夫，肩挑两个硕大的木桶，拎着一个长把勺，蹒跚在田垄给玉米根子上追肥水。农夫姓彭，家有三口人，有三亩三分薄田，女儿在合肥念大学。老彭说，种稻子怎么种都划不来，从父辈起就如此，正常年景，收成与种子、化肥、农药一折算，几乎落不下几个闲钱，更多的时候是折本。2002 年，老彭在多方的"威逼"下妥协，咬牙含泪退出了 2 亩 7 分薄田。整整祈盼了三年，竹子长出了竹笋，竹笋变成钱回报了老彭，去年他家卖笋的收入小两万，自种的稻谷满足了口粮，家里有了存款，老彭踏实了。记者与他理了理他家的收支，农业税免了，需要他负担的只有电费、手机费、每年 100 元的养老保险费、80 元的医疗保险费。得了风湿卧床不起的老伴，医药费能报销一半多。老彭感叹，现在的政策真好。他说，过不了几年，他家也会盖新房。

老彭家所在的村归宁国市，这座精致的小城与浙江省的吉安、临安市交界，与宣州、广德相连，与旌德、泾县毗邻，与绩溪接壤，面积小到只有 2487 平方公里，而地形地貌却丰富的了得，在四大类八个类型区中，包含了山地、丘陵、岗台地、盆地和低山、中山、高丘、剥蚀台地、沉积台地、河谷、平原与盆地，错落相间。千米以上的山峰 20 座，800~1000 米的山峰有 60 座，30~1587 米的海拔孕育了丰富的动植物，尤为难得的是山水丰满，小小的区域内隐藏的小河、小溪多达 515 条，累积河道总长度 2103 公里。这是一座精巧的小城镇。

"围在城外的人想冲进去，围在城里的人想逃出来"，闲人们寻找美景养眼养心，农民们走出风景挣钱养家，当积攒了些许的辛苦钱才体会到，精神生活也像吃饭睡觉不可缺。记者路遇一怀抱幼童的老妪，庭院室内打理得干净整齐，即使捡拾的烧柴竹，也截得长短一致，码放在偏房。闲聊中得知，妇人的儿子在外地打工，媳妇离家出走，老两口在家抚养孙子度日，无奈刻在老两口的脸上，也显现在幼童的脸庞，成为他们心中隐隐的痛。

外面的世界很精彩，终与芸芸众生无缘。返回途中，同事们放不下那个老妪怀抱的那个幼童，担忧孩子的心理健康。青壮年男子背井离乡，妇女和老人播种、施肥、除草、收割、打碾，为孩子遮风避雨。当靠打工鼓起钱袋子的时候，年轻力壮的一代农民失去的是青春，与家人失去的是精神生活。这正是当下农村多数地方的现实。

过日子依然离不开柴米油盐酱醋茶，但是，吃穿用度的方式变了，人们的双眸里透出了精气神，热衷于家长里短的工夫淡化了，琢磨挣钱、种植技术、孩子上学的心思多了。简言之，生活有了目标，未来有了奔头。

行走在风景如画的乡村，想起了聪明的王平安和查富和，在上海开公司，在温州做卤菜，能挣到钱，但不是一辈子的事情。种竹子、搞养殖蛮辛苦。但是，有钱买不来一家老小聚在一起的日子，孝敬了老人，幸福了爱人，陪伴孩子成长的生活才是完美的生活。

乡愁与情结

既索取大自然中的食物，又不伤及大自然，是一门人类的生存技艺。人类在亲近自然，利用自然的同时也付出惨痛的代价。暖温带向亚热带的过渡型气候造就了独特的自然风光，充满灵性的动植物资源，就是大自然馈赠给人类的资源。而人类所要研究的课题是，如何结合本地的资源，实现多方利益最大化？

据宁国市探知的森林植被有 162 科 1700 多种。树种资源多达 61 科 195 种。其中，仅竹类就达 33 种。食用植物资源 204 种。药用植物种类 1030 种。已知的野生动物多达 5 类 290 种，黑麂、梅花鹿、豺、云豹、短尾猴、猕猴、羚、小灵猫、穿山甲、白鹇、白颈长尾雉、大鲵等成为林中成员。

年届知天命的安徽省林业厅造林经营总站副站长、教授级高级工程师肖斌告诉记者，家乡的那条河和泉水，是他解不开的乡愁，清澈的河水清凉过无数的池州人。

山林人家

念中学时，校方为防溺水事故，日日在学生臂膀上盖戳，预防学生下水嬉戏，"猫与鼠"的游戏却温暖着无数人。肖斌博士还惦念着家乡的那一眼泉水井，甘甜清冽涌动不息的泉水，让人看一眼都觉得是享受。遗憾的是，砍树毁林的年代毁了森林，也毁了河，毁了泉水井，土地裸露了，泥石流、水土流失和自然灾害多了，大自然的灵气不见了。肖斌博士说，如今，河水、泉水又丰满了，但是，感觉还是不如记忆中的那条河、那泉井水那么清澈那么富有灵气。

庆幸的是，人类总是明智的。先填饱肚子，造成后果再投入巨资弥补过失，并不惜在漫长的岁月中复原失去的生态。安徽人就是在这条修复的生态链中，探索出了竹产业的发展之路。如今，550万亩的竹林地占到全省森林总面积的10%，成就了四个县、市、区的"中国竹子之乡"。传统种植技术和覆盖技术相结合，将冬、春笋的亩产量从1200斤提高到了3000斤，亩产收入从5000元提高到近2万元。

有喜有忧，一个不容忽视的现实是，农村的劳力在锐减。雷竹向上成长的同时，盘根错节的地下鞭也在扩充着地盘，引发的后果是，土壤板结，透气、透水性差，直接影响到竹编及竹笋的生长，去除老鞭需要劳力。包括安徽省在内的竹笋业尚在起步发展阶段，诸如经营管理粗放、技术落后、重材轻笋、加工手段落后、销售网络脆弱等问题比比皆是。"您最担心的问题是什么？"乡镇书记、镇长、县长、种植大户和林业局局长的答案各不同。乡镇书记、镇长担心"销售"，县长担心"老百姓的钱袋子"，种植户担心"政策变不变"，林业局局长担心"退耕还林的成果如何巩固。"

站位不同，视角不同。穷怕了，苦惯了，瞎折腾的日子，让农民变得敏感而脆弱。老彭也担心："政策会不会变？"

"您的愿望是什么？"肖斌博士的回答是："培育出长有大树支撑的森林才称之为森林，让既有的绿色空间向上延伸空间，是未来林业发展的趋势。"

如果第二轮退耕还林的质量得到优化，那么再经历一个退耕还林期，黄山、宁国乃至安徽省的竹笋业将会如何？答案不得而知。唯有种植业形成良性循环，农民的收入才有长效保障。当农民的钱包鼓鼓，在家乡的土地上吃上家乡的菜肴，听着家乡的戏，说着家长里短的故事，过上团聚的幸福生活，那才是农民们需要的真实生活。

美好生活的理想模式距离安徽农民和全国的农民尚需时日。

登临黄山的徐霞客叹曰："薄海内外之名山，无如徽之黄山。登黄山，天下无山，观止矣！"我在想，几百年前的"千古奇人"当年登临黄山之巅极目远望时，有无预想到几百年后的"三年自然灾害"、"砍树种地"及"退耕种树"？身为这个时代的记录者，我们对数百年之后的黄山又做何预判？

记者手记：
仙霞镇盘樟村采访随感

吉梅洁

从安徽市黄山区出发，经过3个多小时的车程，采访组一行6人来到了安徽之行的最后一站——盘樟村。推开车门，一个黝黑健壮、头戴草帽的老农，微笑着朝我们走来。经村支部书记介绍，这位老农便是盘樟村里的种竹大户徐坤山。他今年已经60多岁了，丝毫没有老迈的迹象，说话流利、精神抖擞，对我们非常热情。我们还没开口，他就迫不及待地介绍他种竹子的情况，幸福之情溢于言表。2003年，这里开始实施退耕还林政策，引进浙江临安的细叶雷竹品种进行规模化栽植。徐坤山告诉我们，种树不仅可以享受国家的补贴，还有林下收益，这些年来，山变绿、水变清，村民们退耕还林的心越来越坚定了。

盘樟村位于皖南宁国市仙霞镇西部，这里四面环山。大山开到腰、小山开到顶，村民们的家便坐落在半山腰。从山脚下向上望去，漫山遍野的青竹翠林，而村子里一座座的小洋楼就掩映在这些绿色的树木中。也许是看腻了大城市里的钢筋混凝土，此时此刻，走在蜿蜒的村间小路上，欣赏着周围的青山绿水，整个人仿佛轻盈了许多，瞬间与大自然融为一体。走了大约十几分钟，眼前的一小片稻田吸引了我们的注意。田间的农民爷爷正在施肥，他非常专注，丝毫没有察觉到我们的到来。徐坤山告诉我们，这片耕地是村民自家用来自给自足的。我们远远地望着老爷爷勤劳的背影，悄悄离开了。

走了不远，我们便进入了盘樟村。这里给我的第一感觉就是非常干净，道路两边看不到任何丢弃物，路更是干净得像是刚刚铺好的。走进农民家里，院里院外都是整整齐齐的烧火用的竹子，他们都会用锯子截得长度相当，整整齐齐地码放好。这一点，作为北方人的我感到非常惭愧，因为我记忆中的农村一直是凌乱无章的。小时候，每当听到要回老家上坟，我都会吵闹着说："我不要去农村，那里太脏了！"然而，来到这里以后，彻底颠覆了我对农村的定义。除了干净以外，村子里尤为安静，放眼望去，看不到几个人影。可奇怪的是，这里的房子却盖得一栋比一栋漂亮，小洋楼更是比比皆是。徐坤山告诉我们，村里的年轻人都外出打工了，挣到钱后就回来盖房子，房子盖得越好就证明钱挣得越多。正是由于外出打工的频繁，造成了现在村里的宁静，面前整齐的小洋楼都大门紧锁，看起来好凄凉。这时，不远处的房子里走出一位大婶，手里牵着一个四五岁的孩子。大婶告诉我们她的儿女也都在外打工，由于工作太忙，只能把孙子留下来给她带。孩子的眼睛很清澈，但又很茫然。我们试图跟他沟通，可孩子脸上写满了疑惑和恐惧，他似乎从来都没有见过这么多人。没有父母陪伴的童年也许是不完整的，我们只希望孩子在这青山绿水间能无忧无虑、健健康康地长大。

看着这里一栋栋空荡荡的房子，呼吸着这里清新的空气，阵阵惋惜之情便涌上心头。突然想到一句话，记不得是谁说的了，"树在、山在、大地在。你还要怎样更好的世界？"处于如今这个高速运转的社会链条中，每个人都在极力顺着链条向上爬，都认为高处的风景会更美好，可是却忽略了身边的触手可及的美景。大自然是人类最宝贵的财富，还有什么能比跟大自然的亲密接触来得更快活呢？

退耕还林政策确实改善了村民们的生活，可是现在面临的农村空洞化问题更值得人们深思。如果有机会，我愿意留在这片青山绿水间，自在似神仙。

浙江移民老邵
扎根江西鄱阳湖畔

记者：邵有权，是个老移民。46年前，他22岁，那一年，浙江老家要建新安江水库，他们一家成了移民，和他满脸惆怅的父亲，一路走一路哭的母亲差不多，同村的36户170多人，来到了江西这块陌生地。岁月不饶人，开荒种地四十年，如今包括他的父母亲在内的很多老人都已过世，当初的这批年轻人也转眼成了老人了。

村里的人评价浙江人聪明、勤劳、点子多，但是，在那个时代，老邵和大家一样，日子穷得叮当响。原因有三，一是与当时的国情有关。二是当地坡耕地居多，种植的芝麻、黄豆、花生等作物，根子浅，遇到大点的雨水，斜坡上的庄稼就被齐刷刷冲得干干净净。等到国家的政策放开后，想种的、价格高的品种，因不适合本地，又造成了新的损失，比如，沙田柚，由于不适合低温，遇到一场北风就全部冻死了。

邵有权：光几亩田啊，又不懂技术啊，富不起来啊。种沙田柚，温度低，下半年北风一刮冻死了，村长、书记问我们什么东西适合在这里种？适合种杨梅，书记去找树苗。

记者：老邵的出生地新安江，移民地鄱阳湖，名字富有诗情画意，共同点就一个——穷。不同的是新安江的山多，鄱阳县的地相对平坦一些，这给了老邵一家小小的慰藉。直到退耕还林的这10来年，牌楼村村委会下气力，依托经济林的发展，依靠像老邵这些勤劳有思路的人，邀请农学专家，测试土壤，筛选种子，落实"一村一品"，如今，牌楼行政村所属的12个自然村，村村都有自己的重点种植品种，人均纯收入增长了近6倍。

邵有权：现在种杨梅树，今年是一千多一亩。还有黄栀子那个药材，以前我是拖债的，现在我都有节余了，一年有两三万块钱。

记者：邵有权说，自己22岁从新安江库区迁移过来，正是家里的顶梁柱。四十多年过去，自己从满头青丝的小伙子变成了老人，为了吃发愁，为了没钱花发愁，退耕还林政策，让自己挺起了腰板，现在种杨梅、种黄栀子，一年能存个3万块钱。老邵说，顺着往前数，这辈子，退耕还林、盖新房、结婚生子，是最高兴的事情了。

邵有权： 生活，那一个天一个地啊。退耕还林我当家，我们自己的荒地开出来，给你种上树，国家每一亩还补助了两百多块钱，那高兴啊。

2011年，在新农村建设的扶持下，村里统一建起了三层小洋楼，楼里通上了沼气。老邵告诉记者，搬进新家的第一个晚上，老两口失眠了，他们回想起大半辈子吃尽的苦，一起走过的艰难岁月，不禁感慨万千，老邵第一次听从了老伴的建议，戒烟戒酒。

邵有权： 以前我抽烟喝酒，现在不了，现在要保证身体，有这样好的政策，多活几年。

记者： 老邵说，现在有这么好的政策，我想多活几年，而且要活出质量来。邵有权说的好政策，就是指退耕还林。如今的牌楼村，生态美了，村民富了，从遥远的浙江迁移而来的这批人和老邵一样，经过四十多年的奋斗，终于有了一个值得珍惜和留恋的家。

鄱阳县古县渡镇桥下村的长防林，2004年营造，湿地松现已郁闭成林。

牌楼村的变迁

主持人： 今天的"绿色中国行动"，我们走进江西省鄱阳县。鄱阳县是江西省退耕还林实施的试点县，13年来这里的生态效益明显，粮食产量不减反增，退耕农户收入快速增长。在田畈街镇牌楼村，山、水、田，是地利；退耕还林政策，是天时；领导班子乘势而为，是人和。新农村建设稳步发展，天时，地利，人和，缺一不可。请听记者发回的报道。

记者： 江南六月，杨梅红熟，正是上市时节。在村口，三四个人围着村民徐功后在推销他的杨梅。一桩买卖结束，徐功后收起秤杆说，家里退掉了三亩坡地的稻田，全部改种了杨梅。牌楼村的穷远近闻名，1992年全村负债8万元。徐功后最穷的时候，5毛钱都借不到。

徐功后： 那时候穷的，5毛钱都借不到。借钱过日子，借了钱，还利息，还了利息，还不了本钱。

记者： 退耕还林试点县，让精明的牌楼村党支部书记（以下简称支书）曹福泉看到了发展的契机。

曹福泉： 退耕还林的关键问题，是解决了农民的种植观念跟发展理念，解决这个东西，这个思想解决了，什么事都好做了。

记者： 在曹福泉眼里，退耕还林并非只是"你把耕地退出，国家给你补贴，换回美丽生态"这样简单，他把这项政策看成是一个发展平台，把经济发展、村民生活、生态保护看做一个整体，围绕退耕还林深做文章。牌楼村的地利、天时与人和，第一次有机地结合起来。

曹福泉： 这是一个连环性的东西，绝对是相连的。

记者： 牌楼村实行退耕还林的第二轮国家补贴即将结束。一旦补贴不再下发，牌楼村的退耕还林，能不能巩固得住？牌楼村未来发展的增长点，又将落在何处？人无远虑，必有近忧。早在退耕还林之初，牌楼村支书曹福泉已经看到它的不足。

曹福泉： 退耕还林的钱，补助，是短暂的。哪怕16年很长，我人活七八十年，它还是短。怎么办？

记者： 主动应对市场往往是最佳选择，按照曹福泉的理解，牌楼村发展到今天，已经占有天时和地利，想要更好地发展，必须提升品质，聚拢人气。以现有退耕还林这个平台为基础，打造一个高品质的绿色产业发展平台是未来所需。

曹福泉：通过退耕还林之后，村里各有各的产业，特色不同。那我们就需要按照各个特色，要吸引各个行业的人来做。这就是个人气。

记者：从2004年开始，莳山牌楼村村委会逐步推行社区重建，为居民兴建新型民居，开办文化广场，改善生活条件，丰富群众生活，先把留乡在家的人气一点点聚拢起来。

徐功后：不是它这个规划，我这个房子做不起来。白天干活，晚上跳舞。

徐功后老伴：我们村子有歌舞队，男男女女，蹦蹦跳跳。

记者：有人就有一切。牌楼村的未来，不仅需要人气的数量，更需要人气的质量。近年来，这个村委会创办了"返乡工业园区"，为本乡外出务工的成功者提供发展平台，鼓励他们回乡创业，吸纳本村本地的年轻人就近就业，既能赚到钱，也能更好地照顾家庭，给父母更多的孝顺，给子女更多的爱。

曹福泉：他过来我就无偿地提供他，就是要让他在这里发展。聚集起人气以后，该消费的他就消费，该服务的他就服务。

记者：牌楼村聚拢人气的第三步，也是最为华丽的一步，是把那些适应市场发展趋势的高端产业拉进牌楼村，为牌楼村发展平台再造升级。两年前，牌楼村以提供3000亩荒山为代价，采用土地流转方式与上海东郁园林科技有限公司合作，引进国外优秀园林彩化景观树种。公司副总经理赖振新说，参照欧美发展规律，中国未来园林绿化市场将以彩化景观树种为主。

赖振新：产业调整，产业要升级。我们现在引进的国外的树种，种到江西这个基地的，目前大概有13个，主要是以槭树科的红枫类为主，它在春、夏、秋三季都有颜色。它的景观效果好，它是符合园林景观彩化方向的。如果说对了产品，这条路走下去是没有任何问题的。

记者：也许在不久的将来，这里会把第一产业和第三产业结合起来，在牌楼村尝试生态旅游。在这一点上，老支书和赖振新不谋而合。

曹福泉：这就是我们产业链的钱，把所有人都带动起来了，如果你没有这个环境，你带动不起这些人。

记者：在牌楼村的采访中，记者感到：一项好的政策，一定是开放的，不是就事论事的，它应该给执行者提供舞台，任其在这个平台上自由驰骋。但是，再好的政策也不会十全十美，一劳永逸，需要在发展中调整，也需要执行者积极去适应，去开拓，去提升。既考验着执行者的智慧，也考验着政策制定者的眼光。

国务院参事室研究员姚景源点评：我这里特地讲讲人和，就是说我们的干部和广大的民众，能够心往一块想，劲往一块使，那么这样的话就能够聚人气，牌头村还给我们一个很重要的启示，就是我们还要有一个好的带头人，他有思路聚人气。他想尽千方百计，绿色中国就会有更大、更好的成就，现在对待新一轮的退耕还林会有一个什么样的政策措施都充满期待，但是，我们可以从中央一号文件当中读出来，我们支农、惠农的政策只会加强，不会削弱。

记者访谈：
一群"植物猎人"
在鄱阳湖畔为大地装点色彩

我国在完成第一轮退耕还林工程的任务后，如何确保既有的和后续的林木质量上档次？如何将林木的实用性与观赏性融为一体？如何让从事林业的人富裕起来？一群自称"植物猎人"的80后年轻人，告别大都市上海来到江西农村，忍耐寂寞，挑战自我，在承包地上做起了打造四季彩色生态基地的美梦。

这个团队自称为"植物猎人"，他们给自己制定的目标是：发现和引进全世界最优秀的彩色苗木品种，结合国内丰富的植物资源库，通过现代科技手段，希望孕育出彩色苗木新品种。"绿色中国行动"记者前往鄱阳县牌楼村的这个神秘基地探访。

受访人： 赖振新 上海东郁园林科技有限公司合伙人

记者： 我们在现场看到，每一棵笔直的树，都用竹子做的三角支架支撑着，为什么？

赖振新： 一是保证树必须直。二是每年都要对树顶端的新叶芽进行一次修剪。目的是保证我们出品的树形始终是最好的。侧面的竹竿，是为了起到防风稳定的作用。

记者： 这种树需要施肥吗？

标准化作业是现代种植业必不可少的程序，即使选取辅助的竹竿也须在长度、垂直和直径方面按照要求严格选取

赖振新： 需要。我们的专业术语叫控施肥，用的是以色列进口的控释肥。施一次肥的有效期是9个月。

记者： 国内培植林木常规的施肥是多长周期？控施肥的好处是什么？

赖振新： 国内在每年的4～10月份，要施4～5次肥。我们一年只施一次肥。控施肥的肥效长并且随着气温变化释放的肥效不同，在平均21℃的气温条件下，肥料在9个月内均衡释放。初次施肥两个星期内，会瞬间释放15%以促进生长，

接下去会随着气温的变化而变化，气温越高释放越快，气温越低释放越慢，跟植物的生长温度呈正相关。

记者： 对面的那些树种跟这个树种不一样吗？

赖振新： 不一样，这是美国红枫树，我们目前引进并且种植到这个园区的树种有 13 个，在未来 5 年内，我们计划引进至少 35 个品种。

记者： 这些树看上去有 3 米多吧？它会长到多高呢？

赖振新： 美国红枫是全球五大行道树之一。树径可以达到 1 米以上，树高可以达到 25 米。寿命可以达到 125 ~ 150 年。一年树径能长 1.5 厘米，枝条可以生长 1 ~ 1.5 米。

记者： 除了观赏以外的价值是什么？

赖振新： 美国红枫品种从改善环境非常有优势，它吸收二氧化碳和二氧化硫的能力，大概是常规的园林树种的 2.5 倍。从这个角度说，拥有规模级的园林企业，在解决全球性碳排放和温室效应的角度也是未来的一个产业方向。

记者： 投入也很高吗？

赖振新： 非常高。我们现在的"容器苗"每亩一次性的投入大概是 8 万元人民币。地栽苗每亩的投入是 5 万 ~ 6 万人民币。

记者： 养护的成本高呢？

赖振新： 一棵树一年的人工、机械、水、肥的管护成本大概在 80 ~ 85 元人民币。

赖振新在鄱阳县牌楼村承包的林木培植基地向记者介绍引进树种栽种的情况

记者： 什么时候会有收益呢？

赖振新： 如果要通过销售实现效益的话，现在就可以了，有人接手，但是树小效益对于企业来说不是最优选择。国内一般的市政工程需要6厘米以上的苗，就是说这棵树种两年以后就可以长到6厘米并且上工程，届时的经济效益会比较好。一棵6厘米的美国红枫，在国内市场上的售价大概在3000块钱。

记者： 这么贵？

赖振新： 非常贵。一棵10厘米的纯正的美国红枫的销售价在1万块人民币以上，当然它带来的彩色的景观效果也同样震撼人心，可以说绝对物有所值。

记者： 你的收益率是很高的。

赖振新： 对，从资产收益上来说，跟传统农业来比，效益是比较高的。从产业结构调整的角度来看，农业企业也同样可以找准产品定位，设置竞争壁垒，通过规模化的运营，取得跟国际领先农业企业同等的经济效益。

记者： 培育的成本也很高吧？

赖振新： 我们已经在国内建立了从研发到扩繁、到容器苗种植基地再到规模化地栽苗的基地建设。 一是无锡建立了国际级重点组织培养实验中心，组培实验室面积3072平方米，配套拥有9400平方米炼苗温室大棚，年极限产能为3000万株，这个产能从全球来看也是在最高的等级。我本人去过美国和澳大利亚最领先的组培公司实地考察，可以说产能上我们已经超越国外的相关企业及机构，但是研发能力及科技含量上，我们确实存在不小的差距。二是建立了华东地区最大的容器苗基地。采用澳大利亚控根容器技术，轻基质无土配方，解决国内反季节种植成活

工人在拌匀进口的草种用于草坪培植

难题，成活率几乎百分百。三是在江西鄱阳建立这个地栽苗基地。园区主打地栽彩色乔木，整体规划、建设及后期养护均按美式标准实施，建成后将是全国最大的纯进口新品种最丰富的彩色苗木生产基地。

记者： 如果不涉密的话，可以介绍一下经营模式吗？

赖振新： 经营有两种模式，一种是通过销售获利，二是打造彩色景观结合环境改善或者旅游度假来跨界盈利。根据我们的调研，未来彩色景观在中国的发展是必然的趋势，当然我们跟业内很多有远见的企业一样一直在推广彩色景观的概念。国外的研究和实践数据是，当一个国家或者一个地区，人均 GDP 达到 5000 美元以上时，绿化就会朝着彩化方向发展。比如北京政府在两年前就提出，北京市的绿化要向彩化的层次发展并且很多彩化的景观工程已经逐步地在实施。

记者： 为什么会选择鄱阳县这个地方作为育种基地？

赖振新： 第一，我们公司地处的华东区域消费能力非常强，我们希望建一个规模型苗圃来辐射华东及华中的市场。第二，江西的林权改革走在全国前列，是一个多林区。另外还有几个方面吸引了我们。我们与林地流转的牌楼村的曹书记接触后，他的眼界及行事风格让我感受到他是一位办实事办大事的人，这一点对我们的影响非常大。鄱阳的交通区位优势不错，土壤的 pH 值弱酸性也非常适合我们的树种，只要稍微加以改良就可以进行种植。适合的坡度保证了排水顺畅，植物成存活率非常高。另外我们基地围绕这个 600 亩的水库而建，保障了我们的灌溉用水。另外这个地块有山有水，加上我们彩色苗木本身非常美的景观，有机会可以结合旅游环保来做新农村转型发展的试点。

记者： 概括地说，可以说就是天时、地利、人和。

赖振新： 当然。我甚至想说，人永远是放在第一位的。

记者： 尽管有水库，但是，你还是采用了滴灌技术？

赖振新： 对的，我们这套以色列耐特菲姆的滴灌设施的成本很高，平均每亩地的一次性投入大概在 2600 ～ 2700 元人民币。如果规模是一个小片区 300 亩以内的话，可能都要达到 3000 元以上。但是有这套滴管设施的存在可以确保我不会因为水的灌溉环节出问题而带来大的损失，作为企业化的运营，我们充分考虑各项风险后宁愿在前期大量投入也不愿看到后期的不可控。

记者： 对国内的市场做过预估吗？

赖振新： 数据表明，一个国家或地区的人均 GDP 达到 5000 美元时，绿化将向彩化市场跨越发展。2009 年，美国花木杂志数据显示，美国的彩化占绿化市场比例已达 52.7%，而中国目前的比例为 3% ～ 5%，未来彩化将在中国高速增长。据 2011 年中国统计的数据分析，中国园林绿化市场是 3000 亿，苗木工程就有 500 个亿，在 500 个亿里面，彩色景观树种占的比例大概 3% 左右，非常的低。如果未来中国的市场能达到 10% ～ 15%，那就有几十个亿的市场而且还会更大，所以我对我们未来规模是在数据基础上的预测而非盲目的信心。

记者： 那对生态的贡献率也很大。

成熟的滴灌技术在林木的培育和成长过程中发挥着节水和营养均衡的积极作用

赖振新： 对，非常大。植树造林是一个造福子孙后代的事情。我出身农村，学在农大，考察过澳大利亚排名前六的苗圃，全美前十名的苗圃我实地考察过 7 个。考察的过程，特别是新品种研发的过程令人痛心，但一直有一个梦想，我希望为国家甚至为全世界贡献一些中国的优秀新品种。比如在美国的考察，我们发现所有北美海棠的母本，大概是在 145 年前从中国出去先到欧洲后来又到美洲，但现实是当前在北美海棠的园艺种依然在生长和销售的就有 40 多个，还有更多的新品种在被创造出来，而中国市场上常用的就三四个。再比如，日本的樱花誉满全球，但是樱花的母本七成以上来源在国内。国内在新品种研发及推广这一块确实已经落后，但我相信，我们这一代人会奋起直追，我很年轻，我还有一腔热忱在这里，我希望通过一两代人的努力能够改变这一局面。

记者： 树值钱了，很多人会模仿跟随种植，如何保证你的竞争力？

赖振新： 东郁园林与全球落叶景观树种领域内最大苗木公司 JFS 签订新品种权的独家战略合作协议，所有新品种进入中国将由东郁园林在国内进行申请并且保护。换言之，未来美国最优秀的彩色苗木品种种源进入中国都将由东郁园林独家进行繁育、种植及销售。根据《中华人民共和国植物新品种权保护条例》，品种权的保护期限，自授权之日起，藤本植物、林木、果树和观赏树木为 20 年，其他植物为 15 年。

记者： 如果遇到侵权，你会采取什么行动？或者说，既有的法律能够保证你的权益吗？

赖振新： 法律规定的十分清楚。假冒授权品种的，由县级以上人民政府农业、林业行政部门依据各自的职权责令停止假冒行为，没收违法所得和植物品种繁殖材料。货值金额 5 万元以上的，处货值金额 1 倍以上 5 倍以下的罚款。没有货值金额或者货值金额 5 万元以下的，根据情节轻重，处 25 万元以下的罚款。情节严重，构成犯罪的，依法追究刑事责任。

记者： 做任何事情都有压力。你的压力是什么？

赖振新： 做农业林业的产业，投资大周期长，还有生物资产损失的风险，压力也很大。我们希望得到政府和林业人的关注。

记者： 种植业需要耐得住寂寞，你和你的这个团队耐得住寂寞吗？

赖振新： 这个产业的前景是好的，但是反过来说，如果你内心不喜欢，你不一定会耐得住，像我本人，我在江西花了很长时间，走了很多地方，跑了大概有 8 个县城 20 多个乡镇 100 多个村。最后定在了这里。平时穿着冲锋衣，钻树林干这个活，还有刚才您说的像我们这些"植物人"，都是大学生，有些身体也是蛮文弱的，也不是特别好。大家愿意到野外，走进深山老林去找寻这些植物，这完全是一种兴趣所在，我们很喜欢这个行业，想在这个行业做成一些事。我们希望美丽中国的大潮中有我们的身影，甚至是时代的弄潮儿。

背景资料

国际植物新品种保护联盟，简称 UPOV，是一个政府间国际组织，总部设在日内瓦，"UPOV"是该组织法语名称的首字母缩写。截至 2011 年 2 月底，UPOV 共有 68 个成员国和政府组织。中国是 UPOV 第 39 个成员国。上海东郁园林科技有限公司从美国、澳大利亚、加拿大、日本引进超过 30 个品种的彩色景观苗木，通过植物的花、果、枝、叶本身丰富的色彩来打造一年四季的彩色景观效果，并且还源源不断地从世界各地引进最优秀的彩色景观苗木进入中国，引进国际最先进的苗木繁育生产技术应用于国内，推动国内绿化向彩化的跨越。

记者手记：
闲话一淡一咸两湖水

凌晨

鄱阳湖的湿地、沙漠、孤岛，留守的候鸟、退耕还林和移民村庄，让我联想到了远在天上的青海湖，并萌生出将这些词汇串成一个"链条"的欲望和冲动。

湖泊 湿地 天堂

热腾腾、湿漉漉、雾蒙蒙的天际，将鄱阳湖融为一幅淡淡的水墨画。乘坐快艇来到鄱阳湖国家湿地公园，体会到人与动物互动的乐趣。圈养着的数十只体态优雅的丹顶鹤闻声而动，踱步来到半人多高的木栅栏边，向游客索取食物。生性敏感的天鹅，则与人保持着安全的距离。手持木杆的饲养员，从树丛中驱赶出躲凉的孔雀回窝，慵懒的孔雀拖着长尾裙挪着方步有些不情愿，步伐随着饲养员步幅的快慢而动，滑稽的场景惹得游客驻足观望。

湿地博物馆的导游小姐介绍：四月份，飞落鄱阳湖湿地的候鸟多达百万只之多。这不由得让我联想到了青藏高原之上的青海湖，几万只候鸟飞舞的情景足够让人震撼，百万只该是何等壮观！

走过不少的湿地，湿地带给我的心动之处是爱心和暖意。例如，鄱阳湖的管护员告诉我们，留守在园中的丹顶鹤、黑颈鹤、天鹅、大雁都是老弱病残，他们将在这个有树荫、有木屋、有水塘，还有专职饲养员和医生的慈善园里安度晚年。在青海湖湿地，志愿者们耐心劝说试图盗鸟或者窃取鸟蛋的人，驱赶着偷偷摸摸进入鸟的领地偷袭飞禽的沙狐。

候鸟无需护照，熟知划分于各国的湿地，湿地的变化成为它们选择的依据。例如，几万只夏候鸟于每年3月至翌年10月份在青海湖鸟岛栖息。自每年10月至翌年3月份，有4000多只来自俄罗斯、新疆的大天鹅聚集在青海湖一处有温泉的地方越冬。湿地成为候鸟补给能量、休整、繁育的福地与天堂，也因为沼泽地而成为阻隔人类和大型动物进入的安全之地。鄱阳县林业局工程师舒昌江告诉我，退耕还林复原了几乎陷入绝境的生物链，比如红面鹰、鹰嘴龟等禽鸟的数量多了，当地人的保护意识在大大增强。去年，潜伏本地的几个粤人，靠播放录音诱捕禽鸟，当天便被群众举报。

物竞天择，地球上所有的生命体都是大自然的杰作。有时我在想，只要人类不去无条件地猎杀它们，或者人为改变它们的生存环境，有无人类的保护对动物并不重要，相反人类以万物为镜，借助科学技术手段，研究动物的构造、习性则可以为人类所用。近年来，越来越多的环保人士发现，人类通过保护大自然赐予的万物生灵，换回的不仅是财富，还有善良、爱心，并不断启迪着人们热爱、关注、研究大自然的决心。如此想来，人类与其他万物生灵应该没有贵贱之分，在大自然面前，所有的生命体都是平等的，因为人类在获益的同时，相互关联的生命体也在通过人类的研究成果而获益。例如，多年前在青海湖畔存活的几百只普氏原羚，经过民间环保人士、著名摄影家葛玉修的连续呼吁，并将这一仅存于中国的濒危物种更名为中华对角羚。不仅如此，科研人员还通过人工繁殖的方式扩大中华对角羚种群。

如今这一国家一级保护动物的数量已经达到 1000 只左右。

淡水湖 咸水湖 封湖令

鄱阳湖和青海湖的面积分别为 4125、4456 平方公里，湖面随季节而伸缩。对比一淡一咸两个湖，有诸多的不同和相同之处。例如，不同的经度和纬度，不同的海拔，不同的气候带，决定了淡水湖鱼类资源的丰富程度，而常年处于低温状态下的咸水湖，则仅有一种学名为"裸鲤"、俗名为"湟鱼"的单一鱼种，而被联合国列为濒危鱼种。在传统习俗中，青海湖周边的藏人不食鱼，有史以来鸟类一直是湟鱼的天敌。但是，直到三年自然灾害期间，湟鱼因为拯救了无数人的生命而引起人们的关注，而这种关注对湟鱼几乎成为灭顶之灾，此间政府成立渔场专事捕捞，经过数年的捕捞湟鱼资源锐减，继而影响到候鸟的数量。

鱼类研究人员的研究结果令人震惊，原来这种生存于寒冷的咸水湖的鱼的成长异常缓慢，一年只长一两肉。当不足一尺的鱼也很难捕捞到时，引起了政府的重视。1994 年青海省人民政府做出封湖育鱼的决定，这一决策一直持续到今天。遗憾的是，即便如此，人们也很难再遇到大个的湟鱼了。

鄱阳湖也封湖育鱼，点燃了我的好奇心。为此，采访组调整了原定采访计划，放弃了其中的一个采访点，兵分三路采访，清晨我搭乘快艇登上了孤岛一探究竟。孤岛名为长山岛，盘踞着 620 户 3600 多名渔民。村支书杨兰喜说，去年的人均纯收入达到了 6000 元，但是今年的情况可能不容乐观，因为鄱阳湖的水面在下降。为期三个月"封湖令"将在夏至结束的头一天得以解禁。为此，渔民们早已备好了捕捞的准备工作。午时，岸边响起的一串爆竹声，宣布马年捕鱼拉开帷幕。

渔政人员介绍，鄱阳湖是江西省最大的内陆渔业捕捞基地，人口最密集的聚集区。靠天吃饭不得不看老天爷的脸色。但是，比老天爷的脸色更麻烦的是，岛上的劳动力日渐匮乏。外出打工的年轻人多了，考上学的大学生多了，在城里陪孙子读

曲项向天歌

书的老人多了。岛上的劳力现有 1400 名。记者问村长，可持续多久？这位 80 后的小伙子显然思考过这一问题，答曰：估计也就三四十年吧！

由远及近，由近及远，快艇让孤岛在我的视野中放大和缩小。自问：传统的捕捞业果真会在这个孤岛上消失吗？果真消失了，渔民们还会盘踞在这方老祖宗留下来的孤岛之上吗？再一想，管他呢，职业是人类生存链条上的组成部分，没有实际意义的职业该消失就消失，有用的新职业随时都在派生。试想，无长山岛就不会有岛上的渔民，而无渔民长山岛不会消失。湖中有鱼人们便要食鱼，要食鱼人们便会捕鱼，只是捕鱼的方式不同罢了。我们无需杞人忧天。

绿树 小草 沙化地

鄱阳湖和青海湖海拔相差约 3000 米。海拔是个奇怪的东西，成就了一淡一咸两个湖完全不同的生命体。例如，寒冷的高原大陆性气候造就了生命力强劲的草原，牛羊成为高原人必不可少的食物。温暖的气候造就了鄱阳湖丰富多样的树木和鱼类资源。但是，两个完全不同的湖，遇到的问题和困惑却惊人地相似。例如，封湖育鱼、沙化威胁、退耕还林、退牧还草。

采访组结束在安徽省的采访，于 6 月 17 日转场到江西省上饶市鄱阳县，是日恰好为"世界防治荒漠化和干旱日"。入住宾馆的当天晚上，央视经济频道播出了有关鄱阳湖沙化的分析性报道。据当地披露的数据，鄱阳湖的湿地总面积为35116.1 公顷，其周边沙化土地面积达 3.89 万公顷。专家们把鄱阳湖畔的沙化地划分为固定沙丘 0.67 万公顷、半固定沙丘 1.36 万公顷、流动沙丘 0.86 万公顷、沙改田 1 万公顷。

在青山绿水间的鄱阳湖怎么会出现沙化地呢？我想起了青海湖东岸一座名为同宝山的沙丘地带。沙进人退，鄱阳湖的农民担心良田被侵蚀，青海湖的牧民担心家园一去不返。政府既关注民众的生存，也关注整体的生态安全。沙丘消耗着治沙专家的心血，但是，无可争议的是，绿色是治沙防沙最好的选择。比如，专业部门对鄱阳县田畈街镇牌楼村的一组监测数据显示：截至 2013

雷竹园

年底，牌楼村 3568.5 亩退耕还林面积保存率达到 100％，风沙危害不断减轻，水土流失明显减少，碳汇能力显著提高。青海省方面公开的一组公开的监测数据表明：14 年前，青海湖沿岸的沙化土地以每年 2.4％ 的速度扩张。在过去 50 年内，湖面缩小了 300 多平方公里。但是，最新的监测数据表明，今年的青海湖的水域面积仍然在增加。

恢复生态的成本远比毁坏生态获取利益要高昂。2008 年，国家在青海湖地区投资 5.4 亿元用于生态改良，尽管局部的效果是显著的，但是改变全貌既需要资金的支持，更需要付出时间的代价。例如，在距离青海湖岸线不到 5 公里的克图治沙点，人们在将近 6 万亩的沙化土地上栽植了沙棘、青海云杉、青杨、樟子松等，据说有 4 万亩流动沙丘得到固定，但是，这些人造的林带是否能够持续抵御大自然的变化呢？殊不知，覆盖在草原之上的那一层仅有 30 厘米左右的草甸土需要上亿年的滋养才能形成今天的状态。

20 世纪 80 年代，政府号召群众砍树种粮，用推土机揭开草地，播种青稞和油菜籽。初入记者这一行，我习惯于选择一件孤立的事情给予赞美和肯定，例如，我发表在省级平面媒体上的专稿《青海湖畔"庄稼兵"》，赞美了军队士兵开垦种植油菜的事迹。今天，我为这种只看表面不考虑本质的报道而感到脸红。

事实上，类似的状况人们都在重复。如今，当鄱阳湖周边乃至整个区域被树木所覆盖，农民从所靠之山之水换取生活。当青海湖畔的耕地被草地重新覆盖时，在不同阶段做出不同决策的决策者们，当有何种思考和反思？

孤岛 百姓 寺庙

马年夏季，我有机会来到鄱阳湖，登上湖中的孤岛一探究竟。而在我的出生之地，我却无缘前往青海湖中央的孤岛。只是有一回，我透过飞机的舷窗抓拍到了湖面上的一叶小岛，后经证实，这个"鸭形"状的小岛即为传说中的海心山。2012年，渔政局安排我们去海心山，船行出不远却因风起浪大上不了岸，或者因为上了岸被滞留在岛上而中途返回。

渔民不善储蓄，习于"今朝有酒今朝醉"的生活。例如，仅仅三个月的"禁湖令"，就让鄱阳湖孤岛上的渔民感受到了生活的压力。海心山俗称湖心岛，面积1平方公里，高出湖面处的小石丘70米，海拔约3266米。古诗云："一片绿波浮白雪，无人知是海心山"。海心山上有一座据说建于道光三年的藏传佛教莲花庵，现有的13名尼姑在这里打坐、静修、讲经。尼姑每年出岛两回，置办生活必需品，生活规律而有序，安于凡人眼中的孤寂生活。

孤岛之上的尼姑庵，让我生出三个问题：人类究竟需要多少资源才能合理维系生活？人如何克服贪欲和占有欲？如何敬畏大自然？

青海湖没有捕鱼业，政府组建的渔场在维系了短短的二三十年后便终结了。青海湖也没有农业，虽然移民村庄的农民、农场的农工及军垦士兵，在付出辛劳的耕耘中收获了不薄的青稞和油菜籽，但是大自然决定了这种行业终归是短命的，因为这种生存方式违背自然规律。当由绿色过渡为金色的青稞长穗和散发着香气的金黄色油菜，映衬着蓝天白云、湛蓝的湖水和远处的雪山，留在游客记忆中和图片上的仅仅是短暂的仙境，除了每年三个月的黄金季，强劲的高原风卷起的砂砾都落入了青海湖或随风飞向远方。久而久之，一条条补给青海湖的淡水河在草原上开始萎缩甚至干涸消失，更严重的后果是，裸鲤失去了在淡水河中产卵成长的繁育环境，于是，政府又不得不投入大批量的资金，尝试通过人工繁育的方式培育种苗。

人，是制度的制定者，也是受益者甚或受害者。例如，在艰难困苦的岁月，政府组织人们"砍树种粮"、"大炼钢铁"，人们经历了使用木材盖房、打家具、制作棺木、取暖做饭的时代。当生态环境遭到破坏灾难频发时，政府开始反思并投入巨额资金，又组织人们"退耕还林还草"修复生态。没有人能够准确分析现实事物中的得与失，并得出一个精准的定论，因为生存排在所有事情的首位。如果没有了人类，地球是存在还是毁灭又有什么关系呢？但是，不得不面对的现实是：对于存在于地球上的第一人口大国，不得不为民众的生存探索一条适合国情，又符合自然规律，更符合全体地球人利益的综合之路。于是，政府只能根据当下的现实情况做出短期的选择，满足需求，并在探索的过程中总结经验和教训，通过能够掌握的技术弥补和修复受到破坏的环境。例如，在走过"砍树种粮"到"退耕还林还草"的弯路之后，人们才逐渐明白了敬畏自然的重要性。

录音报道：
保住"两盆"清水
筑起生态屏障

主持人："绿色中国行动"报道组今天走进湖北。这里因为拥有"两大盆水"而举世瞩目，一个是三峡库区，一个是丹江口库区。如何保住这"两盆"清水，如何为库区筑起生态屏障？请听报道组从湖北发来的报道。

记者：秭归县中坝子村，山坡上的茶树绿得让人眩晕。这里是三峡库区的库首，秭归县林业局退耕办主任马德举告诉记者，这是林业科技的最新成果，可让水土流失更少。

马德举：乔木的树冠会截流那个雨量。就是乔木起到减少水的直接冲刷。灌木的根系保土、固土。上下全覆盖。

目前，中国林业科学研究院已在三峡库区因地制宜推广了40多种退耕还林种植新模式。副研究员黄志霖透露，经过10年的连续跟踪观测，新模式对三峡库区生态改善作用十分显著。

黄志霖：退耕还林之后，现在土壤流失林地只相当于原来的四十分之一；养分流失也是大幅度地减少，就是我们说的氮或磷进入水减少了很多。这样的话实际上是保护了我们三峡水库的水质。

在距离秭归县400多公里的丹江口水库，是湖北的另"一大盆水"，同时也是南水北调中线工程水源地。在这里实施退耕还林，湖北人更为精打细算。通过绿色循环模式巩固现有成果。在丹江口库区果农李海虎退耕还林后探索的果园，绿色循环的模式就是树下种草、草中养鸡、鸡粪育肥、牧草饲畜，一地三收，让李海虎的腰包鼓起来。

记者：你们在树丛里面种草？

李海虎：是的，种草是用来养鸡，我们现在是有机肥、农家肥，另外一个杀虫，尽可能减少化学农药的使用。

记者：展望未来，据统计，在湖北两大库区尚有近500万亩坡耕地急需退耕还林，相当于一个神农架。

国务院参事室研究员姚景源点评：既要保障我们长江清水向东入海，又要使汉江清水能够北调进京，应当讲湖北的任务十分艰巨。退耕还林不是简单的种粮改种树，无论是湖北还是全国来说，我们要建立起来一个科学的、系统的、绿色循环的生态模式，我们还是要付出更多的努力！

录音报道：
湖北退耕还林造就两池清水

主持人： 湖北，又称"千湖之省"，长江及其最大支流汉江润泽荆楚大地。目前，开工建设 20 年的三峡工程将迎来整体竣工验收。今年年底，汉江水将以湖北丹江口为起点，沿南水北调中线向北京、河北等送水。退耕还林在长江三峡和南水北调两项世纪工程中发挥着怎样的作用？如何确保三峡库区和丹江口水库的"两盆清水"？我们来听中央台"绿色中国行动"发自湖北的报道。

记者： 湖北省秭归县长岭村，距离三峡大坝的直线距离不到 10 公里。从长岭村翻过一座山岭，就能看到滚滚长江。万里长江在经过上游的瞿塘峡、巫峡、西陵峡等峡谷地段后，在这里水面变宽，流速放缓。为了确保"高峡出平湖"的一池清水，当地连续多年实施退耕还林，付鲜玉一家原来种粮食的山区坡地，现在已经全部改种茶树。

付鲜玉： 以前也是种水稻、玉米，就是什么红薯这类东西。茶叶根基本上还是有，有一尺多。只要是成林之后的土地，填上的土都不会流失。

记者： 和付鲜玉同在长岭村的村民尤大明说，退耕还林前，山沟里蓄水池的水是黄色的，一下雨甚至变成红褐色，由于自家的房子就在半山腰，以前最怕下雨可能产生的泥石流。

尤大明： 像过去的话，那个山上下暴雨，那个沟水，两个沟全部是红色的，像现在再下暴雨，再看那个水，就不是了。那个白花花的瀑布，再看不出原来的混水了。

记者： 以前下大雨的时候害怕吗？

尤大明： 怕。

记者： 真怕吗？

尤大明： 真怕。下大雨肯定怕。

记者： 怕什么？

尤大明： 怕山体滑坡。

记者： 现在呢？

尤大明： 现在不害怕了。

科学的监测数据，也验证了三峡库首农民的切身感受。2005 年，中国林业科学研究院在秭归建立森林生态定点研究站，其中水土流失监测点 45 个。水土流失监测点，是在小流域的沟底，建立一个混凝土槽，测量雨水冲刷带来的泥土含量，获得水土流失数据。

中国林业科学研究院研究生吴东： 我们现在南泥溪小流域、黑沟小流域，通过这个净流场来采集泥沙还有水质，南泥溪等于说是长江一条小流域，是它的一条子流域，通过这些分析来得出一些结论。

记者： 中国林业科学研究院副研究员黄志霖介绍，观测点的数据显示，退耕还林后水土流失量大为降低，水土流失，不是一般的控制，而是得到了根本性的控制。茶园，板栗林地，或者柑橘园，原来是坡耕地，现在它的土壤流失只相当于原来的十分之一。

黄志霖： 第一个是林地只相当于原来的四十分之一。第二个就是养分流失也大幅度地减少，就是我们说的氮或磷呢，施肥之后进入水减少了很多。

记者： 对于三峡库区的整体泥沙问题，国务院三峡工程建设委员会枢纽工程检查组组长、中国工程院院士陈厚群在接受中央台记者采访时曾表示，由于水土保持，三峡入库的泥沙量好于预期。

陈厚群： 现在三峡入库的泥沙不到我们预期的一半，大概是有 2 亿吨。实际上由于水土保持，同时支流修了很多水库，都拦了很多泥沙，我们采取蓄清排浑的效果比较好，泥沙情况是好于预期。

主持人： 三峡工程完工蓄水前，拦截汉江形成的丹江口水库曾是亚洲第一大人工淡水湖。今年年底前，丹江口水库的汉江水将一路北上，沿途向河南、河北、北京等省市供水。退耕还林又如何保住这一盆清水？我们接着来听记者的报道。

记者： 丹江口市玉皇顶村的退耕形成的柑橘林地，距离丹江口水库的直线距离不到一公里。记者来到时，林地正在铺设林下的黑色滴灌管网，节水的同时，减少地面径流。林场场长李海虎表示，他们还在柑橘树下主动种草，防止水土流失到水库中，并尽量减少对水库的污染。

记者： 您这个园子里面这么多杂草？

李海虎： 这个不是杂草，这是我们自己专门种的。

记者： 你们在树丛里面种草？

李海虎： 是的，种草是用来养鸡，再一个是减少土壤的流失，不是杂草。

记者： 你们的化肥、农药怎么使用？

李海虎： 我们现在是有机肥、农家肥，杀虫这一块主要是用太阳能杀虫灯、还有黄板粘除，这样就控制了病虫害的发生，尽可能减少化学农药的使用，保证了我们的水质不受到污染。

记者： 在丹江口，水是一个绕不开的话题。当年丹江口大坝下闸水后，前年老县城消失在了水库之下，现在的丹江口市是依水库而建的。随着南水北调中线工程的竣工，丹江口水库的正常的库容量达到 309 亿立方米，相当于为每个中国人储存了 23 立方米的直接饮用水。路边随处可见"一库清水送北方"的标语。作

"绿色中国行动"采访组与湖北省基层干部座谈退耕还林工作

为丹江口库区的一位农民，全国人大代表辛喜玉曾经把一瓶丹江口水库的水带到全国"两会"上，送给当时的国务院副总理李克强。请调水接受地放心水质。现在她在距离水库4公里的地方承包荒山，植树造林。荒山造林，也是退耕还林的一部分。

记者：你栽了这个核桃林之后，对于这个水土保持，对于库区的清水有什么样的作用？

辛喜玉：不种树的情况下就冲走了，现在不冲了。现在水土保持这块很好。

记者：您平时喝水、用水都用丹江口的水吗？

辛喜玉：是的。因为我们是淡水湖，特别的甜。

记者：洗脸的时候可能就把水喝了。

辛喜玉：大河的水就可以直接喝了，水特别的清。所以我给总理送上清清一瓶水，让总理放心。

记者：目前，丹江口水库的水质，可以供人直接饮用。国内某知名饮用水品牌甚至就在大坝下直接建厂生产。丹江口市林业局局长张庆涛表示，从2001年开始，丹江口完成退耕还林42万亩，退耕还林是保持丹江口水库水质的综合措施中具有基础性作用。

张庆涛：实际上在所有的措施当中，它是保护一江清，它是一个最基础的作用，因为它要防止水土流失。因为我们这个地方是南水北调的水源的核心区，这个生态地位特别重要。今年必须要求达到二类水质，这个水质要求是非常高的。

国务院参事室研究员姚景源点评：对于湖北来说，水土流失一直是生态建设的大问题，治理水土流失重要的途径在于退耕还林，而且它还能使我们的农民致富增收。丹江口是我们国家南水北调中线的起点，我曾经去过那里考察，在丹江口你可以看到我们生态建设工程的浩大，可以看到退耕还林在保护南水北调源头生态上的重要作用。所以当我们在北京喝到洁净的北调南水，我们应该好好地去感谢湖北那些退耕还林保护生态的人们。

记者手记：
秭归——橘颂

吴朝晖

秭归，被两个巨大的事物覆盖，一为屈原，一为三峡大坝。

此刻，我就站在屈原祠中，俯望大江之中横卧着的三峡大坝。

屈原祠建在山坡之上，次第升高。背依青山，面向江流，视野开阔，凭风临眺，大江大坝尽收眼底。

此祠修建得倒是很精致讲究。青瓦白墙，上有云状装饰；大门白色为底，三层飞檐，赭红色纵式条块分割其间，门楣之上、门的两边，都有奇花异草的花纹装饰，显示出一种热烈而诡异的风格，似有灵动的巫祀之气飘流其间。

因为葛洲坝工程和三峡工程，屈原祠也成为"三峡移民"，从原来的屈原沱两次搬迁重建。现在的地点位于秭归县的新县城——茅坪镇的凤凰山。

秭归新县城也是搬迁重建的。说是新城，也已经十几年过去，一些建筑已露出破败之象。走在大街上，忽高忽低、左转右旋的街道弯弯曲曲，生活的气息流溢其间，并没有多少新城的感觉。只是从建筑的样式上，还大致能推测出它比较整齐划一的年代，不像那些有千百年历史的古城，总有一些古旧的建筑，让你恍若回到遥远的过去。

三峡的副坝——当地人这样称呼，就在县城之中，就像巨人的一条腿，突然伸到了城里，令人有些惊愕。

秭归这个小县城的命运，因为三峡大坝而改变。走在城中，一抬头就可以看到大坝；每天大量的游客涌到这里，也与三峡大坝有关——当然，也会顺便看看屈原祠。

秭归生活在三峡大坝的庞大身影里。

巨大的事物总是让人难以理解。比如三峡大坝，它以世界第一高大的身躯，阻挡住一个流了千万年的大江，狂放不羁、奔腾不息的峡江激流，突然变成一个碧波荡漾的平静大湖，这意味着什么？会改变什么？会发生什么？许多事情我们现在无法回答，只能等待时间慢慢给出答案。

还有屈原，尽管研究的文章汗牛充栋，许多结论论证严密，诸多判断言之凿凿，但，我们真地理解他吗？

"但夸端午节，谁荐屈原祠。" 端午节吃着粽子的人们，可能多已忘却端午与屈原的关系；或许一些人知道"屈原"是一位"爱国者"，但屈原如何"爱国"、爱的是什么国？恐怕也是一片模糊。

屈原仿佛是划过中国历史天空的一道彗星，明亮灿烂得让人无法直视，就突然消失在黑暗的夜空，直到今天，我们只有对那道光亮的回忆，却无法破解那道亮光为何出现、怎样出现？为何消失、怎样消失？

入屈原祠拾级而上，便能看到低头沉思的屈原青铜雕像。清癯的面容，飘动的胡须，江风轻轻掀动的衣角，诗人似乎依旧行吟泽畔，低头沉思。

悠悠白云，拭不去岁月的苍凉；滔滔江流，抹不去满目的惆怅。

———————————

从韩城拜谒司马先生，来到秭归瞻仰屈原，我突然意识到，我是从黄河边来到了长江边。

黄河和长江是中国大地上两个生命性的存在，人们喜欢用"母亲河"来称谓她们，实际上是指她们巨大的孕育与繁殖能力，以及对生存在她们领地范围内的土地、植物、动物和人的涵养与化育。她们对中国人和中国文明，具有根源性意义，无论我们的思维，还是我们的生活、文化，几乎是，俯仰之间，举手投足之时，都可以隐约看到两条大河的影子。

南北差异，对事物的命名也不同。比如说，北方的水，无论大小都叫河；南方的河，无论长短都叫江。黄河是所有北方河流的老大，长江是所有南方江流的统领。北方干燥，所有的河流都枯涩；南方湿润，所有的水流都丰沛。

长江与黄河其实很近。两大河流以秦岭为界，秦岭以南为长江水系，秦岭以北为黄河水系；秦岭南坡的水都流入汉江，汉江是长江的主要支流；秦岭北坡的水都流入渭水，渭水为黄河的主要水源。

屈原祠

我在想，是不同的土地造就了不同的河流，还是不同的河流塑造了不同的土地；是不同的土地、河流孕育、生长了不同的植物与不同文化的人，还是不同的风物和人，塑造、装点了不同的土地与河流？

这其中是不是应该还有不同纬度、不同气候的影响？

比如说北方黄河文明尊黄帝为祖先，那是因为黄河文明发源于黄土高原，山川河流、甚至天空的颜色都是黄色的；南方长江文明尊炎帝为祖先，那是因为南方气候炎热，一到夏季，连空气都像着了火一样，炎热是这片土地的主宰。

果真如此乎？

中国文化将天人合一，天、地、人三者之间，一定存在着某种隐秘的互动，某种冥冥之中的暗合。

司马迁与屈原，一个是生长在大江之畔的三峡，长江最为惊心动魄的湍流急险之处；一个是生长在大河之侧的龙口，黄河最为奔腾咆哮之地。这两条大江大河，在他们最为惊险、华彩，最为气势恢宏的转折之处，产生了两位中国文化的标志性人物，难道是偶然的吗？他们两位伟大人物的卓异才华、阔大气象、充溢的激情，以及无尽的想象力，难道不是首先来自这两条非凡的江河？

当然，他们的深远沉厚，也来自这两条江河流经的土地。

司马迁生活在广袤深厚的黄土高原上，那些陡峭险峻的高崖，来自流水在高原平地上的下切，那是一种由地球表面向大地深处的开掘造成的气象万千；屈原生活的却是高山峡谷，那里的流水，是在向上的万重峻岭中夺路而出，从而怒涛汹涌，

秭归绿色

一泻千里。

迥异的地貌、气候与生态特征，以及特殊的历史、地理环境，造成了南北不同的文化气质。北方文化更趋务实功利，南方文化则素来标举革新和反叛意识，重视创造、想象和幻想；北方文化老成持重、富有理性，南方文化则充满儿童般的活泼想象力。

中原文化的典型代表是《诗经》，它主要产生于黄河流域，是周朝的采诗官振木铎到各个诸侯国采集来的。与质朴的《诗经》相比，《楚辞》缤纷、浪漫、瑰丽而奇幻。

楚文化是长江文化的代表，有浓厚的浪漫主义情调和神话色彩，崇尚自由，富有激情，善于想象、善歌好舞，但也信鬼好祠，重神厚巫，原始文化的味道甚浓。

楚文化的诸多东西都已散失，现在我们能够看到的就是《楚辞》。中国所有的文学样式都以朝代命名，如汉赋、六朝骈文、唐诗、宋词、元曲之类的，只有《楚辞》是以地方命名的，足见《楚辞》的独特和重要。

王国维先生在《屈子文学之精神》中写道："南人想象力之丰富，胜于北人远甚……以我中国论，则南方之文化发达较后于北方，则南人之富于想象，亦自然之势也。此南方文学中诗歌的特质之优于北方文学者也。"

司马迁正是从这两部伟大的文学源头中汲取养分，铸就了《史记》中的飞扬伟辞。清人刘熙载就说："学《离骚》得其情者为太史公，得其辞者为司马长卿。"他说的另一段话更加直接清楚："太史公文，兼括六艺百家之旨。第论其恻怛之情，抑扬之致，则得之于《诗三百篇》及《离骚》者居多。"

司马迁在《屈原贾生列传》中自述："余读《离骚》、《天问》、《招魂》、《哀郢》悲其志。适长沙，观屈原所自沉渊，未尝不垂涕。"我们可以想见，一个青年学子，从遥远的京城长安，专程到屈原放逐、自沉之地的湖南长沙、汨罗进行凭吊，在江边吟哦屈子的诗句，"举世混浊我独清，众人皆醉我独醒"，"亦余心之所善兮，虽九死其犹未悔"；诵读才子贾谊在长沙所写《吊屈原赋》："嗟苦先生，独离此咎兮。讯曰：已矣！国其莫我知兮，独壹郁其谁语？凤漂漂其高逝兮，固自引而远去。"那是怎样一种愤激难抑的心情，在胸中激荡冲决；又是一种何等强烈的心灵共振，久久无以平复。

天妒英才，从来才高天下、品德高尚之人，往往遭受多舛运命。屈原投水自沉，并不是自暴自弃，而是一种决绝、绝望的不屈，一种刚烈、悲惨的对抗。徘徊江边，司马迁也一定感受到了屈原精神的巨大孤独与心灵的巨大痛苦，那是荷载着整个世界的道义和文化分量，从此，千年历史为之倾斜。

二

刚刚接触屈原的时候，我这个在北方环境长大的人，有些不大理解：为什么一个男子汉大丈夫，诗中到处都是香草美人，就不能用点别的意象，比如"大漠孤烟直，长河落日圆"之类的，那多雄浑阔大啊；起码也得有点"风吹草低见牛羊"，或者"风萧萧兮易水寒"之类的吧！

为学稍长，方知诗歌境界之高低，并不在于所用意象的宏阔浩大，就像说话是否直指人心，并不在于声音的大小。再说，一个地方有一个地方的风物文化，屈原的伟大在于，就是把当地的文化凝聚于自己的作品中，将其升华，开创出一个完全不同于北方的诗歌象征体系——香草美人系统。

但屈原的作品我觉得实在不大好读，最重要的原因，是其中所写的香草种类太多，而我的植物学知识太少。绝大部分的香草，在我的家乡都不生长，别说见过，连名字都没听说过。比如说屈原最重要的作品《离骚》，其中写到了很多南方植物：

> "余既兹兰之九畹兮，又树蕙之百亩；
>
> 畦留夷与揭车兮，杂度蘅与方芷；
>
> 冀枝叶之峻茂兮，愿竢时乎吾将刈；
>
> 虽萎绝其亦何伤兮，哀众芳之芜秽；"

> "朝饮木兰之坠露兮，夕餐秋菊之落英；
>
> 苟余情其信姱以练要兮，长顑颔亦何伤；
>
> 揽木根以结芷兮，贯薜荔之落蕊；
>
> 矫菌桂以纫蕙兮，索胡绳之纚纚；"

> "兰芷变而不芳兮，荃蕙化而为茅；
>
> 何昔日之芳草兮，今直为此萧艾也；
>
> 岂其有他故兮，莫好修之害也；
>
> 余既以兰为可恃兮，羌无实而容长；
>
> 委厥美以从俗兮，苟得列乎众芳；
>
> 椒专佞以慢慆兮，樧又欲充夫佩帏；
>
> 既干进而务入兮，又何芳之能祗；
>
> 固时俗之流从兮，又孰能无变化；
>
> 览椒兰其若兹兮，又况揭车与江离；
>
> 惟兹佩之可贵兮，委厥美而历兹；
>
> 芳菲菲而难亏兮，芬至今犹未沫；"

这些大段大段关于植物的叙述描写，都构成了屈原富有象征意味的情怀抒发。司马迁在《屈原贾生列传》中评价《离骚》说："其文约，其辞微，其志洁，其行廉，其称文小而其指极大，举类迩而见义远。"又说："其志洁，故其称物芳。其行廉，故死而不容自疏……推此志也，虽与日月争光可也。"

果真一个"其志洁，故其称物芳"！但我觉得，这些香草美人的象征意象，对于北方长大的人来说，确实有点不明所以。但有一篇一看就明白的，就是他的《九

橘

章》中的《橘颂》：

> 后皇嘉树，橘徕服兮。受命不迁，生南国兮。深固难徙，更壹志兮。绿叶素荣，纷其可喜兮。曾枝剡棘，圆果抟兮。青黄杂糅，文章烂兮。精色内白，类任道兮。纷缊宜修，姱而不丑兮。嗟尔幼志，有以异兮。独立不迁，岂不可喜兮？深固难徙，廓其无求兮。苏世独立，横而不流兮。闭心自慎，不终失过兮。秉德无私，参天地兮。愿岁并谢，与长友兮。淑离不淫，梗其有理兮。年岁虽少，可师长兮。行比伯夷，置以为像兮。

南国多橘，楚地更可以称之为橘树的故乡。《汉书》称"江陵千树橘"，可见早在汉代，楚地即以产橘闻名。不过橘树习性有奇，《晏子春秋》说"橘生淮南则为橘，生于淮北则为枳"。但在深爱故国乡土的屈原看来，这种"受命不迁，生南国兮"的秉性，正与自己矢志不渝的爱国情志相通。

这显然是一首托物言志的咏物诗，并且应是中国诗歌史上第一首咏物诗。明代王船山先生说："（橘树）生于荏草之中，而贞于独立，不随草靡，喻君子杂处于浊世，而不随横逆以俱流。"（《楚辞通释》）

屈原抓住橘树的生态和习性，运用类比联想，将它与人的精神、品格联系起来，给予热烈的赞美。借物抒志，以物写人，沟通物我，融汇古今。从此以后，南国之橘便蕴含了志士仁人"独立不迁"的文化内涵，所以宋代刘辰翁将屈原称为千古"咏物之祖"。

这首《橘颂》诗，可视为屈原的"自题小像"，分明就是屈原精神的描摹。

三

与秭归有关或者说从某种意义上彻底改变秭归的，还有一个诗人。这个诗人酷爱游泳，并且喜欢到长江里去游泳。

这确实非同一般，普通人在池塘小河洗澡，有些身份的人在游泳馆或者有海滩的地方游泳，而敢于到大江大河、尤其长江这种水流湍急的地方去游泳，那就不是一般人敢于尝试的了。

这位诗人不仅到长江游了泳，还写了首词来记录这件事，他本人大概也没料到的是，这首词几十年后，改变了这条大江、和生活在大江两岸的诸多人、诸多地方。

这首诗叫《水调歌头·游泳》：

才饮长沙水，

又食武昌鱼。

万里长江横渡，

极目楚天舒。

不管风吹浪打，

胜似闲庭信步，

今日得宽余。

子在川上曰：

逝者如斯夫！

风樯动，

龟蛇静，

起宏图。

一桥飞架南北，

天堑变通途。

更立西江石壁，

截断巫山云雨，

高峡出平湖。

神女应无恙，

当惊世界殊。

当然，你现在知道了，这位了不起的诗人，是开国领袖毛泽东，他的气魄当然无人匹敌。他的这首广为流传的词，过去只是一个诗人的宏大想象，但现在却变成了现实，我不知道是该佩服诗人的伟大预见呢？还是该惊叹现代中国人无与伦比的改造自然的伟力？

在三峡大坝旁的截流纪念园里，一块巨石上刻着毛泽东手书这首诗——准确点说，这首词，见证着三峡大坝从想象到现实的巨大历史跨度。

这个当今世界上最大的水利枢纽工程，形成了长达 600 公里的水库，在它成为世界罕见新奇观的同时，也淹没了诸多的历史，诸多的城市，诸多三峡自古以来的地理和人文旧奇观。

为了保护三峡水库不受水土流失造成的泥沙困扰——大量泥沙淤积对三峡大坝来说，将会带来致命后果，沿三峡库区周边，在国家的支持下，付出了巨大的努力，其中"退耕还林"政策对这里的倾斜，发挥了核心作用。

位于坝上库首的秭归，当然是退耕还林核心的核心。秭归是全国退耕还林试点示范县，国家林业局领导联系的退耕还林科技支撑示范点；中国林业科学研究院、

生态家园

绿色满坡

湖北省林业科学院、北京林业大学等十几家林业科研机构，在这里进行生物措施治理水土流失试验示范；中国林业科学研究院在这里建立了三峡库区森林生态定位研究站，并设立监测中心。可见国家对这里生态环境的重视程度。

接触了诸多退耕还林的情况，我感觉秭归的退耕还林总体水准较高，效果也较好。首先科技的支撑，就是其他地方很难比拟的，都是国家级的科研团队提供科技支持。比如说《三峡库区林业生态综合治理研究与示范》、《三峡农林复合结构优化技术研究》、《三峡库区生物措施防治水土流失技术规程》、《小流域综合治理与开发推广应用》等科研课题与项目的实施，让秭归的退耕还林具有很高的科技含量。

其次，秭归的退耕还林规划做得很到位。规划的原则是因地制宜，适地适树，规模治理。秉承此原则，在区域布局上确定"三沿"，即沿三峡大坝和县城周边，沿长江和长江一级支流两岸，沿公路干线和库区新建公路上下，这都是最为容易发生水土流失的地方；在空间的布局上，划分"三带"，中上部是以天然林保护为主的生态防护林带，中半山是以农林复合经营为主的生态经济林带，水库175米水位线至公路沿线为生态防护型景观林带。而这其中的生态经济林带，又分出"三带"，即低山地区以柑橘为主，中山地区以茶叶、板栗为主，高山地区以核桃、"三木药材"为主。

再就是，退耕还林政策执行得比较实。这个可以从一系列数字得到印证：从2000年开始退耕还林到现在，总投资是4.7亿元，退耕还林35.75万亩，涉及秭归县的180个村的6.8万户农民。得到的生态效益是：森林面积增加了19.5%，森林覆盖率达到60.3%，水土流失面积降低17%，土壤侵蚀降低了44%。得到的经济效益是：秭归的产业结构由原来的种地为主，转为以生态绿色产业为主，全县经济林达到30万亩，以柑橘、茶叶、核桃、药材为主，每亩收入在3000~5000元，并带来相关加工、销售产业的兴起，农民收入有较大幅度提高。

在三峡库区采访，我的一个强烈感受是，三峡库区的百姓，为三峡建设别离故土四处迁徙，又为三峡的生态环境——其实是整个长江流域、或者说南中国的生态保护，改变自己的生存和生活方式，真是付出了巨大代价，做出了巨大牺牲，全中国都应该记住这一点，国家也应尽可能地为他们做出一些补偿。从这个意义上说，退耕还林的那一点支持，真是微不足道，何况还是为了整个国家的生态效益。

秭归一带被称为中国"脐橙之乡"，这里的脐橙又大又甜，果真非常好吃。如果忧国忧民的屈原先生，知道他所赞美的家乡柑橘，在退耕还林政策实施后，既能保护生态，又能致富乡邻，也一定为之高兴。

在秭归的宾馆里，抬头就可从窗户看到长江和三峡大坝。我拿起一个金黄色的脐橙，看到上面被人称为像肚脐的地方，突然幻化成屈原那深邃的眼睛，从2000多年前汨罗江畔，幽幽地看过来……

退耕还林构筑三峡大坝强大生态屏障

秭归地处湖北省西部，位于三峡工程坝上库首，是著名的"中国脐橙之乡"、"中国龙舟之乡"、"中国诗歌之乡"、"中国民间文化艺术之乡"。全县辖12个乡（镇）、186个行政村、7个居委会、1个场，38.19万人，国土面积2427平方公里。

据了解，秭归县退耕还林工程自2000年启动以来，按照"退得下、稳得住、能致富"的总体思路，致力于构筑三峡大坝生态屏障建设，各项工作进展顺利，取得了较好的效果。2000年至2012年底全县累计完成退耕还林35.75万亩，其中坡耕地退耕还林22.3万亩，配套荒山造林13.45万亩，涉及全县12个乡镇，180个村，6.8万户，累计投资达4.4亿元，其中粮食补助3.82亿元、现金补助3850万元、种苗费补助1150万元、配套荒山造林资金985万元。

国家林业局建在秭归县大山里的三峡库区森林生态定位站测流堰

果树、茶叶等经济林
是秭归县退耕还林的
特色之一

　　秭归县委副书记黄传喜介绍，通过退耕还林，全县林地面积、森林面积、森林覆盖率分别达到 277.5 万亩、205 万亩、60.3%，比退耕还林实施前分别增长 15.6%、19.5%、14.9 个百分点，森林结构更趋合理，林分质量不断提高，生态功能显著增强。水土流失面积由治理前的 1408 平方公里下降到 1175.86 平方公里，土壤侵蚀模数由治理前的 3150 吨/（平方公里·年）下降到 1170 吨/（平方公里·年），降幅分别为 17%、44%。生态环境明显改善，水土流失得到有效控制，为三峡库区建起了一道强大的生态屏障。

　　据了解，退耕还林工程实施以来，秭归县先后有 6.8 万农户参与实施，占农村总户数的 70%，累计兑现退耕补助 4.7 亿多元，户均增收 7000 多元，人均增收 2000 多元。通过坡耕地退耕还林新建的柑橘、茶叶等经济林 18 万亩，目前都已进入盛产期，每亩收入在 3000~5000 元。户均达 1 万元以上。与此同时，退耕还林还加快了第二、三产业的快速发展。以泗溪生态旅游度假区、九畹溪探险漂流等一批旅游项目为依托的生态旅游业正蓬勃发展，全县 2012 年接待游客达到了 330.56 万人次，旅游年收入达到了 13.86 亿元，已逐步成为退耕还林后的重要替代产业。

生态立市
确保一库清水送北京

6月23日，"绿色中国行动"第二报道组走进南水北调中线工程调水源头——湖北丹江口市。丹江口市位于鄂西北汉江中上游，境内山水资源得天独厚，有著名的世界文化遗产、道教圣地武当山，南水北调中线工程调水源头丹江口水库，是一个以低山、丘陵为主的山区，整个地势南部高，中部低，略向东部倾斜。

长江最大的支流汉江自西向东穿腹而过，将全市自然分割成江南、江北两大块，汉江以南为秦岭山系大巴山支脉武当山区，汉江以北为秦岭山系伏牛山脉东端衡山区，造成江南、江北气候和立地条件差异明显。全市林业用地面积317.2万亩，有林地面积173.1万亩，森林覆盖率50.54%，活立木总蓄积量525.3万立方米。丹江口市先后被全国绿化委员会授予"全国绿化模范单位"，被国家林业局授予"全国林业综合行政执法示范点"。

通过实施退耕还林，丹江口水库两岸森林植被得到了恢复和保护，生态环境得到较大改善，水土流失得到了缓解

丹江口市自2001年被纳入全国退耕还林试点县市，2002年被正式列入全国退耕还林项目实施县市以来，全市共完成退耕还林42.15万亩，其中退耕还林17.2万亩，荒山造林24.95万亩。在退耕还林工程实施过程中，丹江口市委、市政府坚持"生态立市"战略，把退耕还林作为生态环境建设工程的重中之重来抓，全力保护好该市的青山秀水，"确保一库清水北送"。

通过实施退耕还林工程，丹江口市林业用地面积增加到现在的317.1万亩，累计封山育林241万亩，森林覆盖率由34.2%上升到50.5%。以丹江口库区两岸、汉十公路、丹土公路、丹郧公路两旁为主的森林植被得到了恢复和保护，生态环境得到较大改善，水土流失得到了缓解。

退耕还林工程建设增强了全社会生态意识，生态旅游业异军突起，全市目前已形成了丹江口国家级森林公园、银梦湖度假村、白杨坪金蟾峡景区、太极峡风景区、静乐宫景区等生态旅游景区，年旅游收入近3亿元。社会效益明显。退耕还林工程已是社会各界广泛关注的生态工程，工程的深入实施使全市畜牧业、林产品加工业、旅游业和林果业等产业步入了发展的快车道。

随着退耕还林工程的逐渐推进，大批坡耕地得以还林，全市外出打工者由2001年的2万人增加到目前的5.8万多人，农村大量剩余劳动力从事第三产业或外出打工来增加家庭收入。通过退耕还林工程实施使社会各界造林绿化的积极性空前高涨，大批社会团体及社会各界人士承包荒山、荒地造林，推动了由单纯林业部门办林业向全社会办林业转变，形成了全社会造林绿化的热潮。

丹江口市凉水河镇玉皇顶村退耕还林高效经济林中种植的柑橘树长势喜人

录音报道：
湖北探索绿色循环模式
保护"两盆"清水

主持人： "绿色中国行动"今天走进湖北。从 2000 年开始这里实行退耕还林政策，目前湖北的人均森林面积是 124.7 平方米。这里因为拥有"两大盆水"而举世瞩目，一个是三峡库区，一个是丹江口库区。如何保住这"两盆"清水，如何为库区筑起生态屏障？请听报道组从湖北发来的报道。

【出山涧中溪水声……压混】

记者： 秭归县中坝子村，山坡上的茶树绿得让人眩晕。这里是三峡库区的库首，雨季到来，涓涓细流经过秦巴山谷流入长江三峡。村民游大明说：

游大明： 现在种茶叶以后，水土就没流失。那个白花花的瀑布再看不出原来的浑水了。

中坝子村茶树间种了高大乔木，秭归县林业局退耕办主任马德举告诉记者，这是林业科技的最新成果，可让水土流失更少。

马德举： 乔木它的树冠会截流那个雨量。这样这个雨水不会直接打到这个土壤上面。对对对！灌木它的根系保土、固土。上下全覆盖。

目前，中国林业科学研究院已在三峡库区因地制宜推广了 40 多种退耕还林种植新模式。副研究员黄志霖透露，经过 10 年的连续跟踪观测，新模式对三峡库区生态改善作用十分显著。

黄志霖： 退耕还林之后，现在土壤流失林地只是相当于原来的四十分之一；养分流失也是大幅度地减少，就是我们说的氮或磷进入水减少了很多。这样的话实际上是保护了我们三峡水库的水质。

在距离秭归县 400 多公里的丹江口水库，是湖北的另"一大盆水"，同时也是南水北调中线工程水源地。在这里实施退耕还林，湖北人更为精打细算。通过绿色循环模式巩固现有成果。

【出走进果园录音……压混】在丹江口库区果农李海虎退耕还林后探索的果园，绿色循环的模式就是树下种草、草中养鸡、鸡粪育肥、牧草饲畜，一地三收，让李海虎的腰包鼓起来。

南水北调集水区的生态屏障

记者： 你们在树丛里面种草?

李海虎： 是的，种草是用来养鸡，我们现在是有机肥、农家肥，另外一个杀虫，尽可能减少化学农药的使用。

展望未来，据统计，在湖北两大库区尚有近 500 万亩坡耕地急需退耕还林，相当于一个神农架。启动新一轮退耕还林，如何啃下这块硬骨头，让农民退得出、稳得住? 黄志霖研究员认为，采取新的退耕还林种植模式不容忽视。

黄志霖： 最大的问题就是很多的退耕还林工程实施以后，我们如何能有效地维护、维持它的效果是很困难的。这里面很大的一点是我们退耕还林的树种的选择啊、在哪个地方或者在什么地方铺种啊，或者工程款啊、它的额度啊、它的规模啊，这个啊还是得跟当地居民的实际需要结合起来。

录音报道：
长江碧波向东入海
汉江清水向北进京

主持人："绿色中国行动"今天走进湖北。湖北，又称"千湖之省"，长江及其最大支流汉江润泽荆楚大地。从 2000 年开始湖北实行退耕还林政策，目前这里的人均森林面积是 124.7 平方米。

主持人：目前，开工建设 20 年的三峡工程将迎来整体竣工验收。今年年底，汉江水将以湖北丹江口为起点，沿南水北调中线向北京、河北等送水。退耕还林在长江三峡和南水北调两项世纪工程中发挥着怎样的作用？请听报道组从湖北发来的报道。

湖北省秭归县长岭村，距离三峡大坝的直线距离不到 10 公里。从长岭村翻过一座山岭，就能看到滚滚长江。为了确保"高峡平湖"的一池清水，当地连续多年实施退耕还林，付鲜玉一家原来在山区坡地上种粮食，现在已经变成了漫坡的茶树，白墙、黑瓦的房屋则掩映在绿油油、阶梯状的茶树林间。

玉皇顶村退耕还林的柑橘林距离丹江口水库的直线距离不到一公里，林场场长李海虎向记者介绍水土保持，减少化肥、农药污染水质的情况

全国人大代表辛喜玉曾把一瓶丹江口的清水带到全国"两会"上，现在她在距离水库四公里的地方，承包荒山种植核桃树

付鲜玉： 种茶叶的收益还是要比种粮食多一点。茶叶根基本上还是有一尺多。只要是成林之后的土地，土地都不会流失。

秭归县中坝子村村民尤大明告诉记者，退耕还林前，山沟里蓄的水是黄色的，下雨时顺带下红色土壤，水甚至能变成红褐色。由于他家的房子就在半山腰，以前最怕的就是下大雨和泥石流。

尤大明： 像过去的话，那个山上下暴雨，那个沟水，两个沟全部是红色的，像现在再下暴雨，再看那个水，就不是了。那个白花花的瀑布，再看不出原来的浑水了。

科学的监测数据，也验证了三峡库区农民的切身感受。2005 年，中国林业科学研究院在秭归建立森林生态定点研究站，副研究员黄志霖介绍，根据观测点的数据，退耕还林后水土流失量大为降低。也就是说在这里，水土流失，不是一般的控制，而是得到了根本性的控制。

茶园、板栗林地或者柑橘园，原来是坡耕地，现在它的土壤流失只相当于它的十分之一。林地只是相当于原来的四十分之一。养分流失也是大幅度地减少。

更大的层面，水土流失的程度，直接关系着三峡库区的整体泥沙问题。国务院三峡工程建设委员会枢纽工程检查组组长、中国工程院院士陈厚群表示，由于水土保持，三峡库区的入库的泥沙量好于预期。

陈厚群： 现在三峡入库的泥沙不到我们预期的一半，大概是每年只有 2 亿吨，之前预计的是每年 5 亿吨。由于水土保持起了作用，上游修了很多水库帮助拦沙起了作用，所以泥沙问题缓解了很多。泥沙问题比预期要好，是肯定的。

主持人： 三峡工程完工蓄水前，拦截汉江形成的丹江口水库曾是亚洲第一大人工淡水湖。今年年底前，湖北丹江口水库的汉江水将一路北上，沿途向河南、河北、北京等省市供水。退耕还林又如何保住这一盆清水？我们接着来听记者的报道。

在湖北丹江口，水是一个绕不开的话题。10万人为了南水北调从库区迁出，路边随处可见"一库清水送北方"的标语。目前，丹江口水库的库容量达到309亿立方米，相当于为每个中国人储存了23立方米的饮用水。那么，如何保证库水长清呢？

玉皇顶村，距离丹江口水库的直线距离不到一公里。记者来到岸边退耕形成的柑橘林地，林地中正在铺设黑色的滴灌管网，节水的同时，减少地面径流。林场场长李海虎表示，他们还在柑橘树下主动种草，防止水土流失，并尽量减少对水库的污染。

记者：您这个园子里面这么多杂草？

李海虎：这个不是杂草，这是我们自己专门种的。

记者：你们在树丛里面种草？

李海虎：是的，种草是用来养鸡，再一个是减少土壤的流失。

记者：你们的化肥、农药怎么使用？

李海虎：我们现在是有机肥、农家肥，杀虫这一块主要是用太阳能杀虫灯，还有黄板粘除，这样就控制了病虫害的发生，尽可能减少化学农药的使用，保证了我们的水质不受到污染。

同样是丹江口库区的一位农民，全国人大代表辛喜玉曾经把一瓶丹江口水库的清水带到全国"两会"上，送给当时的国务院副总理李克强，并请大家放心南水北调中线的水质。现在辛喜玉距离水库四公里的地方承包荒山，种植核桃，在山头上，抬眼就能望见水库。

辛喜玉：不种树的情况下就冲走了，现在不冲了。现在水土保持这块很好。

记者：您平时喝水、用水都用丹江口的水吗？

辛喜玉：就是丹江口的水，特别的甜。洗洗脸，直接就可以喝，水特别地清。所以我给总理送上清清一瓶水，让总理放心，让党中央、国务院放心，京津人民放心。

目前，丹江口水库的水质，可以供人直接饮用。国内某知名饮用水品牌甚至就在大坝下直接建厂生产。在水库的码头上，水质清澈地甚至可以看清到水面下的螺旋桨。丹江口市林业局局长张庆涛表示，从2001年开始，丹江口市完成退耕还林42万亩，退耕还林在保持丹江口水库水质的综合措施中，具有基础性作用。同时如果启动新一轮的退耕还林，库区周边仍然是重点。

张庆涛：过去我们境内的几大河流水土流失非常严重，现在河水明显变清，水土流失得到了缓解。国家现在在丹江口实施在线监测水质，选了很多点，都在交界的位置，我们现在的水质是二类水，但是要求所有的主河道、断面都达到二类水质，这个要求是非常高的。

记者访谈：
夜话十堰市的
四个问题四个变化

　　自2000年至今，湖北省完成退耕还林1931万亩，其中，坡耕地497万亩。国家累计投资155亿元。工程涉及全省95个县（市、区）171万农户657万农民，农民人均在这项工程中直接收益2360元。全省6200万人，每人每年享受生态效益900元。生态修复面积相当于再造了一个神农架。蓄水量相当于湖北省武汉市的20个东湖的面积。

　　应"绿色中国行动"采访组之请，湖北省十堰市人大常委会副主任周有顺、湖北省退耕还林办公室副主任付鹏、国家林业局退耕还林办公室信息处处长刘青接受了记者的专访。

　　受访人：周有顺　十堰市人大常委会副主任
　　关键词：解放了男人　漂亮了女人　保护了环境　美化了生态

　　记者：您任职县长的时候，遇上了退耕还林，当时对这项工程有疑惑吗？
　　周有顺：有疑惑。1999年国家推行退耕还林工程，我们十堰市的启动现场会安排在郧县，当时我正在郧县当县长。对于中央为什么推行这项工程，我们确实不太清楚，心里有疑惑、有疑虑。全国没有经验，郧县也没有经验。

　　记者：县长有疑惑，那老百姓的心里更没有底吧？
　　周有顺：是呀。疑惑集中在四个方面：一是退出20万亩山坡地种树，生活来源从哪来？二是怎么退，退出地后种什么树？三是国家政策规定，80%搞公益林，20%搞经济林，老百姓想不通。四是国家给的粮和钱太少，平均每年补助200块钱，老百姓不愿意退。

　　记者：老百姓接受不了怎么办？
　　周有顺：没办法，只好在国家补助200元的基础上，十堰市从本地财政收入中给每亩地补贴100元。保证退耕还林一亩地一年得300元的补助。为什么说农民最实际？因为种粮有种子、化肥、农药、人工的投入，一亩地的成本都在500～600元，每亩地的利润也就100元。补助款比种粮得实惠，于是，老百姓被动接受了。

生活在雨雾缭绕的青山绿水间的农民靠山吃山靠水吃水

记者：请简单概括退耕还林给十堰市带来的变化？

周有顺：四句话，解放了男人，漂亮了女人，保护了环境，美化了生态。男人解放了，不砍柴了。过去的男人，凌晨4点出门砍柴，晚上归来。现在烧煤、烧电、烧气，男人外出打工挣钱去了。漂亮了女人，是说女人过去烧柴、烧草做饭，做一顿饭脸上头上身上都是灰。通过短短十几年的退耕还林工程，老百姓的生产、生活环境应该说发生了翻天覆地的变化。天更蓝了，水更清了，植被更好了，过去那种山上秃子坡，黄土遍地流的现象基本消失了。

记者：十堰市退耕还林的落实情况做过评估吗？

周本顺：做过。就在今年的4月份，十堰市人大常委会做出决定，对14年来的第一轮退耕还林成果进行调查、视察和执法检查。人员由全国、省、市、乡四级人大代表组成。在半个月的时间，我们调查了4个县的17个乡镇25个村，调查了近30个点。听了汇报，看了现场。尽管地方政府提供了地点，但是我们还是通过随意抽查的方式进行了调查。应该看到了比较真实的情况。

记者：可以举例说说退耕还林给本地带来的好处吗？

周有顺：事实上，这是一个国家拿钱买生态，老百姓得实惠的工程。十年前的情况是十年九旱，区域的降水量不足700毫米，现在的降水量在920毫米左右。本地基本上没有发生过百天以上的旱灾了。退耕还林这十多年，生态环境发生了根本性的好转；农村劳动力大量转移，外出打工挣钱；调整土地结构，吸引了城市资本向农村转移开发绿色产业。例如，房县有50万人，1999年以前森林覆盖率是38%，现在的森林覆盖率达到78%。房县的退耕还林以生态林为主，生态林的社会效益好。我们看了三个点，三个点都是个体老板投资300万元以上建设的生态林基地，其中一个点在3000亩以上，大树都长到了30米到40米高了。太好了。

在新栽植的树丛中铺设水泥小路提高管护能力

记者： 我们采访了一路，感到做到因地制宜真不容易。您的感受呢？

周有顺： 同意你的说法，真不容易。比如，我们有个周期县？这个县的特点是适宜种植茶叶，但是按照当时的政策，只允许 20% 的林地搞经济林。2003 年和 2004 年，县委书记明平安根据本地的实际情况做了调整，他坚持以经济林为主，以生态林为辅，因此受到国家林业局的通报批评，并在全省做检讨。但是，当时的情况是，茶园已经种植成型了，总不能毁了吧？县委书记顶着压力，想出了茶园地套木瓜的办法。人均退耕还林收益突破了 3000 块钱，从那个年代看他错了，现在回头看他搞对了，老百姓得到实惠了。现在，包括周期在内的房县、郧县都是国家林业局、湖北省表彰的退耕还林的先进单位。

记者： 退耕还林的成本有多高？

周有顺： 非常高。退耕还林 100 万亩，国家投资 40 亿元，相当于在十堰地区修了 3 个库容 1 亿立方米的大水库。

记者： 说完了亮点，总结一下问题、经验、教训？

周有顺： 需要总结的三个问题。一是林业经济加工转化开发滞后，老百姓从林业经济中收益的不多。十堰市的林地面积占到 83% 左右。以 2013 年为例，全市的 GDP 是 1050 亿，林业产值占 60 个亿。但是，由于不能采伐，经济效益很低，社会效益很高。二是退耕还林工程起步早，刹车急。1999 年启动这项工程时，准备苗木的时间太短，不得不在外地调运大批量的苗木。结果调来的苗木有的干死了，有的苗木到了本地不适应。再加上缺少经验，管理措施跟不上，部分村的村干部，乡镇干部开始虚报冒名弄虚作假，实际搞了 1000 亩，上报搞了 3000 亩，套取国家资金。针对这种情况，我们及时进行打击，抓了一批人。三是国家投入的是巨资，但是基层还是感到投资量过小，补助太少，老百姓认为划不来。

在有山有水的地方建花圃也是致富的好办法

记者： 破解这些问题的难度的确很大。

周有顺： 确实如此。国家要生态，老百姓要吃饭，地方政府的后顾之忧问题怎么解决？国家关注的是老百姓长期收益的问题，第一轮退耕还林的成果非常明显，市、县、乡、村四级党委政府要求继续退耕还林，不管国家第二轮启动后给多少钱，但是我们还是要争取，把还没有退耕的上百万亩坡地纳入到第二轮退耕还林当中，作为南水北调的核心区域，国家给钱我们更应该做好地方配套，国家不给钱我们也应该搞，因为这是生态发展的需要，是结构调整的需要，是转型的需要，何况我们是水源区，更应该把第二轮工程组织好和实施好。

记者： 您认为，第一轮与第二轮的退耕工作方式会有不同吗？

周有顺： 不一样。第二轮跟第一轮不一样，第一轮是由上而下推动，是被动的。第二轮是自下而上主动要求做。比如在定县，我们做了一项调查，现在99%的群众表示要搞。

受访人： 付鹏　湖北省林业局退耕还林办公室副主任
关键词： 任务重　呼声高　劳动力不足

记者： 从主管部门的角度，如何看待第一轮退耕还林工程的不足？

付鹏： 从全局的角度看，存在一些不足的问题。一是尽管我们实施了497万亩，但是根据我们摸底看来，目前湖北省仍然还有820亩急需退耕的坡耕地。可以说退耕还林任务依然很重，老百姓强烈要求实施退耕还林的呼声很高。通过退耕还林工程的实施，至少有100万劳动力实现了转移，留守在家里的劳动力不足以从事农田林地的劳作。二是即使有少量的农村劳动力留在家园耕作农田，生态环境好了，鸟多了，野猪多了，农民辛辛苦苦耕作的收获被野生动物收获了，在这种情况下，农民更愿意把既有的土地退耕还林搞经济林，如果交给公司有稳定的收益，不用自己投入就有收获。这对农民的吸引力很大。

记者：您的困惑是什么？

付鹏：一是农民对新一轮退耕还林的期望值很高，县、市、省都翘首以盼新的退耕还林政策。二是退耕还林工作经费严重短缺，特别是县一级没有专项工作经费，强制规定县财政配套，我们实施退耕还林的县大多是贫困县和穷县，问题是财政拿不出配套资金。我们了解到，林业干部欠发工资，甚至挪用工资用于经费，勘察、设计、检查、验收等等，这些工作都需要费用。

记者：你的建议？

付鹏：第一，请国家林业局尽快启动新一轮退耕还林工程。鉴于湖北省地理位置的特殊性，给予政策倾斜，因为三峡工程、南水北调中线工程的重要水源地在湖北。第二，建议将丹江口库区饮水面15度以上的坡耕地纳入到规划中，确保丹江口库区水源的清洁度。第三，确保新一轮退耕还林项目经费，确保提前工作有效、有序、稳步推进。

受访人：刘青　国家林业局信息宣传处处长
关键词：自豪　羡慕　嫉妒

记者：刘处长，听了三位地方官员的介绍，您有何感受？

刘青：一是自豪。我们"林业人"身上肩负的责任没有白费。退耕还林15年，各级党委、政府都非常重视，特别是省、市、县，特别是林业工作者付出了艰辛和

在山丘地上拓出梯田耕耘出能够种植出粮食的耕地亦非易事

努力。二是羡慕。各地都发生了巨大的变化，老百姓住小楼房宽敞明亮，吃的喝的都是绿色的，真的是羡慕，太羡慕了。说实话，老百姓的生活跟城里没有明显的区别了，甚至比城市更好。三是忌妒。过去咱们说了，农民在深山里刀耕火种，接触不到社会，现在他们通过退耕还林走出了深山，富余的劳动力到城市打工。他们通过听广播，看电视，提高了对社会的认知，关心国家大事，了解国家政策，提高了觉悟。而且拉进了农民和党的干部的距离。他们对国家退耕还林政策讲得头头是道，有了自己前进的方向，他们的幸福指数要比城里人高。

记者： 如果城里人到了这里的农村，心中的优越感会不会打折扣？

刘青： 肯定会打折扣。我走街串巷时，看到了孩子们、农民们的穿着，原来城里人有优越感，总说我比乡下人怎么怎么样强，现在不一样了，农村的不少人家都有了小洋楼、小轿车，现代化的灶具、电视、空调、风扇等都备齐了，最关键的问题是，居住环境好、空气好、水质好、食物好。退耕还林给大家带来的收获真是想不到。退耕还林工程走出了第一步，作为林业人，我们期待着继续做好这项工作。

记者手记：
竹溪有个"植物人"

凌晨

从十堰市到竹溪县的距离是 232 公里，绵绵阴雨和时断时续的修路，让我们的采访车行驶了 5 个小时，有效的采访时间，一半耗在路途上。时间紧，任务重，到达目的地后，我拜托宣传部长彭燕围绕本地的生态问题梳理一下有价值的信息。担任过林场场长的彭燕性格爽朗，做事认真踏实，当日深夜，我的邮箱收到了一封标准的人物材料。

故事梗概： 电视台台长甘启良，在搭上"知天命"的年轮时动了一次大手术。痊愈后他做出了两个决定，辞去台长职务，进山采集植物标本。熟人在私底下确信，老甘得了不轻的病。家里人谨小慎微细细观察。对付执拗的人的办法就是顺着他，老甘的亲人一顺十年，老伴成了老甘的铁杆，老甘成了植物界里的名人。

读完老甘的故事，我的心里浮现出两个字——潜能。一个人的潜能究竟有多大？

早饭间，我提议调整原定计划，由副组长杜震和湖北记者站副站长张毛清带两个组外出采访，留两人在住处写稿，我同彭燕去拜访老甘。老甘家住县城广电家属院，老房里的墙角、墙边码放着一个个纸箱子，堆放着一摞摞褪了色的报纸，报纸的夹心是白纸，白纸上粘着干制的植物叶、根、须。老甘面相敦厚，行动有些迟缓，说话慢慢悠悠，粗而花白的头发，浓密的眉毛透出老甘性格坚毅的一面，国字脸上透着朴实。

老甘是新闻前辈，遇见中央台的人便忆起了给中央台投稿的那些年。我提出看看他的成果，老甘走进书房，搬出了两大本比《辞海》还要厚的著作。一本是 2005 年出版的《全国首部县级植物志＜竹溪植物志＞》，书中收录了 2216 种植物。一本是 2011 年出版的《竹溪植物志（补编）》，这本书中的植物总数由前一本的 2216 种增加到 3293 种。

记者： 隔行如隔山，采集、甄别、分类、制作植物标本是一件挺难的事吧？

甘启良： 不容易，我熟悉大山，山有多高，路有多远都不是事，最大的困难是，我的专业是新闻学，没有学过植物学，不具备基础知识，不懂得植物分类，最关键的是缺资金。

老甘真不简单。彭燕介绍，位于鄂渝边界有一条长 18 里的峡谷，植物学家称这里是"绿色植物基因库"，海拔 2000 米以上的山峰 49 座，最高的峰葱坪海拔 2740 米，终年云雾缭绕，人迹罕至。老甘的艰苦付出，换回了 10 多本植物普查笔记，2 万多幅植物照片，采集制作了 1 万多个植物标本。

跋山涉水的第六年，老甘发现了一个陌生的植物品种，对比既有资料找不到踪迹，于是向昆明、北京、武汉等地的植物科研院所求助。结果，反馈的信息让老甘出现了高血压的症状，原来这个陌生的品种竟然是植物界一直早已认为绝迹了的陕西羽叶报春。植物学专家兴奋，业余爱好者老甘更兴奋，这一成果给付出多年艰辛的老甘注入了动力。

据资料记载，距离 1907 年英国植物学家威尔逊在中国湖北英山发现第一株小勾儿茶植物。直到 2001 年，武汉植物园江明喜教授才在五峰县厚河发现了第二株，第二年江明喜和老甘在长峡发现了第三株，继而追踪到了 40 多株小勾儿茶。十年间，老甘发现了 10 个疑似新品种，140 种植物成为湖北新记录品种，53 种国家级珍稀濒危植物，21 种国家珍贵树种。有所得有所获，在植物界名不见经传的老甘引起了植物界国际人士的关注，2009 年，国际天南星科学会秘书长马克先生邀请甘启良先生出席在法国召开的第十一届国际天南星科学术研讨会议。参会者中，老甘是唯一一个无职称、非专业的人员。

好运接踵而至。2011 年，老甘发现并命名的一个植物新种，在中国科学院植物研究所国际性刊物《植物分类学报》上发表。2014 年元月，他发现并命名的又一新种竹溪繁缕，在欧洲国际权威杂志《芬兰植物学报》发表，随后收到欧洲、美国两个国际性权威刊物的约稿函。

听着老甘朴素的叙述，我没有忘记此行肩负的任务，竹溪县于 2002 年启动

竹溪县甘启良先生接受
记者凌晨专访

退耕还林工程，这一年也是老甘采集标本的第一年。老甘是竹溪县退耕还林工程见证者。

记者： 竹溪县的植被在退耕还林前后的变化大吗？

甘启良： 变化大，退耕还林之前，大多数中、低山都是耕地，庄稼收割后山上光秃秃的，现在基本上都恢复到了森林的状态。冒烟的工厂不见了。

竹溪县位于鄂、渝、陕三省市交界的秦巴山区，是距离十堰市和省府武汉最远的县，县域总面积 3310 平方公里，人口不足 40 万。远离喧嚣的城市换回的是舒适和安静，退耕还林让这里成为难得的一方近乎田园的理想之地，森林覆盖率76.8%，植被覆盖率 83.9%，197 条流经县域的河流，水质均达到国家二类标准，城区空气环境质量优于国家二级标准的天数达到 320 天以上。与全国大部分地方一样，竹溪的田园生活是付出了代价换取的。

记者： 历史上，竹溪的森林遭到过破坏吗？

甘启良： 遭到过破坏。20 世纪 80 年代，竹溪县是重点木材采伐县。庆幸的是，老百姓视古树为风水树，在老百姓的智慧斡旋下，保留下来了为数不多的大树，大树见证了那个不幸的时代。但是真正的原始森林没有几片了。

说竹溪的退耕还林，不能不说竹溪茶业。竹溪人，不，应该说湖北人，忘不了受到全国"通报批评"的那件事情。结束在竹溪县的采访返回到十堰市，现任人大副主任周有顺给记者介绍了事情的经过，2000 年，国家给竹溪县下达了 6 万亩退耕还林任务，竹溪县面临又一次抉择：砍茶树？种生态树？按照政策规定，各地退耕还林中的生态林与经济林的比例是 8 比 2。将政府倚重、百姓依赖的茶树砍伐了，力保一个对当地而言没有实际意义的比例数据，双方似乎都难以接受。怎么办？聪明的竹溪人进行了真实的对比试验，让数据说话。难能可贵的是，竹溪县委书记和班子成员的意见一致，大家不惜甘冒风险保茶业。竹溪县因此受到全国通报批评。

今天，站在现实的角度重新去解读似乎已经没有了现实意义的过去，参与其中的当事人或者旁观者是否认识到一个现实：无论是今天被现实证明是正确的"退耕还林"，还是后来被质疑的"砍伐树木换取良田"的政策，均是摸着石头过河的产物。给竹溪县一个全国通报批评的处分后，主政林业部门的领导的心里一定也不踏实。2004 年 3 月，国家林业局专程赶赴竹溪县实地考察，5000 多亩绿油油的茶树证明了竹溪县人的选择无疑是正确的。生态林、经济林，政府与农民均是获益者。

竹溪县"抗旨"的结果是，13 年间完成退耕还林工程造林 31.76 万亩，水土流失面积由 1999 年的 257 万亩降低至 225 万亩。茶业基地的规模突破 25 万亩，茶叶产量达到 1000 万斤，产业综合收入超 6 亿元。依托龙王垭和梅子垭两个集团公司，兴建起了 57 个专业示范村，组建了 30 多个专业合作社。其中，龙王垭集团公司所拥有的 6 万亩茶叶地中，尝试将 4000 亩茶叶地历经繁琐的程序获得欧盟认证，顺利走入国际市场。总经理郭承君接受记者采访时说，欧盟每年都会派员检测竹溪县的空气、植被、生物指数，与上一期的情况对比分析，这一针对茶叶质量而做出的程序性检查工作，从另外一个层面检测了竹溪县整体的生态状况稳定。竹溪县的各级官员在心里掂量着"因地制宜"四个字的分量,而在现实中,能够做到"因地制宜"实属不易,往往需要付出沉重的代价。

郭承君将他的企业发展、工人和茶农的理念更新同样走过了一个艰难的历程。县委书记、县长、林业人和老甘都不容易,都是竹溪县的功臣。竹溪县被誉为兼容东、西部的"动植物基因库"和南、北部植物及生态的"综合百科书"。老甘的付出和取得的成果让外界了解了竹溪县的生态状况,给决策部门和国内外的植物研究组织提供了样本。说起吃过的苦老甘轻描淡写。的确,吃苦是任何成功人士的必备过程,饿其体肤,劳其筋骨,天降大任于斯人也。苦中有乐说的就是像老甘这样的人。彭燕讲了老甘的一个故事,那是 2012 年 8 月,老甘攀登竹溪最高的峰葱坪,陪同的几位年轻人半路退出,老甘和向导继续攀登。在海拔 2000 米左右的枪刀崖,老甘脚下一滑倒地滑出四五米被一块崖石挡住,膝盖和手臂摔得血肉模糊,有惊无险,休整后继续攀登。当天深夜老甘和向导以地当床,夜宿山林,在毛毛细雨中度过了一夜,天亮之后继续攀爬,直至完成采集标本。

在老伴李盛兰的心里,她最清楚老甘的艰辛,她的心里最放不下的就是老甘的安全,她说老甘每次从山里回来,身上都是伤,两条腿上留下了 30 多个旱蚂蟥叮咬的疤痕。老两口在山林中行走,看见还冒着热气的熊的粪便时,李盛兰仿佛感觉到熊正盯着她们,而老甘则大声说话,老甘有经验,大声说话是防御包括熊在内的动物的最有效办法。心疼但又拉不回倔强的老伴,她只好妥协,放弃经营了十几年的副食经销店,甘当老甘的跟班。如今全家"总动员",业余时间都在给老甘无偿打工,女儿当起了打字员,儿媳填写植物卡片,儿子负责搬运标本。在不惑之年,老甘给家里带来了另外一种幸福。

记者: 2002 年之前,竹溪县已知和记载的植物总数是多少?

甘启良: 900 多种。

记者: 现在有多少种?

甘启良: 3410 种。

彭燕总结说,在海拔 2000 多米的高山上、在幽深陡峭的峡谷中,在赤日炎炎的酷暑下,这位背着包的老人,在竹溪的山水之间行走。随着生态资源的丰富,上级给竹溪县下达了采集 600 种药用植物标本,完成重点药材采集 100 种的任务。接到任务后,县里把这个任务交给了老甘。2014 年元月老甘给竹溪县上交了 1404种国家中药材标本。在第三次中药资源普查到 494 种的基础上增加了 900 多种,其中,重点药材样品 148 种,药材种质资源 140 种,受到了国家和省中药材资源普查办公室领导及专家们的好评。

老甘是个知道感恩的人。他铭记着在拜师求教中给过他无私帮助的专家学者,如同他铭记在心的植物标本,他说,中国科学院(以下简称中科院)院士吴征镒、王文彩,中科院植物研究所研究员李振宇、梁松筠,中科院武汉植物园研究员郑重、李建强、江明喜,中科院昆明植物研究所研究员李锡文、李恒,中科院华南植物研究所研究员胡启明、杨亲二,是他忘不了的良师益友。

看得出，也感受得到，老甘的心里淡化不了的是绿色。在结束采访的很长一段时间里，我给我的家里人和朋友讲了老甘的故事，听完了故事，我们都在探讨一个问题：绝大多数辛苦了一辈子的职业人，梦想有所建树难上加难，终了也就是个普普通通的职业人。而半路出家的老甘却不同，仅仅走过了十余年的光阴，由新闻人成功转身为植物界认可的人，实属不易！幸哉幸哉！

记者：还要接着做下去？

甘启良：继续做。

记者：给自己设定目标了吗？

甘启良：大概在3500种左右。

老甘设定的新目标对自己无疑是又一个挑战，因为采集标本的难度将越来越大。老甘告诉我，以前进一趟山能找到好几种新植物品种，现在能找到一种都谢天谢地了。

一个人的潜能究竟有多大？我想，唯有试过了才会有答案！

结束采访后，记者与甘老家人和彭燕合影留念

录音报道：
补上绿色"补丁"难在哪

主持人："绿色中国行动"第二采访组结束在安徽、江西、湖北省的采访，转入中原腹地的粮食主产地河南省采访。从一望无际的平地进入山地丘陵，站在新安县的高处，放眼望去，郁郁葱葱，青山绿水，风景这边独好。当地林业管理部门自豪地介绍说，这就是国家实施第一轮退耕还林取得的重大成果。

但是，当采访车在蜿蜒曲折的山林间盘旋，进入林地的腹地时，裸露着的一块块土地，如同大大小小的破补丁，镶嵌在绿色的山地丘陵上。当地林业局的官员告诉记者，类似这样的补丁，洛阳市新安县有8万亩，渑池县有1.8万亩，济源市有5万亩。在郁郁葱葱的山地丘陵上为什么会有这么多的补丁？这些补丁好补吗？

记者：河南省新安县林业局局长邓朝晖解释说，第一个原因是，千百年的习惯使农民愿意留些口粮田。

邓朝晖：如果说你叫他退一部分，退完了以后他总得留点口粮田，自己种粮食，自给自足，拿钱去买粮食这件事，老百姓是极其不愿意干的。

记者：邓朝晖分析退耕还林"补丁"存在的第二个原因是，年轻人外出打工，

记者俞天颖、任磊萍、凌晨在河南省农村采访

家里只剩下老人和孩子了，劳动力不足无法支撑退耕还林。同时，当地人均耕地不足一亩，一亩地又分八块的情况，使得零散土地难以流转。

邓朝晖：有些土地都流转不了。有些大户流转土地人家是看天时地利人和，有水的地方人家流转，然后交通方便的地方人家流转，你要在那深山区交通不方便的地方人家肯定不流转。

主持人："绿色中国行动"采访组的记者在接下去的采访中发现，补丁现象不仅仅在新安县存在。当采访车通过蜿蜒曲折的山间小路缓缓驶入济源市的大峪镇堂岭村的山顶上时，小浪底水库同样尽收眼底。山上大大小小的补丁也不少。

记者：河南省退耕中心副主任李向东说："我们这里看水面就看得非常清楚，如果遇到水土流失，它的泥沙肯定会带进去。肯定会影响小浪底工程。"

记者：洛阳地区有100多万亩这样的"补丁"。整个河南省重要水源地周边的荒山荒地、严重沙化土地则有230万亩，大致相当于1.5个香港的陆地面积。

主持人：小浪底库区地处黄河中游，起着蓄清排浊、承上启下的巨大作用。在这样重要的生态屏障区域，消除退耕还林的"补丁"容易吗？多方给出的答案是否定的。

记者：洛阳市林业局退耕办主任原小秋表示，退耕还林从山脚到山顶，遵循先易后难的原则。在经过了第一轮退耕还林后，目前的多重因素都不利于拿下退耕还林的"补丁"的攻坚战。

原小秋：首先是现在这个坡度，造林成本已经比较高了，再就是当地农民对退耕造林积极性不高，前景、补偿不是特别看好，因为标准比较低，只有90块钱，与高效农业相比起来标准偏低。现在没有新的政策下来之前，农民对这个退耕的积极性不是特别高。

记者：河南省退耕中心副主任李向东认为，全面退耕还林，消除"补丁"，已经不是林业部门一家"单枪匹马"能够完成的任务，需要顶层设计和多部门协作实施。

李向东：这是一个非常复杂的社会问题。因为在农村的话，农民要生存，国家要生态，农业上要粮食的收成，国土部门他要控制他的总体的国土的属性。

记者：李向东同时表示，如果不彻底消除这些"补丁"，不仅会影响到新一轮退耕还林的成效，对于原有退耕成果也会造成一种威胁。"特别是国家我们现在第一期补助到期以后，他不再退了以后，就会退林还耕，田间耕作造成的水土流失。对整个第一期的退耕还林成果，对整个环境应该是一个负面的作用。"

主持人：新一轮退耕还林启动在即，面对消除原有"补丁"这项不得不做，又难上加难的问题，各地除了期盼国家新的退耕还林政策扶持之外，民间和地方政府并没有采取等、靠、要的方式，而是在积极探索解决之道、应对之法。例如，新安县北冶镇关址村招商引资培育的"丰华玫瑰园"，位于"愚公故里，济水之源"的济源市，于2013年获得了"国家森林城市"的称号，并在本地形成了坡头镇的核桃、韩彦村的山楂、竹园村的石榴、克井镇的冬凌草套种等种植基地的雏形。

裸露的土地随着雨水的冲刷向山脚下流淌堆积形成新的水土流失

国务院参事室研究员姚景源点评：济源、新安、渑池这三个县市退耕还林生态建设方面有重大成就，但是他们还有 8 万亩之多的补丁，这 8 万多亩补丁说明什么呢？它说明我们退耕还林的工作还有潜力，补好这 8 万亩补丁我想要做到三点：第一既要加大政策扶持力度，又要引导社会资金进入；第二就是要研究用更多经济林来修补丁，修补丁和致富民众紧密结合；第三，我觉得我们还是要完善种植、养护、生产、加工、销售这一条产业链。

录音报道：
新安县的三问与三变

主持人："绿色中国行动"今天走进河南，请听《新安县的"三问"与"三变"》。

记者：十年前的污染环境让新安人记忆犹新。新安县林业局副局长陈伟东说：

陈伟东：特别是秋冬季，刮着污染物基本到县城了。

记者：如何在工业 GDP 与生存环境之间做出选择和平衡呢？新安县的第一着棋是工业反哺林业。据林业部门的检测，新安县退耕还林的 40 万亩林地，每年可吸收二氧化碳 887 万吨，相当于减少了 592 万吨标准煤排放的二氧化碳量。释放出的氧气达 648 万吨。

陈伟东：从 2004 年到现在，县财政每年的投资没有低于 1000 万元。

记者：小浪底水库的 60% 位于新安县境内。如何保护小浪底水库的使用寿命呢？实践证明，通过生态保护是最有效的办法。退耕还林以前，库区森林覆盖率低，水土流失严重。北冶镇元门村村民郭根尚指着库区的一条沟向记者描述。

郭根尚：你看那沟里面，每年泥沙上升很明显，可以达到半人高，每年能升这么多。

记者：包括退耕还林在内的生态恢复体系，让新安县的森林覆盖率和林木蓄积量翻了一番，由此减少水土流失 1000 多万吨。换取生态环境的代价之大出乎人们的想象。如何破解生态发展与农民增收的瓶颈呢？新安县通过包括土地流转在内的多种符合本地实际的办法增加农民收入，获益的农民日渐增多。乌头镇大洼村村民郭联宗说：

郭联宗：我们村现在百分之七八十都有车，盖的房子都有车库。

记者：新安县副县长张春全就生态与工业、水库保护、农民增收三者之间的关系，向记者阐述了新安县的观点。

张春全：三者之间是一个有机统一的关系，是合二为一的关系，是谁也离不开谁的关系。

录音报道：
骑虎难下的造林大户

主持人： 记者在河南采访了解到，退耕还林工程在当地受到普遍欢迎，不仅农户积极参与，还有很多造林大户投身其中。造林大户相比普通农户，能更快速的实施造林、有效的恢复生态。但是，记者进一步调查发现，当地这些造林大户，目前正遭遇资金、政策扶持等方面的困境，面临骑虎难下的尴尬境地。请听"绿色中国行动"第二报道组从河南发来的报道。

记者： 2005 年，工厂做得风生水起的鲍战洲来到太行山中的济源市大峪镇大奎岭村，一眼看中了这里的荒山。由于距离小浪底水库不远，鲍战洲的规划是先种树然后间伐回笼资金再发展旅游。

"当年的年也没有过，当时都是那一人多深的蒿子，进来以后啥也找不见。"

没电就买发电机，没水就从黄河抽。几年的工夫鲍战洲陆陆续续承包了大奎岭村近 5000 亩荒山，种了 23 万株杨树，还有 2 万多棵核桃。可是，木材价格急转直下让他的如意算盘落了空："2005 ~ 2006 年的时候大概一个立方米的杨树应该能达到将近 1000 多块钱吧，现在大概是 400 多一立方米，降了很多。"

当初一头扎进林业，鲍战洲用的是他熟悉的工业思维，如今这却让他吃了苦头："品种很单一，绝大多数是杨树。可能从生态上讲，比如说多样化更好一些，但是从经营上讲的话，你越多样化就是我形成不了规模效益。"

杨树是抽水机，鲍战洲现在最大的投入就是给这些杨树浇水。杨树和水套牢了鲍战洲："全年都在浇，雨季的时候也得浇，这地方不存水。每年浇树的费用一棵树得十多块钱吧。"

在鲍战洲近 5000 亩林子中，只有 726 亩属于退耕还林，其他的都是荒山造林。目前鲍战洲已经投入 5300 万元，可是每年收益包括补贴在内只有 100 万元左右。"现在有点后悔，为什么呢？我五千多万，我就随便去弄个什么，现在有点骑虎难下。"

和鲍战洲一样进退为难的造林大户还有克井镇枣庙村的朱文一家。朱文 2000 多亩山林陆陆续续投资了 4000 万元，每年收入 80 万元，还不够还银行贷款。朱文不得不依靠自己其他生意来补充："我在城里头有房地产产业。""在用这个房地产等其他产业补这个。""对，补这个窟窿。"

朱文希望未来能够建设一条登山的石阶，发展林卜旅游，但是 3000 万元的投资让他无法实现。和鲍战洲一样，朱文得到的退耕还林和荒山造林补贴，对于经营开发起不到多大的作用。"几万块钱，杯水车薪，解决不了多大问题。"

济源市林业局副局长杨倩分析，一个 2000 亩左右的林场，前三年的投入高达 3000 万元左右。"从经济角度上来说，跟投资工厂完全是两个概念。因为现在我们国家虽然说是补贴是逐年在不断地增加。但是他们投入还是相当大的，这一块产业回收的周期也比较长。"

在退耕还林、荒山造林大户投资热中，经营者无疑需要冷思考。林业发展不仅需要资金，更需要专业的知识。而政府则应该做好环境营造政策扶持的工作。济源市林业局退耕中心主任任军战认为，对于大户来说，可以变补贴为项目扶持。

"现在我们的林业工程普遍犯一个毛病是什么？都是补助，都不是工程经费，都不是工程费，全部是补助性的，苗木是补助，工程是补助，全部是补助。没法按工程对待，标准都比较低。"

鲍战洲想，如果当初在承包荒山时，少种些杨树，同时政府又能够对道路、水利等基础设施多少投入一点，自己现在也不至于这么纠结了。"应该说是重视不够，我们也是投资商，我们也是通过招商引资进来的。那么如果说是工业企业的话，肯定不会弄这事，农业他可能不当回事。"

记者访谈：
依靠绿色续出工业与农林水库生态链

生于农村、长于农村，在"三农"岗位做领导的人，对生态有何独到的见解和情感？"绿色中国行动"采访组记者凌晨采访了河南省林业厅、新安县政府、林业局的官员。

李向东，现任河南省退耕还林和天然林保护工程管理中心副主任，教授级高级工程师。他毕业于南京林学院，历任省林业勘察设计院工程师，林业厅项目办公室副主任、总工程师，美国访问学者。

记者： 我们在小浪底水库的周边的山上看到了不少的"补丁"，据了解，新安县有 8 万亩，济源市有 3 万亩，整个洛阳地区有百万亩。全省有多少？

李向东： 全省有 1000 多万亩这样的荒山荒地。这种"补丁"尽管是非基本农田，但是属于耕地。统计的概念不一样，25 度坡度以上的和重要水源地周边的荒

覆盖在乱石之上的土层不足 30 厘米，树根保护土层意义非凡

山荒地以及严重的沙化土地，现在全省还有230多万亩。

记者： 治理难度大吗？

李向东： 大。第一轮退耕还林中，我们把那些相对容易、相对集中连片的地块治理了。现在剩余的大多是坡度相对大、相对分散的一些地块。如果要治理，大于第一轮的治理难度。

记者： 从执行层面去理解难度大吗？

李向东： 难。这是一个深层次的问题，随着社会经济的发展和农民生活水平的逐渐提高，原来的退耕还林政策、林业政策与现

精细化的农业林业需要完备的基础设施做保障

实出现了不相适应的情况。尽管国家在这方面采取了一些措施，比如，尽管退耕还林、荒山荒地造林，从最先开始的每亩50元逐步提高到300元一亩，但是现实情况是，造林难度大了，造林成本高了，原来的工价从每亩地二三十元到四五十元，到现在的150元了，老百姓不愿干，出去打工比这个挣得多。这也是造成有些地方的荒山得不到绿化的原因。

记者： 补上这些"补丁"难度很大吗？

李向东： 完全把这个"补丁"补上难度是很大的。因为这不是林业部门一家单枪匹马单独作战可以完成的，这是一个非常复杂的社会问题。农民要生存，国家要生态，农业部门要粮食，国土部门要控制土地面积，需要合理科学的政策支撑。如果单靠基层政府强行推进，会造成社会问题。我的感受是，有些地方隐藏的矛盾，现在逐渐开始显现了。农民赖以生存的土地就那么多，如果让农民把全部的土地退出来搞绿化，就失去了口粮来源。在第一期退耕还林的后期巩固方面，我们启动了生态移民工程，让山上的农民下山，把种不好的地腾出来，绿化荒山荒坡，但是资金受限，一家一户6万元，盖房子根本不够，农民拿不出钱来补贴。

记者： "补丁"长期补不上有什么危害？

李向东： 对退耕还林生态效益和巩固成果会打折扣，起到不好的负面作用。领取第一轮退耕还林地补助的农民在补助到期后，或进行一些农作物间作，甚至可能出现退林复耕。

张春全，新安县政府副县长，先后在洛阳市城建局、公用事业局、金融股中办公室任职，2009年任职新安县人民政府副县长，分管农业、林业、畜牧、水利、农机、气象等部门。

记者： 新安县是河南省重要的工业县，小浪底水库的60%在县域内，处理好工业、湖区、生态的关系棘手吗？

张春全： 那肯定棘手。一是小浪底工程 2001 年竣工，在库区周边的新安县对黄河中下游水土的保持，减少泥沙的排放承担着重要作用。二是新安县矿产资源丰富。三是新安县的土地贫瘠，可供耕种的土地面积很少。2000 年启动的退耕还林工程，调整了整个农业种植结构，对县域经济发挥的作用非常明显。

记者： 森林覆盖率和林木蓄积量如何？

张春全： 新安县原来的森林覆盖率是 13.11%。实施退耕还林至今，覆盖率提高到了 29.3%。蓄积量由原来的 60 万立方米达到了 190 万立方米。翻了一番多。

记者： 生态效益转化的成果如何？

张春全： 真正意义上实现了工业与生态的可持续性发展。新安县实施的千万元以上的重点工业项目 265 个。根据测算，从 2000 年起，退耕还林地是 14.93 万亩，每年可吸收二氧化碳 887 万吨，相当于减少了 592 万吨标准煤排放的二氧化碳量，同时生态林又释放出 648 万吨氧气。为新安县的工业发展提供了强大的生态承载系统。其次，新安县紧邻洛阳市，农家游、生态游日益火爆。比如，我们的龙潭大峡谷，由"4A"级景区升级为"5A"级景区。

记者： 作为政府官员，如何看待工业、生态、水库保护之间的关系？

张春全： 三者之间的关系，是一个有机统一的关系，是合二为一的关系，是谁也离不开谁的关系。因为随着改革开放的日益推进，人们对生活的品质是要求越来越高。就像三中全会讲的，要看得见山、望得见水，记得住乡愁。那么退耕还林作

在小浪底水库周边这样的风景处处可见

为生态工程，可以满足人们日益增长的这种物质文化的需求，可以对整个水库的水土流失起到很好的保护作用，可以为我工业强县提供更重要的生态保障。

记者： 在大工业和生态之间，你们是怎么调整、怎么做的？

张全春： 工业反哺农业、林业，是县委、县政府采取的一个最有实效的措施。比如，县财政每年拿出 1000 万元的资金，用于生态圈的建设，整个县城、乡镇工业，形成几个包围圈，营造生态链，把城市给包围起来，然后让它们能量互换。从地方财政拿出上亿元的资金改善环境，是没有办法的办法，但是，意想不到的是整体的环境得到了改善。

记者： 之前的污染严重吗？

张全春： 空气污染特别严重。我们的工业在发展阶段属于资源型、加工型的，煤电厂、钢厂、铝厂等企业的污染严重。车上、路上到处都覆盖着一层灰尘。特别是冬天更为严重。当时县委、县政府提出了建设一个城在林中、城市周围森林环抱的宜居县城。2004 年启动第一个城郊的森林公园建设，当时全部是县财政投资的，由林业部门做出实施，县财政每年拿出不低于 1000 万的资金投入到林业的重点工程。现在明显改善了。

记者： 传统农作物的种植面积逐年缩小，都调整为哪去了？

张全春： 这些年，新安县按照市委、市政府的要求，大力调整种植结构，宜林则林、宜木则木、宜粮则粮。基本上都调整为生态林和经济林，或者说是经济林和生态林，以经济林为主。很多人来这里流转土地植树造林。结出果实有了收入的同时，开展农家游、生态游。现在新安的林地有 69 万亩，全县的国土面积 174 万亩。生态承载能力越来越强，为工业发展奠定了更好的基础了。

邓朝晖，女，现任洛阳市新安县林业局局长。毕业于郑州水利专科学校。先后在县水利局工作9年，任工程师。在县属四个乡镇任职副乡长、副书记、兼人大主席、乡长、书记。2011年起任现职。

记者： 昨天去看了樱桃沟的千年古树，我发现您对树木很有感情？

邓朝晖： 土生土长，对绿色有感情。樱桃沟的樱桃林是一个有上千年历史的原始林。百姓添个孩，遇个事，都会去老树前拜一拜。小樱桃成熟的时候，大家会去摘一点换几个钱。2009 年，村支书邀请我去看看樱桃沟的樱桃。在花开花落的季节，就跟到了仙境一样。那时我就想，不让农民挣点钱太可惜了。

记者： 怎么把你说的"可惜"转化为你想要的东西？

邓朝晖： 要想富，先修路，镇里投资了 200 多万元修了条柏油路，运气好，路通了，古树普查队来了，给樱桃沟的 108 棵古树挂了牌。我向县政府申请开发旅游项目，并筹办推广了第一届樱桃节。事实证明，这个决策是对的，如今，当地种植了四五万亩的大樱桃，激发了老百姓的种植热情，吸引了游客，增加了收入。

记者： 从水利局到乡镇再回到林业部门任职，感觉挺好的吧？

种植户在流转的土地上种植玫瑰，农民转身为农工靠工资收入过日子

邓朝晖：挺好。20世纪90年代前，我们新安县到处是光秃秃的，植被非常差。经过两任局长的努力，新安县的面貌彻底改变了。接任这副担子，我有底气，我会尽最大努力做好工作。

记者：熟悉水利、熟悉农村，对生态的理解是不是更深刻？

邓朝晖：生态太重要了。没有工业不行，工业发展了，最难破解的难题是环境。要改变环境，最直接的途径就是多种树，没有干过林业工作的时候没有真实的感受，现在成职业病了，到哪先看树长得怎么样。

记者：民以食为天，林业和农业之间有矛盾么？

邓朝晖：我觉得不矛盾，作为老百姓来说，耕地是种粮的，林地是种树的。粮食有收入，林地有收入。你们看了大樱桃、玫瑰种植园，农民的收入比种粮食的收入要高。不在基本农田种树，这是我们和土管部门共同遵守的宗旨。

记者：如何看待土地流转？

邓朝晖：从两方面说，思想解放了的老百姓，家里的土地都流转了，自己外出打工挣钱。不想种地也不想流转土地的，政府做工作推动。有些距离公路远，在陡坡上的那种一、两分大小的地块没有办法种植。再就是，有些老百姓觉着退耕还林的补助没有种地补贴的多，对种树兴趣不大。种植大户选择临近水源、交通便利的土地流转，对偏远、交通不便的地方不感兴趣。政府需要关心的是这一部分。如果把这样的地块在第二轮退耕还林中退出去一举两得。

记者访谈：
不可忘记退耕还林的终极目标

第一轮退耕还林工程在实现了"绿色覆盖"目标的同时，基本清晰了原始生态林地、再造生态林地和再造经济林的范围。记者的问题是：各地如何真正做到因地制宜完善林地建设？如何兼顾生态林、经济林、农民的利益最大化？短期、中期、远期目标如何确定？为此，"绿色中国行动"记者凌晨采访了鄱阳县林业局总工程师舒昌江。

记者：如何兼顾生态林、经济林、农民的收益？

舒昌江：为了巩固退耕还林的成果，国家延伸了一个项目，叫巩固退耕还林成果后续产业项目。2008年以后，我们开始追求林业产业，一批油茶、花卉苗木、果园、药材基地先后建立起来了。再后来，我们提倡搞林下经济，就是在林下搞种养业，实施立体开发、循环利用。

记者：效果好吗？

舒昌江：直到2013年，我们发现，林业产业的发展具有一定的盲目性，综合效果不是很理想。鄱阳县林业局发现这一问题后，提出了三个解决这一问题的意见，一是生态林与经济林要寻求平行发展。二是经济林要与生态林混交，如果造100亩经济林，你得在旁边造100亩的生态林。三是生态林要避免纯林，要营造多树种结合的复层混交林。

记者：造混交林的意义是什么？

舒昌江：打个比方，油茶不能连片搞，动辄几千亩上万亩种植，留有后患。为什么呢？一是森林病虫害防治难，发生虫害往往是毁灭性的。二是防火难度大。三是大面积搞全垦，会对土壤造成严重的水土流失。搞退耕还林的目的是为了保持水土，回过头又搞全垦，既破坏了地表植被，又造成新的水土流失。对农民来说，短期能够获益，但是，从长远看，这种做法与生态治理是背道而驰的。退耕还林不能忘记我们的终极目标。

记者：鄱阳县林业局的建议是什么？

舒昌江：一是能不全垦的，尽量不要全垦。能不打药的，尽量不要打药。搞生

有智慧的投资商在山水兼备的地方通过滴灌技术种植树木

物防治，利用病虫害的天敌去防治病虫害。因为依靠药物防治，产生的后果很严重。比如，脐橙、橘子，农药残留非常厉害，消费者拒绝接受，造成了重大损失。我们这里的一个县，全县都在种植橘子，漫山遍野，打药的时候，几十公里范围内药水味刺鼻难闻。化肥、农药用多了，果子质量也在下降，销路也就成了问题。二是无论种植什么，都不要种到山顶上去，山顶一定要保持原生植被，山腰也要设置一条隔离带，即便是最好的山，也要保持原生植被。其次，要保证山脚下也有一条隔离带，通过山脚来保持水土，这样水土就不会直接冲到田里去。如果把山顶、山腰、山脚的原生植被保持好，就可以实现通过涵养水源、保持水土，保护整个山上的植被，并且对其他的植被都有好处，最主要的是保护了有益的昆虫，通过益虫控制病虫害。

记者： 听起来挺明白，做起来容易吗？

舒昌江： 说老实话，不容易。现在搞林业产业，公司和造林大户追求的首要目标是经济效益，从专业技术来讲，在山顶上、山脊上、林道两旁种一些防护林，种植户有想法，他们恨不得在每一寸土地上都能种上东西，总认为生态树占掉了他们经济林的面积，减少了产量。由于种植户的视野和既得利益心态的支配，他们在初期看到的是实实在在的收益，看不到未来潜在的危害。按照合理的办法种植，初期的利益会少一些，但是，长期的收益和结果会是显著的。

记者： 可以举个例子吗？

舒昌江： 比如，山茱萸会在 6 ~ 8 年后被天牛毁掉。有一个种植上千亩山茱萸的老板告诉我，他没有更好的办法。我问他，你为什么不搞混交园呢？昆虫对树的病虫害的选择性很强，另外，像天牛，打药的时候，它会钻到树干里面躲起来，我们现在防治天牛，用花绒寄甲，也是一种微生物，专门吃天牛的幼虫，喷洒杀虫剂会有很多天牛被直接毒死，但是，也会有很多益虫被杀死，不是最好的办法。而且，树干那么高、树冠那么大，药物防治说起来容易，操作起来很难的。

记者： 如何有效做好引导？

舒昌江： 是的，我们的技术力量比较薄弱，与宣传、培训力度不大也有关系。鄱阳县林业局的领导意识到了这个问题，做了三件事：一是从去年下半年开始，每年至少举办两到三次大型的种植林木培训班，给大家补课，普及常识；二是在技术指导方面，只要种植户提出要求，我们都会第一时间派人去；三是尽量造混交林，种植户如果想进入国家林业重点工程，必须混交造林，不搞混交造林，不给你补助，不给你立项。

记者： 造混交林的标准是什么？

舒昌江： 四个字——因地制宜。不适宜搞株间混交的，最起码你可以带状混交嘛，比如在我们这里通过试验切实可行的是，栽几行湿地松，再栽几行枫香或木荷，实践证明生态、经济效益都很好。再不行的话，那你就块状混交嘛，山这边种了几十亩这个树种，山那边种几十亩其他的树种，这样变换着栽，对生产环境的保护，肯定是有益处、有好处的。

记者： 请举个例子说明种纯林的坏处。

舒昌江： 我们刚开始搞退耕还林，走了一点弯路，全县也种了3万～4万亩的经济林。后来经济效益不行了，又种上了湿地松。纯生态林效益还不是很好。若干年以后，你通过砍伐想恢复山上的造林很难，为什么？湿地松的松针是没有肥力的，它掉到山上不能像阔叶树落叶那样起到维护地力的作用，松树长大了，它把肥料都吸走了，这个地质就变差了，以后造林长势就不好了。所以我们以前老讲的，说搞这个针叶纯林，对这个山的地力保护不好。当时，我们搞这个混交林有什么难处呢？你想我这一片都是湿地松，这多好，施工起来多简单哪。如果你栽一棵湿地松，再栽一棵枫树或木荷，讲讲容易，但是这个操作上，老百姓实际操作起来很难，因为他不是专业化的，不是公司化的，所以就是图简单。所以，造成林种比较单一。而且，后期管理相对来讲又比较粗放，没有形成专业化的经营管理，施肥、病虫害防治等等方面都没有跟上去，有的地方长势并没有达到理想的效果。我常常怀念我刚刚参加工作的时候，山上到处都是阔叶混交林，生态效益非常好。

记者： 实现生态林、经济林、农民三者效益和利益最大化的难度可想而知？

舒昌江： 难！退耕还林的第一阶段是政府行为为主，现在我们面对的是企业行为。企业以追求利益最大化为目标。如果规划设计不好，就会弱化生态效益。比方刚才我讲的，保持山地的原始状态，确保山脚下的原生态树林。但是企业往往不会主动采纳这个意见。他关心的是单位产量。

记者： 怎么样才能管得住？

舒昌江： 没有好办法，目前我们能想到的办法是，企业想争取一些国家重点工程的补贴，我们对国家补贴的发放要有控制权，必须按照林业部门的规划设计科学造林。比如，根据承包林地的实际情况，布局混交林的面积。如果光靠我们这帮人

艰辛和努力谱写绿色篇章

去宣传，人家不会听你的。但是如果用国家补助资金这个杠杆去撬动的话，可能会事倍功半。

背景资料

鄱阳县位于江西省东北部，地处长江中下游，鄱阳湖东岸。属中亚热带和风气候区，气候温暖湿润，四季分明，光照充沛，无霜期长。

2008年11月，鄱阳湖湿地公园被列为国家级湿地公园。2012年莲花山（芝山、风雨山）被列为国家级森林公园。2013年虎峰山被列入省级森林公园。

据2009年二类森林资源调查资料，全县总面积为632万亩，其中林业用地面积233.2万亩。其中，森林面积224.59万亩。森林覆盖率为36.9%。全县活立木蓄积为263.4万立方米。

2008年以来，全县每年造林面积均在5万亩以上，一直列全省前三位、全市第一位。目前，已经形成四大林业产业。一是速生工业原料林产业。总面积达60万亩，且每年以4万亩速度递增，其中湿地松50万亩，泡桐、杨树、竹柳等10万亩。二是花卉苗木产业。已发展到3万亩。三是特色经济林产业5万亩，且每年新增1万亩。四是林下经济产业。

发展目标是：到2020年，森林覆盖率达41%，林木蓄积量达500万立方米。林业经济年增长速度达8%以上，林业总产值达15亿元以上。林业产业直接或间接为财政收入贡献1亿元以上，变林业经济小县为林业经济大县。

记者手记：
退耕随想二则

俞天颖

安徽黄山

在安徽，我们住在黄山脚下，地名甘棠镇，属于黄山区。

黄山区过去叫太平县，名茶太平猴魁就出在这里。太平得名很早，唐代天宝年间已经设县，太平县的名字，叫了1200多年。1983年，政府改"太平"为"黄山"。地名改了三十多年，当地人似乎并不买账，巴士停靠在甘棠，司机师傅高声报站，叫出来的地名，一口一个，仍然还是"太平"。

皖南多山。山不甚高，然而崎岖陡峭。我们从甘棠镇到新华乡，不足50公里，全在山腰上行走。中途开凿隧道，穿山而过；或者架设桥梁，跨越溪涧，工程师"人工取直"，已经节省了不少路程，然而这一段路，还是走了将近两个小时。陪同的人说，当地"八山一水半分田，半分道路和庄园"，山多，田少，林密，果然名不虚传。

历史记载，汉代以前，这里人口不多，自晋末开始，移民开始大量进入，在唐末和宋末，又经历过两次移民高潮。在中国历史上，晋、唐、宋末代都是所谓的乱世，我想大规模移民的原因，大约和避乱有关："古黟僻野，代为群山环巡……白云深笃……竟与世人隔绝，古称小桃源也。"这里，的确是个避乱隐居的好地方。

人多了，地就显得不够用了，再加上交通闭塞，居大不易。为求生存，人们只好另辟蹊径。差不多从东晋开始，当地习俗已经"以贾代耕"、"寄命于商"，妇女在家劳作、课子、守业，青少年游走四海，外出经商，逐渐形成规模——这里原是徽商的故乡。响当当的徽商名号，说到根本，是逼出来的结果。

徽商兴起在晋唐，兴盛在明清，到了民国以后，渐渐衰落。新中国成立以后，全国推行计划经济，当地人不再外出行商，在家靠山吃山，开垦梯田，务农为本，从有限的地理资源里讨生计。我们这次去的两个地方：董家湾村和陈村，以前响应号召，"以粮为纲"，农业学大寨，处处"移山倒海"，伐树垦荒，大造"小平原"。数年间，山坡上梯田广布——然而效果并不明显。

一个是，长期开垦山坡，对植被造成破坏，水土流失严重。当地村民说，山坡地不存水，只能种一点耐旱的花生、黄豆、玉米。耕种和收获，需要在田里刨刨挖挖，于是土壤松动，遇到大雨便泥沙俱下。十几年以后，土壤冲尽，露出下面的山石，这块地基本就种不下去了。

另一个是，梯田成本太高，种起来不划算。陈村有种植水稻的传统，但是梯田地势起伏，田块细碎，无法实行机械化，消耗的人工成本太大。梯田又需要引水上山，遇到雨水少的年份，村民保苗灌溉，经常为争水闹出纠纷。如此在山上辛苦一年，仅仅挣出一点口粮而已。

自从这里推行退耕还林，董家湾和陈村两地，除了保留耕作条件较好、地势平坦的地方留做口粮田，已经不再打坡耕地的主意了。在董家湾村，退耕林地广泛种植雷竹，发展竹笋加工，产品远销上海、江苏、浙江，收益比过去好了数倍不止。在陈村，种植枫香树，也种植雷竹，村民均有收益。这里是黄山的西大门，站在村边，抬头仰望，隐约可见黄山一角。两侧山峰相隔，中间还有大片水田，白鹭翔集，稻花吐秀，一派南国风光。因为风景好，常有城里人到陈村小住，也能给村民带来收入。

密密的竹林

黄山是我们此行的第一站，印象也最深刻。这里的见闻，让我想到最近常见报端的"倒逼机制"。古徽州人受自然环境倒逼，走出大山，筚路蓝缕，终于使徽商与粤、晋、浙、苏一道，位列中国五大商帮。如今退耕还林，无论从国家角度，还是具体到个人，何尝不是受环境压力倒逼所至？人类发展到今天，固然是和大自然顽强较量的结果，但是较量也要顺势而为，否则早晚要被自然规律教训，接受倒逼的现实。

湖北秭归

长江三峡：瞿塘峡、巫峡、西陵峡，分别以雄伟壮观、妖娆窈窕、水急滩险著称，各擅胜场。秭归位于西陵峡起点，三峡大坝选址在此，自从"高峡出平湖"以后，湖光山色，别有一番殊胜。我们此行，虽然未进三峡，不及领略真容，然而清早从武汉出发，经过荆门、当阳、宜昌，到了秭归以后，忽然这里山势高耸，林木幽深，无论风景和气象，已经和前面走过的地方大不一样。

我们去的地方，属秭归县茅坪镇，地名长岭村，和三峡大坝的直线距离不足10公里。这里海拔600余米，山脚下就是三峡库区。村里人反映，自从11年前三峡大坝蓄水通航，山上的气候发生了一点改变。

最显著的变化，是气温比过去升高了。他们说，过去山上很凉爽，夏天晚上睡觉需要盖薄被。现在夏天比过去热了，晚上只盖很薄一层单子就行，最热的时候，甚至连这层薄单子都不再需要。以前冬天山上有雪，雪很大很厚，常把茶树冻坏——这里有种茶的传统——影响来年新芽萌发。现在冬天雪薄，茶树过冬倒是不发愁了。

回去查阅资料，得知：凡是大型水库，建成蓄水以后，周围小气候都会发生一点改变。以库区周围山地为例。正常情况下，山地气温随海拔升高而降低，但是库区蓄水以后，周围山地温度会发生相反的变化，即气温随着海拔升高而一同升高，有一个术语描述这种现象，叫"逆温带"。这种现象，三峡水库有，丹江口水库也有。早在水库建成以前，水利学家已经预知会出现这种改变。

湖北的前一站是江西。在鄱阳湖畔一个小村子吃饭。山清水秀，隔着绿绿的稻田，是鄱阳湖，青波荡漾。村里还有水井，我们沿着小径闲逛，正碰上村妇提桶汲水，低头探看，水清见底。村妇说，过去水质更好，前两年村里做土地硬化工程，水井旁边砌了水泥地面，下雨的时候，井水就有点浑。我想这个变化可以理解，因为土地硬化以后，会影响到土层过滤雨水的能力，遇到雨水偏大，井水自然浑浊。没有想到，大自然对人类活动竟然这么敏感。

然而三峡库区出现的"逆温带"却让长岭村村民受了点益处。村民反映：退耕还林以后，种茶树的收入比过去好了。因为气温略升，春天茶树发芽早，早茶上市比过去提前了十多天。春茶上市越早，价格越好卖。现在每亩收入可以比过去增加三四百元，比退耕前种植水稻增加将近10倍。水库蓄水前，当地退耕还林，有人种茶树，有人种柚子，有人种柑橘，现在基本转型到茶叶，因为更适合小气候变化以后的环境。

记者俞天颖采访当地
茶农

　　以前以为大自然有极强的包容能力，现在发现这是个错觉。在人类活动面前，大自然不但脆弱，而且敏感——特别是，人类因为工业进步，对大自然的影响力早已今非昔比。不止一个搞林业的人对我说，对山区最好的保护方式，其实是全面封山，禁止人类活动，只要几年工夫，山上自会郁郁葱葱。又由此想到黄山。黄山两大险峰——天都与莲花，管委会实行轮流封山政策，目前只有莲花峰对外开放——想上天都峰的人，只好等到明年了。这条封山令，对生态恢复自然大有裨益，但在有些人眼里，却觉得黄山旅游"开发的不好"，因为"尚有旅游空间没有被开发出来"。我倒是觉得，在瑰丽的大自然面前，人类的鬼斧神工还是越少越好。在人与自然的攻守中，我们终究是被动的。

记者手记：
一棵树的价值

任磊萍

跟随"绿色中国行动"报道组行走在山间林地、村庄农家，望着满目葱绿，我不停地在问自己：一棵树究竟有多大价值？

国外有科学家曾算过一笔账：一棵 50 年的树，论木材价格最多值 300 多美元；而论综合价值，每年可生产价值 31250 美元的氧气，防止大气污染值 62500 美元，涵养水源值 37500 美元，防止土壤侵蚀等值 31250 美元，为动物提供栖息环境值 31250 美元等，总计约 20 万美元。河南省林业科学研究院研究员李良厚博士说，事实上，一棵树的价值可以更高，既包括可以看得见的树叶、树枝、树干、树根等提供的生产价值，更包括看不见的净化空气、固碳释氧、水土保持等生态价值。

一棵树究竟有多大价值？每个人有每个人的衡量标准。

在河南省新安县大洼村，70 多岁的老汉郭联宗望着漫山遍野茂盛的樱桃树说，一棵樱桃树抵上过去一亩地的收入。在这豫西丘陵山区，山陡、岭多、沟谷碎。出于生计，拓荒种粮对于农民有着天然的吸引力，由于缺少林木护山，坡耕地泥土流失、粮食减产成为"家常便饭"。2000 年，新安县被列入国家首批退耕还林试点示范县之一，大洼村把耕地全部栽上了大粒樱桃树，如今，1200 多亩樱桃林每年可为村里创综合收入 300 多万元。郭联宗说："种大樱桃的这些坡耕地，过去种玉米、花生，基本上靠天吃饭，每亩地能收入八九百块钱就很不错了。现在，一棵大樱桃树一年就差不多能收入这么多"。

在河南省嵩县车村镇，山珍公司总经理张献君说，这里一片树叶出口到日本、韩国就是 3 毛钱，满山的树叶其实就是老百姓的钞票。这里地处深山，林多地少。以前，家家户户种地和打工的收入仅够生活开销，日子过得紧巴巴的。而车村镇境内 20 多万亩的槲叶、柿叶、竹叶，是全国粽子、饭团等的包装叶类野生资源最密集、质量最上乘的产地之一，镇上立足当地丰富的叶类资源，通过"公司＋农户"的形式，带动周边 2.3 万农户采集槲叶、竹叶，产品出口日本及东南亚国家和地区，年产值 1080 万元。林下养土鸡、种草药，靠着林子开宾馆、赚外汇……沉睡的山林成了老百姓的"绿色银行"。

在济源市大峪镇大奎岭村，种植大户鲍战洲说，这里的速生杨和有机核桃在黄

这棵千年樱桃树已成为
当地人心目中的圣树

河小浪底库区造就了一座天然氧吧。这里曾土壤贫瘠，干旱缺水，移民搬迁后更是
荒草丛生。2005 年，工厂做得风生水起的鲍战洲承包了近 5000 亩荒山，种杨树、
种核桃。没电就买发电机，没水就从黄河抽，挑土填石，背水浇树，种一棵，绿一
片……如今 23 万株杨树、2 万多棵核桃构成了小浪底水库库区一道生态屏障。

在新安县五头镇马头村，县林业局局长邓朝晖说，这株千年樱桃树，不仅果
子好吃，还承载着当地的历史与文化。这里被称为"十里樱桃沟"，独树樱桃从汉
代开始，以至魏、晋、唐、宋，一直是朝廷贡品和宗庙祭祀的佳果。2009 年，时
任五头镇镇长的邓朝晖把国家一级保护古树的牌子挂了上去，她说这里有她在基层
工作十几年的汗水和泪水，每隔一段时间，她就会回到这里，在樱桃沟里走一走，
在樱桃树下坐一坐，什么烦心事都烟消云散了。盛夏时节走在樱桃沟，绿荫如盖，
林间不知名的虫子哼唱、低吟，当地人在树上挂满了红绸，相信它能带来平安、幸福。
微风拂过，樱桃树舒展着它的枝叶，静静地守护着这方水土、这方百姓。

一棵树究竟有多大价值？

记者手记：
见过心中的一抹绿色

马喆

2014 年 6 月 13 日傍晚，坐在从北京飞往安徽黄山的机舱里，我的身边既有背包出游的年轻情侣，也有即将大学毕业集体出行的学生。和他们不同，我手中既不是黄山景区的介绍，也不是各种电子娱乐设备，而是"绿色中国行动"的报道计划和我的同事先前采集的线索。如何把这些线索，变成扎扎实实的采访，变成一段段的生动的音响，最终变成一个个好的故事，是我们首先需要思考的。

我们这一组的行程安排第一站抵达安徽，然后一路向北，贯穿江西、湖北、河南等中部四省。和其他组相比，我们组的行程距离没有云南到新疆的大跨度，但我们有自己的特点：我们正是处于"淮南为橘、淮北为枳"的区域，气候、环境在小区域内大为不同。同时，我们组的采访横跨淮河、长江、黄河三大水系，从长江三峡库区，到黄河小浪底枢纽，再到南水北调中线工程水源地的丹江口，都在我们这次的采访范围之内。

前前后后 20 天，我们翻山越岭，动用了六种交通模式：坐过遭遇雷雨延误的飞机、普通卧铺火车、延误的高铁、采访的汽车、护林员的巡逻船以及自己的双腿。当我们烈日下在果园中采访，和老乡席地而坐；在疾驰的高速路上和北京直播间连线；在午夜的火车站候车厅里整理音响；半夜三更去敲省退耕办主任的门，核实一组数据的时候，我在想这是为什么？

我的答案是：我们竭尽全力从多角度做好"退耕还林"的这篇命题作文。说它好做，因为主题明确：退耕农户得实惠，社会环境得改善，期待政策新启动。但是，四个采访组在全国各地"齐头并进"，就需要突出各地的亮点。同时，我们也在思考，怎么在主题先行的情况下，突出报道的新闻性和可听性。在江西，在鱼米之乡，鄱阳湖畔被报道沙化严重，那我们以此为突破口，既探讨沙化，同时也表明植树造林是治理沙化的唯一途径。

在湿热的江南培植树秧也需要搭起凉棚防晒

在湖北丹江口，围绕今年年底南水北调水进京，我们探讨库区周边如何退耕还林，做到保持水土。在河南，正逢每年黄河的调水调沙试验，我们安排杜震老师在小浪底枢纽，现场完成连线。

我们也希望能给大家讲述好的故事、好的片段，给大家身临其境的感觉。比如说我们一开始在安徽黄山采访退耕还林的竹子，怎么把它具体变成有画面感的语言，当时我们想的是电影卧虎藏龙里面竹子上打斗的那个场面，其中一部分就是在安徽黄山拍摄的。另外，我们也跟随江西修水县的护林员，亲历他们的生活，摸摸他们养的黄狗，带上镰刀和步话机，跟随他们走巡逻的路，吃他们值班的饭；或者深入到江西鄱阳县牌楼村，用三天的时间深入了解退耕还林政策到底给当地人带来了什么变化。总之，在这样的采访中，由于时间安排、路程安排，也许无法做到淋漓尽致地全景展现"退耕还林"，但是我们希望用我们的角度从更多的层面了解退耕还林。

作为一名年轻记者，参加"绿色中国行动"报道的收获也很多，第一次参加这种类型的大型报道中，和之前很多"只闻其声，未曾谋面"的同事并肩作战，是一次非常难得的学习机会。你能够有机会看到同事们是如何工作的？比如说来自青海站的凌晨站长在采访过程中的细致，细致到在江西鄱阳县楼牌村一扎就是三天，把老邵一个家族近五十年的变迁都了解到，然后把退耕还林贯穿其中。这种采访的细致是在平时"短平快"式的采访中不多见的。来自河北站的杜震站长，在采访中和采访对象的亲和力，对稿件思路的清晰构思，都是值得我学习的。

另外的收获是合作。我们组一共五位记者，稿件虽然是一个人主笔，但里面的素材可能来自于每个人。充分信任其他记者的采访，在稿件讨论之后，我们写出的不是一个人的稿件，而是整组的稿件。套用世界杯期间的一句著名解说词：我不是一个人在战斗。

回到北京之后，有朋友问小一个月的时间我干嘛去了？我说参加"绿色中国行动"的报道。朋友说，哟，不错，听名字就像去旅游去。我说对，在采访途中，我们从山下经过黄山的北大门，到了东大门，最后到了西大门。根本没上山，也根本没有时间、没有计划上山。在去湖北十堰的路上，距离武当山五公里，擦肩而过。我们在三峡库首秭归县采访，可以远眺到三峡大坝。远到什么程度？就是当地人不和你说那是三峡大坝，你都不敢认。

此行，我们见过什么？在安徽，我们见过成片的竹海，当地老乡在自家的竹林之下，给我们讲春天他如何弯腰采摘满地的竹笋，收获一家人的幸福与希望。在江西，我们见到平均年龄五十多岁的护林员们，在没有手机信号、没有电视信号、与世隔绝的山中，静静地看护着那一片山林。在河南，我们见过因为退耕种植政策，种植核桃脱贫致富，从而娶妻生子的农民憨厚的笑脸。在湖北，我们见过丹江口水库边种植橘子的农户，为了保证一池清水送北方，绝不使用化肥、农药的承诺。

此行，纵横安徽、江西、湖北、河南四个省份，跨越数千公里，我们看过长江的宽广澎湃，也见过雨后栀子花的宁静祥和，更见过心中的"一抹绿色"。

第三组是"绿色中国行动"各采访组中行程最长的一组，在15000多公里的漫漫采访过程中，我们一路向西，体味着播种绿色的艰辛和绿色带来的欢喜。

　　在云南，我们分兵而行，陈俊带着小分队爬上元阳哈尼梯田的山顶，层层田畴蜿蜒伸展于白云之中，深深感受青山绿水对于人类生存的重要，范存宝充满感情地发出了我们组的第一篇报道《荡漾在天地间的生态之歌》；王贵山另带一队，沿滇缅公路翻过高黎贡山，越过澜沧江直到凤庆，在雨中林下，亲眼见证了退耕还林政策的实施给当地群众生产生活带来的巨大变化，李健飞的《斗鼠记》、张国亮的《"林后"时期群众的期盼》形象生动地展现了这15年时代的变迁。

　　陕西是我们国家退耕还林政策的发源地，从韩城市到吴起县，从宝塔山到南泥湾，经过十多年的建设，昔日的黄土高坡已被层层新绿覆盖，尘土飞扬的场景只能通过多年前的歌声去体会了。在这里，我们听到了朱镕基动情的叮嘱，看到了延安人仍然在艰难而不懈地种植新绿，感受到新时期种植业、养殖业显现出的勃勃生机。许新霞在这里发出了《红色圣地铸就绿色丰碑》等有分量的稿子。

　　再向西，我们翻越六盘山，走进了甘肃，在"西海固"地区的静宁县和定西市，在上百公里的行程中我们看到，一棵棵松柏在大风中挺立在山冈上，十多年里虽然只长了一两米，但发达的根茎深扎在沙土中，死死地守卫着这片土地，阻挡着风沙的侵袭，这里到处都有独轮车停留的痕迹，到处都藏着护林人给树苗喂水的故事。在雷沟村，苹果林给村民们带来富裕的同时，也带来了新的向往。村民们开始在城里买房，在村里上班，让孩子接受更好的教育。一些村民还贷款建起了冷库、果醋果酱加工厂，越来

寻绿不辞大漠西

报道三组组长：王贵山

越多的人开始了网络销售和对外贸易。在这里，陈俊发出了《退耕还林，任重而道远》的感叹，张国亮则理清了《一颗西北苹果的"社交网络"》，张磊对《雷沟村里的城里人》羡慕不已。

一直向西，我们来到了新疆的茫茫戈壁，这里的采访异常艰辛，每天的行程都是长途奔袭，基本都要坐十来个小时才能到达目的地。在若羌的绿色孤岛中，在铁里木特乡维吾尔群众的枣园里，在塔城的小白杨哨所，在阿勒泰老风口的哈萨克牧民定居点，我们真切地感受到土地对水的渴望，对绿色的渴望。在这里，陈俊、李楠、陆明明动情地完成了《一棵小白杨》、《中国护绿，绿护中国》等稿件。

万里寻绿向西行，这是一次采访之旅、学习之旅，更是一次感悟之旅。

我们感恩于党，不采访我们真不了解，15 年前，党中央、国务院的一次决策会对中国产生如此巨大的影响，会对中国生态环境的改善产生如此巨大的作用。

我们感恩于群众，各族群众在退耕还林政策带动下，创造出了诸多的模式，如林茶、林果、林鸡、林牧、林厂、林商、林网等生产和经营模式，在改善环境的同时，越来越多的群众还依托林业资源的不断扩大走出了一条条生态致富之路。当政策遇见民心，就一定会激发出蕴藏在人民群众中的巨大热情、智慧和首创精神，让退耕还林政策更加丰富、生动，充满生机和活力。

我们感恩于活动的组织者，国家林业局、中央台相关部门的精心策划和安排，为我们的采访报道提供了明确的思路和强有力的保障，让我们的行程既艰苦又开心。希望这样的活动只是开始，而不是已经结束。

"林后"时期群众的期盼

　　站在云南省凤庆县凤山镇安石村山脚下的马路上，映入眼帘的景象活脱脱一幅安石山居图：村民崭新的白色别墅镶嵌在茂密的林间，林底满是翠绿的茶树。走进村里，鸡蛋大的泡核桃挂满枝头，各种果木点缀其间，茶园中抽满嫩芽。52岁的村民杨翠芬正在不远处冒雨摘茶。

　　"怎么下雨天还在摘茶叶啊？"

　　"下雨也要摘！采不完那么多。"

　　"家里收入怎么样？"

　　"茶叶三万多（一年）"

　　"核桃呢？"

　　"一万四五吧。"

　　"嗯，村里面比赛啊，就是说你买车子我也买车子，你盖房子我也要盖，好过啦，日子好过啦，呵呵。"

　　村支书陈维菊告诉记者，村里3665亩土地已经全部种上了核桃果木和茶树，村民人均年收入达到9392块，然而12年前劝导村民退耕还林时的场景远没有今天这般祥和，陈维菊直叹像一场"战争"："当时，小红旗插起来，要退耕，群众都把小红旗拔掉。思想工作做通一家，又种植一家，又退一家，非常非常难做。"

　　昔日的反对和今天的拥护都说明，退耕还林的关键在于保证农民吃饭和提高农民收入。国家每亩300斤粮的补贴可以填饱肚子，如何增加收入呢？凤庆县林业局退耕还林办公室主任张润良介绍，凤庆县因地制宜，选取了既可以作为生态树种又可以作为经济树种的大泡核桃和茶树，并且在全国首创了"林茶套种"的模式："像我们茶叶和核桃是兼用树种，就是说你可以算经济林也可以算生态林，每亩12株就算经济林，22株以上就是生态林。开始做了一部分纯核桃林，逐渐逐渐发现这个核桃林下还可以种一部分东西，所以我们在找这个路子。"

　　在林茶模式的基础上，凤庆县又探索出"林草"、"林果"、"林芋"等林间套种模式。一块土地能种出双倍价值，激发了广大农户的积极性。

　　如今，凤庆县森林覆盖率已达到65.23%，而在整个云南省，退耕还林14年，森林覆盖率已从 2000 年的 44.3% 增加到 2012 年的 54.64%，森林蓄积达到 16.9 万多立方米，跃升为全国第二位。近十几年种植的树木已基本长大成林，云南已进入"林后"时期。

在后退耕还林时代，百姓需要解决的问题还很多，今年年初的一场雪灾就让安石村村支书陈维菊忧心忡忡："下大雪，高的那一些大雪全部把茶树压死了，冻死了大概 3000 多亩，今年老百姓就有点头疼，就说要不要把茶挖了去种玉米？"

如何让茶树增强抵抗灾害的能力？如何让山林避免各种动物的侵袭？曾经有农户为了杀虫，使用残留期长达五年的剧毒农药，而他们并不知道危害所在，这些都是当前百姓急迫期望解决的问题。云南省林业厅退耕还林办公室副主任韩卫卫坦言，在苗木成林之后，保护好退耕还林成果已经不仅仅是林业部门一家的事情："巩固退耕还林成果涉及的部门就更多，机耕路啊，水利设施建设啊，涉及的部门很多，农业、畜牧、水利、农村能源、林业等等很多部门都要共同来参与，共同来解决老百姓长远和当前的问题。"

记者在大寺乡回龙村采访时了解到，这里林下套种了 4000 亩的魔芋，收获后村民只能以 2 块钱一斤的价格卖给县里唯一的加工厂。村支书陈安荣说，魔芋如果经过初步加工就可以卖到 4 块钱一斤，但是建厂所需费用高达 300 万 ~ 500 万元："产业的成果是出来了，但是一系列的开发困难还很多，比如说魔芋加工，涉及的资金投入上没有能力，就导致产品粗放，农民的效益很小。"

云南省林业厅退耕还林办公室副主任韩卫卫表示，必须借助市场和金融部门的力量才能最大化地实现经济林木给百姓带来的效益："我们在云南省的做法就是通过公司加农户加基地的形式，并不是所有的地方都能推行这种模式，有的地方产业的发展就需要金融部门的支持，比如像小额贷款啊，因为国家的补助毕竟只是一种

报道组组长王贵山在采访

林茶套种

记者李健飞在退耕
现场采访

补助的形式，它不是经营的所有成本。"

看来，"林后"时期，如何巩固退耕还林成果，由"一家主管"向"协同服务"转移，由"右手"交给"左手"，还有很长的路要走。

荡漾在天地间的生态之歌

山多田少的云南省从 2000 年起加紧推进退耕还林，目前建成林地近 1800 万亩，可以完整覆盖住 36 个滇池。今天，"绿色中国行动"采访组走进元阳哈尼梯田，带您倾听《荡漾在天地间的生态之歌》。

早几年连续的大旱给云南很多地方留下了深刻而痛苦的记忆，但在张泰忠家的水田里，水稻给予他的馈赠，即使是在大旱年，也从未停止。张泰忠家的 5 亩水田，就处在红河州元阳县哈尼梯田的核心区。

照理说，靠山吃山，在海拔 2000 多米的山里垦梯田，应是越垦越旱，咋还会在大旱年里不缺水呢？

世界文化遗产元阳哈尼梯田

新街镇林业站站长张跃明：我们哈尼族人对树的崇拜是超过一切的，为什么这么讲呢？没有树，就没有水；没有水，就没有田；没有田，就失去了我们生存的空间能力了嘛。

原来，在哈尼，海拔由低到高依次是梯田、村寨、森林的层层递进、结构分明。森林涵养了水，水灌溉了梯田，梯田回报人类粮食。为了更好地保护17万亩哈尼梯田和进一步提高农民收入，政府在原始森林里画上生态红线，海拔2000米以下到1500米以上退耕还林搞林业立体经营，森林覆盖率增加了近一倍，农民收入也翻了番。

元阳县林业局局长李光忠：海拔2000米以上是自然保护区，2000米以下到1500米营造水源涵养林，退耕还林种桤木，桤木林下种草果，草果地里养山鸡，立体化经营，这一片2000多亩到3000亩，连起来了，老百姓的收入就有了。

森林、水系、村寨、梯田，共同构成了17万亩哈尼梯田良性循环的生态体系，因其是人类耕作文化的独特典范，2013年6月22日，哈尼梯田被列为世界文化遗产。日益富裕起来的哈尼人仍然坚守着他们的传统，延续着他们的理念：【出录音】"我觉得我要爱护树木，要爱护我们的生态，这样我们的身体才能健康。"【录音止】

录音特写：
埋藏在心底的愧疚

在云南许多地方，退耕还林取得了巨大的成绩，既达到了生态效益又实现了经济效益。然而这项工程一开始并不是那么顺利，甚至可以说遭遇了巨大的阻力。"绿色中国行动"采访组在云南凤庆就采访到了不少当年的故事。

用安石村村支书，当年的村两委委员陈维菊的话说，让村民们同意在自家的田里退耕还林简直像一场战争。当年村民中有 30% 同意、30% 观望、30% 人坚决反对。今年 66 岁的村民张太富第一个带头反对，他说茶树又不能当饭吃，把种了大半辈子的十几亩山地改种茶树，怎么也想不通。当年他还骂过甚至打过村支书，后来村子里面有 40 多户联名上访，当年的村支书也因为这个事件被免去了职务。

在另外一个永和村，59 岁的村民杨社金当年家里有 6 亩 6 分田，要种茶树他坚决反对。他坚信手中有粮心中不慌，当年镇长带着国家补贴的粮食来村子里劝说大家不要再种粮食改种茶树，心中有气的杨社金就和几个村民像抓牲口一样把镇长按倒在地，往他嘴里塞东西。这个故事当地的村民都知道。像这样的例子还有很多，可以感受到当年工作的艰辛，是当地基层干部的耐心工作，让凤庆县的退耕还林逐步推进，取得了今天的成绩。

那么，这些当年强烈反对的村民们现在过得怎么样呢？当年激烈反对的村民，现在都享受到退耕还林带来的富裕。比如把镇长按倒在地的杨社金，他家里有十口人，当年在坡地上种稻谷、玉米，一家人还是吃不饱。如今他家的核桃林和山茶园每亩地每年就有 4000 多元的收入，还能继续享受国家的补贴。谈起当年往镇长嘴里塞东西的疯狂行为，杨社金已经不大好意思承认，他告诉我自己当年确实思想觉悟不高，现在心里面很是过意不去。

安石村的张太富每亩地的收成比杨社金的还好，达到五六千元一亩。张太富向记者说，现在想起当年，非常后悔。他知道自己错了，出于面子虽然没有说出道歉，但心里认错了。

我们在采访中感受到，许多村民都有一份埋藏在心底的愧疚，这也恰恰说明，退耕还林，解决了老百姓的吃饭和收入问题，才能得到拥护和支持。

录音特写：
安石村村民今年的那些个大事儿

　　"绿色中国行动"报道组今天走进了云南省凤庆县凤山镇安石村，安石村的3600多亩地12年前全面推进退耕还林，玉米、水稻换成核桃、茶树，村民人均收入增长了十多倍。今年又是一个丰收年，到了年底村民们都有着自己的盘算。

　　刚进安石村就遇到一场山间暴雨，其他村民都躲回家里，52岁的杨翠芬依然在山坡上摘茶。

　　【出录音】

　　"怎么下雨天还在摘茶叶啊？"

　　"下雨也要摘！采不完那么多。"

　　"家里产量太高了？"

　　"恩。"

　　"家里收入怎么样？"

　　"茶叶三万多（一年）。"

　　"核桃呢？"

　　"一万四五吧。"

　　【录音止】

　　杨翠芬家里的5亩2分地以前种玉米、水稻，辛苦一年还不够一家人吃饭，好不容易养大了四个孩子。前几年，杨翠芬帮两个女儿置办了嫁妆，为儿子娶了媳妇，又盖房、又买车，花了不少钱。

　　【出录音】"村里面比赛啊，就是说你买车子我也买车子，你盖房子我也要盖，竞争啊，呵呵。"【录音止】

　　杨翠芬最争气的三女儿今年大学毕业了，在城里找了一份工作，婚期也定在年底。现在杨翠芬心头最大的事就是地里的茶叶、核桃早点变现帮助三女儿买套房子。

　　【出录音】

　　"她要去下面买房子啦，添补她一点钱啊，呵呵。"

　　"准备在城里买房子？"

　　"恩，给她一点添补。"

【录音止】

杨翠芬的邻居李菊美也有 4 亩多的核桃园，到年底差不多能卖 4 万多块。虽然已经 44 岁了可李菊美依然决定今年一定要拿到驾照，因为村里有一半的妇女都会开车她可不想落后。

【出录音】

"今年比较大的计划是考个驾照。"

"你的计划是考个驾照会开车？"

"会开车就更方便。"

"开车自己去摘茶叶、拉茶叶？"

"恩，就是比较方便。"

"什么时候报呀？"

"八月份！"

"村里面像你这样年龄的会开车的多吗？"

"多多多。"

【录音止】

李菊美说，一年的泡核桃差不多就能买一辆车，家里已经有一辆了，以后争取家里每个人都能有一辆车。

记者在村里采访发现，有些村民的收入还不是很好。在村角，43 岁的黄光清和丈夫正在忙着盖羊圈。

【出录音】

"拿来养羊。"

"能养多少只啊？"

"大概七八十只。"

【录音止】

由于家里 4 亩地比较缺水，加上核桃林还小，黄光清每亩地每年只有 2000 块的收成。这点钱家庭开销和孩子上学远远不够。

【出录音】"小女儿上大学要用钱，我们就要苦了，所以要想办法赚钱。"【录音止】

不过他说，有了这片山林在，办法总是有的寄托着他致富的希望。下半年，黄光清家的羊圈建成后，80 多只羊将在山林间成长。

录音特写：
斗鼠记

　　在云南省临沧市凤庆县凤山镇安石村，放眼望去，这个依山而建的村子已经被满眼的绿色包围。在身旁，一棵长了十二年的核桃树，现在正是它挂果的时节。核桃树下，是抽满了新芽的茶树，村民李英蕊一家正在采茶。茶树下面，还有一种壮硕低矮的植物，这就是时下流行的减肥食材魔芋。村民们说，从2003年退耕还林开始，寨子里逐渐形成了立体的种植模式，林果、林茶、林菌等产业取代了传统的粮食种植，每亩地的年收入由过去最高2000元，提高到了现在的两三万元甚至更高。过去水土流失严重，地质灾害频发，生态恶化状况已被改变。生态效益和经济效益统一了，村民就自觉自愿地造林、守林和护林。

　　那是2014年6月15日，在当地采访时，我竟有了这么一段奇遇。59岁的老汉李银有绝活儿，他在核桃林中叱咤风云、运臂如飞，是老伴儿李英红心目中的"大英雄"。

　　……

　　雨。

　　凤庆。

　　安石村。

　　李银又来到了那片核桃林。

　　这里的山、这里的树和这里的"盗贼"他早已熟识。

　　有些时候，叫老李的人并不老，就像林农并不仅仅会种树。

　　可老李的手艺确实老道。

　　林上林下，从没有人知道他的武器在哪里，也没有人知道是如何发出。未出手前，谁也想象不到它的速度和力量。村里村外，你绝对找不到任何人能代替他。若不能了解他那种狭义仁厚，就绝不能发出那种足以惊天动地的弹射！石子！石子还未在手，可是精气神已在！那并不是杀气，但却比杀气更令"盗贼"心悸……

　　6月是安石村静待核桃收获的时节。那鸡蛋大小的绿色果实在树上饱吮着水分、空气与阳光，终日在心跳般的萌动中膨胀，惹得村民的希望也跟着涨了起来。这个时候，有一个人格外冷静，不悠闲、不忙碌、不紧张也不轻松，这样的状态完全基于对对手的了然于心。

老李有对手，"他们"会在核桃树上"飞来飞去"，会在清晨和傍晚趁人们最不提防的时候毁掉村民们的希望然后枭笑而逃。老李有办法，踩好时间点儿，无论风雨多大都会在草棚中等候这些"老朋友"。

"嗖——嗖——嗖——"

在安石村口后山上一处半人高的窝棚里，李银时而猫着腰，警觉地望着四周，突然，他快速站起，伴随大声呼喝，一抬手就向核桃树扔出一串石子儿。老李这样怪异的举动，还要从今年丰产的核桃说起。

记者：今年的核桃怎么样啊？

李银：长势很好，挂果相当好的一年，都挂果了，成熟在一半以上了，有果仁，现在就盼核桃成熟了。"

然而，诱人的果子也招惹上了一群"不速之客"。

李银：我们盼着核桃成熟，老鼠也是来惦记着这两天的核桃啊，它们来偷吃啊。

记者：老鼠多么？

李银：毛老鼠相当多！

记者：大不大？

李银：大呢，在四五两一个呢。

记者：那么大的老鼠它爬得了树么？

李银：光爬还不是，它还会飞呢，在树头，这棵飞那棵的，这棵飞那棵的飞呢，厉害！

记者：一个老鼠能啃多少核桃？

林茶套种

李银： 那个就厉害了，它光吃不算，把核桃果啃掉下来，个把钟头就能把你搞掉十多千克呢！

记者： 毛老鼠是村民们对松鼠的俗称。村里这些年推进退耕还林，生态改善了，加上核桃树挂果多，松鼠也就多起来。要对付这伙"核桃大盗"，老李必须拿出绝活儿。

"嗖——嗖——"

李银： 它来的时候我就用石头把它撵掉。

"嗖——嗖——嗖——"

记者： 打得中么？

"嗖——嗖——"

李银： 有时候会能打中。

记者： 那你眼睛挺好的。

李银： 我眼神挺好的，有时候用弹弓打。

记者： 什么弹弓啊？

李银： 打上个叉叉，拿一个小石头，那么样地打。

记者： 这样打得准啊？

李银： 弹弓更准一点，弹弓会把毛老鼠打死呢。今年我打死了四个，我打的。

记者： 但这段时间，弹弓确实很忙！而老李对弹弓的质量也格外挑剔。

核桃林中，李银老汉一声断喝，运臂如飞，石头应声命中目标——"毛老鼠"

记者： 你的弹弓打了几副了？

李银： 这季啊？啊，打坏了三副弹弓了，把那橡皮拽断掉了。

记者： 还会再买么？

李银： 还买呢，城里面 7 块钱一副，弹弓叉、橡皮都配好了。

记者： 谁去买啊？

李银： 我自己去买，挑比较好的，缩力强的，它准确性好，打出去力量强，哈哈。

记者： 现在，老李对松鼠也算是知己知彼，总能算准时间去打鼠。

李银： 早上是 8 点以后到 12 点，它饿肚子的时候就出来，下午就是 6 点以后到 8 点，它弄饱肚子它才睡。老鼠出洞也是这个时候，这个规律已经摸索了六七年了，可以说掌握它的德性了。

这十八九户人家的 600 多棵核桃树里，老李家只有 26 棵，但他实在不忍心看到任何一棵树被松鼠糟蹋。

李银： 它一棵树上经济价值有些在两三千，三四千。你不把核桃管护好，毛老鼠咬了，经济就损失掉了，心疼啊。

正在打鼠时，突如其来的一场大雨让安石村的核桃林越发葱翠。对于打鼠，老李的想法很简单，他说看住了毛老鼠，就能护住 600 棵核桃树，而守住了乡亲们的摇钱树，也就保住了寨子里的那片绿。

"嗖——嗖——"

李银： 自己的树，自己要管护好啊！

"嗖——嗖——"

记者后记：李银是李英红心中的英雄。我在鲁迅先生的《故乡》中读到过——深蓝的天空中挂着一轮金黄的圆月，下面是海边的沙地，都种着一望无际的碧绿的西瓜。其间有一个十一二岁的少年，项带银圈，手捏一柄钢叉，向一匹猹尽力地刺去。那猹却将身一扭，反从他的胯下逃走了……

闰土是鲁迅心中的少年英雄。李银是安石村民的英雄，也是我眼中的农民英雄。看他在核桃树下运臂如飞，打得"毛老鼠"落荒而逃，比闰土还勇猛。虽然再也无法考证"猹"是种什么动物，但"毛老鼠"也许还要与李银博弈多年。我只在心中默念——守住青山，人不老！

记者手记：
茶乡行

许新霞

　　向来不识茶，却因为"绿色中国行动"报道有幸来到位于祖国西南边陲的世界滇红之乡——凤庆。鲁迅先生曾经说过：有好茶喝，会喝好茶是一种福气。对我来说，虽不会喝茶，但能如此近距离看到茶园、接触茶农、闻得茶香，也是记者职业带给我的别样福气。

　　6月14日上午10：00时从昆明出发，一辆面包车载着我们奔赴临沧市凤庆县。直到下午16：00时多，随行的云南省林业厅退耕办的同志说，凤庆快到了。满怀期待，向前望去，并不平坦的道路两旁一种开得极密的花儿像美丽的姑娘艳丽却不俗气，紫色的、火红的、西瓜红的……繁花一地，令人沉醉。林业厅的同志介绍说，这是三角梅，是临沧市的市花。办公室里原本有一盆三角梅，一直以为较为养眼的，但与这似锦繁花一比，顿时便在心里失了色彩。

　　未到茶乡，先闻花香。临近凤庆，每隔一段距离，都有临沧市和凤庆县林业部门的同志等待在路边接应我们，让人心生感动。下午18：00时左右，伫立路边的"世界滇红之乡"标语牌告诉我们，茶乡凤庆到了。1986年，凤庆当地企业生产的滇红茶被当作国礼赠予英国女王伊丽莎白二世。据说，英国女王将"滇红"置于透明器皿内作为观赏之物，视为珍品。由此，滇红茶走出国门，走向世界茶坛。

　　车辆驶进县城时，已经到了晚饭时间，便直接被引领进了吃饭的地方，令人没有想到的是，这餐厅竟然居于当地一家茶厂的里面。而这茶厂不同于其他企业，厂区院子里一块褐色的石头上"仁山智水"四个字让它少了一份市侩，多了几份乡愁。甚至就连后院里的餐厅也是一个透着厚重的大四合院：古朴风格的大楼阁、青灰色的瓦顶、纯白色的墙体、朱红的门楣窗棂……"她从山中走来，一缕金峰悠茗茶香"。时时处处、点点滴滴，茶香早已渗入了凤庆的每一寸肌肤。

　　6月15日一早，我们迫不及待地驱车奔赴那些飘香的茶园深处，感受茶乡的魂之所在。我们去的第一个地方是凤山镇安石村——云南红茶第一村。安石村距离县城不远，一会儿的时间，安石村就近在眼前，透过车窗便可看到一幢幢的农家小楼掩映在苍翠的茶园、核桃林中，雨后腾起的雾气袅袅婷婷、缭绕其间，朵朵白云踮起脚尖似乎就能触摸得到，人间仙境般令人神往。

茶叶基地

　　迎接我们的是安石村党支部书记陈维菊，她皮肤较黑，性格敦厚，典型的高原女子形象。提起茶园以及茶农们的生活，她骄傲地说，这都是退耕还林带来的变化。当地 2002 年开始实施退耕还林政策，政策实施之初并不顺利，作为村干部，更是经常被村民们打骂、误解，忍着一肚子的委屈，大家坚持下来才有了今天的绿海茫茫和乡亲们的笑脸。现在，村民们家家都有亩数不等的茶园，套种核桃树，收获颇丰。

　　44 岁的李菊美一家五口人，全家种生态茶园 4.3 亩、核桃树 60 多棵，年收入 4 万元。提起今年的计划，李菊美笑呵呵地说，她打算今年 8 月份去县城参加培训班考取驾驶证。这样以后摘茶叶、拉茶叶就方便多了。前些年，她的理想是家里能买一辆汽车。现在车子买上了，她还想让家里人手一辆汽车。她笑着说，一季核桃和茶叶就能买一辆车，这个理想不难实现。日子好了，心也越来越大，过去想都不敢想的事现在都敢想。李菊美说，现在村里像她一般年纪的妇女已经有一半会开车了，自己也得抓紧学会，不然就掉队了。

　　在凤庆采访，真真切切感受到家家户户的茶园里都寄托着村民们的致富梦。梦想实实在在就绽放在那枝头的一抹新绿上，来得真实又稳妥。试想，如果没有这样的茶韵十足，凤庆的青山绿水似乎也就平淡无奇了。几千年的茶文化，纯净了这方山水，让浮躁的心安睡！

记者手记：
西南边陲的绿色和声

陆明明

云南，中国版图的西南端，一块美丽而神奇的净土。未踏入这片土地之前，我对云南美的理解是巍峨的高原、斑斓的山水、多彩的民族和久远的传说。但伴随着这五天来的采访行程，跋青山、涉绿水、走村寨、入田园，在我的感官中又增加了一种新的元素——声音，这种声音是远离城市的喧嚣、抛开人世的躁动、来自空谷的回响、回归自然的空灵，这是一种最美的声音——绿色和声。

> 莫听穿林打叶声，何妨吟啸且徐行。
> ——苏轼《定风波》

6月15日，报道组驱车穿梭于层峦叠嶂、崎岖忐忑的元阳山区，走访享有"世界文化遗产"美誉的"哈尼梯田"和有"红河模式"之称的"林下经济"。一路上目之所及，尽是让人窒息的苍翠。林业局的同志介绍说，这抹惹眼的绿就是"红河模式"中的"林"——桤木水源涵养林，林下种植的是云南特有的香料——草果。

行走在桤木林间，飒飒风声掠过耳畔，时而舒缓，时而急掣，时而呼啸，时而回旋，时而绵长悠远，时而灵动跃然。风声之外，更添水声。拨开林下草果叶，一缕清泉曲折蜿蜒。流水绕过草果丛，敲打在青石上，泠泠作响，有节奏地配合着风的和弦。在哈尼人的历史中，"山有多高，水有多高"，林间之水天上来。水供养了林，林涵养了水，两者交融，形成了完美的和声，这种令人震撼的混响不绝于耳，萦绕山间。

> 几处早莺争暖树，谁家新燕啄春泥。
> ——白居易《钱塘湖春行》

清晨6点，天刚蒙蒙亮，人们尚未敲响晨钟，开启一天的旅程。元阳新街，这个地处中国西南边陲的山区小镇，已经成为了动物们欢聚嬉闹的天堂，鸟啭、犬吠、鸡鸣此起彼伏、相映成趣，这些大自然的精灵无视人类社会的规律，以自己特

一只漂亮的天牛

有的方式，感应着来自天空的召唤，用属于自然的声音欢迎这个山区小镇的清晨。

作为人与自然的纽带，动物们天生就具有感知天地的能力，它们用自己曼妙的声音，向人间传达着自然的呼唤。用自己婉转的歌喉，向天空反馈着人间的喧哗。太阳渐起，鸟鸣渐远，新街镇也开始忙碌起来，有节奏的敲打声和细碎的寒暄声把镇子带进了新的一天。

> 唱到竹枝声咽处，寒猿暗鸟一时啼。
>
> ——唐·白居易《竹枝词》

箐口民族村，一位哈尼老人为我们献上了接待客人的最高礼遇——哈尼山歌。山歌宛如一壶品不完的酒，忽而悠扬婉转、忽而沉郁顿挫，如怨如慕，如泣如诉；余音袅袅，不绝如缕。歌声的共鸣超越了语言的障碍，从歌声中，能感受到勤劳质朴的哈尼人对天地山水的敬畏，对山寨梯田的眷恋以及对万物生灵的热爱。

哈尼人认为"世间万物都有灵性"，他们常把各种动植物和神灵作为自己情感和精神的寄托，用淳朴的歌声来表达他们在田间地头、山巅河畔劳作时的喜悦及感慨。作为万物之中的一部分，哈尼人得益于自然，也懂得回馈自然。他们用歌声赞美那抹绿，用森林敬献那片山。

五天的行程走下来，我深深地感受到云南这片土地的神圣所在——绿色。正如当地人常说，森林、梯田、山寨、水系，四位一体，共同构成了元阳的绿色生态系统。人造林、林育灵、灵动人。森林、生灵、人类这三个自然的重要组成部分相互交融，公共奏响西南边陲的绿色和声。

记者手记：
山有多高 水有多长

陈俊

    6 月的云南，雨水不断，对我们的采访来说自然是不太方便的，但对于饱受干旱的云岭大地而言，却是件好事。

    踏上这边土地，你才发现她们对水的渴望——对于水，云岭的百姓有渴望，却又有太多的无奈：水少了，不仅灌溉用水不够，就是人畜饮水也成了大难题。水多了，又会造成泥石流，山体滑坡等自然灾害。盼水的人儿又怕水，一场大雨倾盆而下，由于生态的脆弱，又留不住这些水，只能眼巴巴看着这些雨水付之东流。

    缺水的云南靠什么留住水呢？化"水害"为"水利"呢，带着问题，我们前往云南元阳寻找答案。

    路上，云南省退耕办的高级工程师王莉萍大姐热情地回答我提出的各种问题。她说，连续几年来云南大地备受干旱煎熬，上百万人出现了饮水困难。但在元阳梯

哈尼人和自然和谐相处

哈尼族老人向记者展示
美妙的歌声

哈尼人崇尚森林，这是他们祭祀的地方

田，山上依旧泉水叮咚响，田里注满了田水，几乎看不出任何干旱的迹象。她说你别着急寻找答案，你先去看看再说吧。

从昆明到元阳距离不远，只有300多公里，但路况不好，一路颠簸了6小时。元阳土地全为山地，无一平川，最低海拔144米，最高海拔2939.6米，处处是山。我们在元阳的新县城——南沙镇住下了，1992年元阳的老县城新街镇因大面积滑坡，将县城搬迁到了山下的南沙镇，一个平坦的河谷地区。

第二天一大早，我们便驱车从南沙镇出发，绕着元阳的山山水水开始了一天的行程。山路不好走，有些被泥石流砍断的山路还在修复，在山里颠簸一阵，我们就停车看看路边的树，跟看护树林的人聊会儿，跟树下套种经济作物的农民聊会儿——这些在大山里生活的人，有着黝黑的皮肤，爽朗的声音，见到我们的到访，一点不吝惜他们的笑容。

站在山间，俯身望去，这里的山山水水，林、田、水、人，层次分明。元阳县林业局局长李光忠指着远处告诉我说：这里海拔2000米以上是天然保护林，海拔1500~2000米就是退耕还林后的树林，海拔800～1500米就是我们的梯田。

梯田在山的依偎和怀抱中，一层层舒展开身躯，一个个村寨安静地散落在山腰上。从200米延伸至1800米的梯田里灌满了水。眼前的这方梯田已有1300年的历史。用当地人的话来说：人栽树，树涵养水分，水浇田。这是对元阳哈尼梯田生态系统最好的总结了吧。

其实，这就是一个有机的生命体。最上层的森林，为哈尼梯田系统提供了水源，而水系则把森林、村寨、梯田三者紧密联系在一起。四者共同作用，使得哈尼梯田延续上千年而不衰，林地为村寨和梯田提供水源，高处的梯田又为处于较低海拔的梯田和森林提供水源。形成了林养田、田育林的系统和能量循环格局。

梯田在山的依偎和怀抱中

    云岭大旱，为何元阳能够独善其身？对照我们应对干旱的方式，是不是有点无奈和功利呢？为了留住水，我们不停的建水库，拦住那点水，活水变成了死水。到头来，我们发现一座座水库建起来了，可水的危机却并没有缓解，似乎更严重了。我们不妨再看看元阳的梯田，这里没有一座水库，没有太多人工雕琢的痕迹，而从森林里流出来的溪水，可灌溉层层梯田。元阳梯田像是干旱的云岭给人们最大的惊喜——森林对水源的涵养功能在这里得到淋漓尽致地展示。元阳人对树的敬畏也是从内心流淌出来的。元阳人反复说的是：没有森林就没有水，没有水就没有粮，没有粮就没有寨子，所以田边、沟边都有树。而且，梯田上生活的百姓对树木有着特殊的情感，一般很少有人会去破坏森林，所以在森林的润泽下，干旱对梯田没有造成什么影响。

    山有多高，水有多高，这就是云南元阳森林——梯田的奥妙所在。

红色圣地铸就绿色丰碑

陕西是全国退耕还林这场绿色革命的发源地。1999年先行试点以来，全省累计退耕还林面积3695万亩，是名副其实的全国退耕还林第一大省。请听"绿色中国行动"报道组发来的报道。

【出录音】"我家住在黄土高坡，大风从坡上刮过……"【压混……】

上世纪八十年代末，一首《黄土高坡》唱遍大江南北，也让陕北黄土地的苍凉长久定格在人们的记忆里。可今天，当我们踏上延安这块中国红色革命的圣地时，看到的却是一幅幅绿意盎然的图画。

延安市退耕办主任全小林指着卫星遥感植被覆盖图，语气里充满了自豪：【出录音】"你看这个是2000年，这个是2012年，这个变化就特别显著。你现在找一个比较大的黄土高坡，还真找不到了。底色都是绿的。"【录音止】

这改天换地的黄绿变奏曲源自于15年前的那个夏末。

【出录音】"我们要把黄河治理好，要把这个林都造起来，要'退耕还林、绿色荒山、个体承包、以粮代赈。'"【渐隐、压混……】

退耕还林第一人
许志洲

1999年8月6号，时任国务院总理朱镕基站在延安市宝塔区燕沟流域的聚财山上，望着一片片裸露的黄土山梁痛心不已，提出了生态建设"十六字方针"。从此，吹响了全国退耕还林绿色革命的号角。

【出录音，羊叫声、压混……】"1996年到1998年阶段，政府给我提供点帮助，我建了个羊圈，这也可以说是退耕还林的一个纪念羊圈。"【压混……】

在吴起县铁边城镇王畔子村。随着阵阵山风吹来的，是一股股青草的芳香。70岁的许志洲站在自家老屋门前的旧羊圈旁，讲述着他十多年前的故事：政府免费提供树苗，帮他建羊圈鼓励他把羊只实行圈养。连他自己也没想到，这会成为他好日子的新起点。

【出录音】"过去那不是有一句话嘛：三十亩土地一头牛，老婆娃娃热炕头。现在就不一样了，出去搞副业啊，养猪的、养羊的，现在发展渠道就多了。"【录音止】许志洲也因此成为吴起县退耕还林第一人，他的名字载入了退耕还林博物馆。而吴起，这个延安西北部、黄土高原丘陵沟壑区上的小县城，因为1999年一次性退了155.5万亩耕地，成为我国退耕还林第一县。

这一个又一个的"第一"，铸就了延安15年绿色革命的辉煌：天蓝、地绿、水清，改变了千年传统的生产生活方式，同时确保了母亲河——黄河的安澜。

【出录音】"经过十几年的退耕还林，我们每年入黄河的泥沙量从原来的3958万吨，下降到现在的1645万吨，下降了58.4%。我们形象地说，就是60节车皮一趟的火车要拉6300多趟。"【录音止】

绿意笼罩中的延安

昔日黄土高坡，今朝满目苍翠

录音报道：
牵住退耕还林工程"能致富、不反弹"的"牛鼻子"

截至目前，陕西省累计完成国家下达的退耕还林计划任务3695万亩，相当于小半个秦岭的面积，黄土高原区年均输入黄河泥沙由最原来的8.3亿吨减少到4亿吨，绿色向生态脆弱的陕北地区延伸了400多公里。"退耕还林第一市"延安再次先行一步：从2013年起，用4年时间，由市、县两级财政拿钱，逐步将全市现有的224万亩25度坡耕地全部退耕还林。今天，"绿色中国行动"报道组走进了三秦大地。请听报道：《牵住退耕还林工程"能致富、不反弹"的"牛鼻子"》。

【出录音】"现在都是柏油路，咱村里都把路灯装上了，小孩上学你像咱村里有公立幼儿园，可以说是免费的，这些发展变化的事真的说不完，下一步就是搞一个文化广场，包括老年公寓……"【录音止】依靠退耕还林发展花椒产业，陕西省韩城市芝阳镇赵峰村在黄土坡上找到了一条致富路，村主任马小平谈起变化感慨万千、聊起未来信心满满。

但镇里书记康建森看着山上这些被村民称为"金豆豆、钱串串"的花椒籽，眉头总是没有舒展过。【出录音】"产量大、规模大，但在市场上没有话语权，都是单打独斗，它的深加工基本上都是原材料卖出去，可以说是非常可惜。"【录音止】

劳动力成本上涨、树龄老化、产业链条不长、深加工利用率低下，让农民从退耕地里找钱花的路子走得越来越艰难。

【出歌曲：我家住在黄土高坡，大风从坡上刮过……压混】从韩城出发往西北走上400多公里，就是陕北延安的吴起县了。和"插根筷子长成竹、掉颗种子就生树"的南方相比，黄土高原的生态极其脆弱，种下的树也只能以防风固沙涵养水源的沙棘、刺槐、油松为主。五年、八年种下的"小老头树"还没有3岁的娃娃高，退耕户在林子里几乎没有一分钱收益。延安市退耕办主任全小林【出录音】"在黄土高原地区我们造的大部分是生态林，是水源涵养林，对生态的效益特别好，对农民的直接收入的贡献上，基本没有。"【录音止】

【出录音】"（吃西瓜声）嗯，好吃，来吃吃吃。"

"你这个西瓜卖多少钱一斤啊？"

"这个西瓜外面一斤卖十块钱，价格不低啊，哈哈哈。这一茬能弄个五六万块钱，一年能种个两茬……""国家要被子，农民要票子"。【录音止】吴起镇马湾村农民马有恩15年前从"春种一面坡、秋收一袋粮"的坡耕地上退了下来，26亩退耕地全部种上了没有任何收益的水土保持林。为了解决生计问题，政府帮着老马平整了川谷里的6亩口粮田，免费盖大棚、送技术，搞起了高效农业，每年守着个瓜棚子就有十多万的收入。老马说，种西瓜、香瓜目前收益虽然不错，但价格波动大，市场风险依然存在。【出录音】"香瓜我们最早一斤卖30块钱，现在卖得低，现在价格不行了，卖个15块钱，不好卖。"【录音止】

如何解决生态脆弱地区退耕户的生计问题，政府也想了很多办法。吴起县退耕办主任刘生亮说：【出录音】"地退下来以后，要解决农民的收入问题。涉及咱们农业部门、水利部门、经济开发部门、移民搬迁部门、民政部门、畜牧部门，组织成立农民合作社，搞农副产品、养殖业、棚栽业，政府还要给这些合作社提供全国各地的销售信息，解决农民的销售问题。"【录音止】

陕西的生态恢复卓有成效

记者许新霞在花椒树下采访退耕农户

韩城花椒深加工产品

录音报道：
退耕还林十五年让陕西披上"绿衣裳"

主持人： 自从 1999 年陕西在全国率先开展退耕还林工程试点以来，种树创造出的绿色版图在陕西境内由南向北推进了 400 多公里，昔日的"黄土高坡"实现了"由黄变绿"的历史性转变。在巩固退耕还林成果的过程中，当地群众还有哪些迫切的愿望和建议？我们连线中央台记者刘涛了解一下。

主持人： 刘涛，来给我们介绍一下当地群众对于退耕还林的成果巩固还有哪些建议？

记者： 我们在陕西境内从南向北行进的一路中看到，郁郁葱葱的树木覆盖了这片我们印象中满目黄沙的黄土地，这十多年的退耕还林成果确实看得见、摸得着。但当地林业部门的同志告诉我们，陕西的生态环境依然很脆弱，特别是生态恶劣、经济贫困的边远地区、贫困地区，大量陡坡耕地和严重沙化耕地仍在继续耕种，水土流失和土地沙化等生态问题依然严重。陕西现有 25 度以上陡坡耕地 871 万亩需要退耕还林，这些生态脆弱地区的群众退耕还林的积极性很高，都希望能尽快启动新一轮的退耕还林工程。

另外，由于退耕还林初期受政策限制，当地退耕还林的林木 80% 以上为生态林，经过十多年的成长，生态效益比较明显，但基本没有经济效益，一些地方退耕户的长远生计不能得到有效解决。目前，当地政府正在重点推广新品种，探索林下种养模式以及适应市场经济的高效管理模式，多渠道增加农民收入。群众也迫切期望能早日见到成效。

录音报道：
退耕人家的美丽生活

主持人： "绿色中国行动"报道组今天走进中国退耕还林第一县——陕西省吴起县，为您讲述陕北老区人民在退耕还林前后发生了哪些翻天覆地的新变化。请听中央台记者刘涛的报道。

【出录音，压混】"来来来，吃西瓜！边吃边谈！"【录音止】

边切瓜边招呼大家的是吴起县吴起镇马湾村瓜农马志宝。年过五十的老马是土生土长的吴起人，从小在吴起的云盘山下长大，他的回忆里总有一幅熟悉的场景：山上的黄土被狂风卷起，透过窗户纸钻进窑洞，到处都是呛人土腥味。

【出录音】"小时候这个山光秃秃的，没草没树，种庄稼。"【录音止】

时针转到 1989 年，农村土地包产到户，马志宝家分到了 40 亩坡耕地。虽然有了地，但土干、少雨再加最原始的耕作方式还是让靠天吃饭的陕北人时常揭不开锅。

【出录音】"那时候苦一年下来，五口人收入不到 2000 块钱。一身衣服穿几年，烂了窟窿再补，补了再穿。有了病的话大部分就扛，大病的话那就没治了。"【录音止】

转机出现在 1998 年，吴起在全国率先实施"封山退耕、植树种草"的逆向开发战略。马志宝家的耕地除了留下口粮地之外，全部种上了沙棘树。不过，退耕伊始，老百姓的思想还扭不过弯，抵触情绪很大。

【出录音】"老百姓当时接受不了，说这把地一退吃啥啊，生计都有问题。他们把苗子撤了，不愿意栽。撤掉以后说以后没人管的话再种地，当时抱的是这个心态。"【录音止】

尽管阻力重重，但陕北的退耕还林还是突破重围，坚定不移走了下去。政府也想方设法为群众找项目，投资金，谋出路，帮助群众从山上走到山下。

【出录音】"国家给了粮，给了钱，老百姓把山地全都退了，人也就闲了，腾出来时间以后就出去打工，又挣一份钱，这就双重收入。"【录音止】

如今，站在云盘山上放眼望去，满眼的绿色勾勒出了黄土地的崭新容貌。沟底的平地上，镶嵌着一列列整齐划一的白色大棚。马志宝家的瓜棚就在其中。现在的老马早已不比当年，香瓜、西瓜成了致富的"金蛋蛋"。已在县城买了楼房的他，每天都是从县城开着自己的越野车来棚里除草打药。

【出录音】"政府给把棚建起来，老百姓自己种，我现在两个棚种了7亩，去年收入20万。这一切经济收入的好处都归根于退耕还林。"【录音止】

退耕还林不仅富裕了农民，更改善了生态。马志宝说，陕北人不算小账算大账，有了好的生态环境，农民致富自然水到渠成。

【出录音】"我们算的账是大账，要为子孙后代考虑，把山变绿、水变清、天变蓝，老百姓生活会一天比一天好。"【录音止】

我国第一家退耕还林博物馆

记者手记：
陕北高原的色彩嬗变

张国亮

"我家住在黄土高坡，大风从坡上刮过……"

这首传唱大江南北的经典歌曲早早将黄土高原的形象在我心中定格：目所能及之处皆为一片蜡黄，烈日炎炎找不到半点水的痕迹，凛冽的北风挟裹着风沙肆虐，辽阔宏伟的气势却掩盖不了满目的苍凉。

然而我错了，那是一种意料之外的"失望"。

从陕东韩城往陕北吴起500多公里的山路上，我一直期待着那大片黄色的出现。事实情况却是，层峦叠嶂、郁郁葱葱、茂林修木、负势竞上……我搜尽脑中的词语也无法描述眼前的那片绿色和内心的诧异。这怎么可能是陕北，这就是陕北！

在我们不绝的赞美声中，报道组随行的陕西省退耕办调研员毛陇萍尽情享受着骄傲。目前，陕西省巩固退耕还林成果项目已经实现全省覆盖，从1999年至今累计完成退耕还林3655万亩，全省生态环境明显改善。森林覆盖率由1999年的30.92%提高到目前的41.42%，这15年是历史上森林覆盖率增幅最大、增长最快的时期，活立木总蓄积达4.24亿立方米。陕西生态环境得到了明显改善。

"来到了南泥湾，南泥湾好地方，好地呀方，好地方来好风光，到处是庄稼，遍地是牛羊……"

快到延安时，我们途经了南泥湾。又一首耳熟能详的歌曲把我们带回70多年前，1941年八路军120师三五九旅在南泥湾开荒种地，5年时间开荒26万亩，收获粮食37000石，保证了根据地的物资供给。

从今天的眼光来看，南泥湾的开荒精神仍然值得我们学习，然而开荒行为却已不受鼓励。事实上，正是过度的开荒、砍伐、放牧导致了陕北地区生态环境的恶化。上世纪末，延安水土流失面积高达2.88万平方公里。

在一个未对外公开的纪录片中，一位国家领导人上世纪末望着贫瘠的黄土高原语重心长地说，需要"还债"的时候到了。是的，要将草木还给陕北，要将绿色还给黄土高原。"兄妹开荒"变成了"兄妹造林"，延安以红色的革命精神成为中国退耕还林第一市。

如今，绿色代替了黄色重新成为红色圣地的主色调。延安森林覆盖率已经由新中国成立时候的不足 10% 提高到如今的近 50%。到达延安时我们发现，革命圣地的重要标志和象征——宝塔山在蓝天白云下已被翠绿的松柏环绕。

继续往陕甘宁边境的吴起县前进。我们终于看见了黄土高原的全貌。站在山顶眺望，你能肯定地说，这就是你无数次从照片上看到的那个轮廓，穿上绿色衣裳的陕北高原在辽阔宏伟的气势上又平添了几分秀美。

然而这里的绿还比较稀疏，还不能、远不能全部盖住黄土。我指着一颗没有碗口粗的小树问一位村支书，这棵树应该是这两年刚刚栽的吧？"不，它已经种了18 年了！"一种无法言说的感慨在心中升起。

陕北地区的茂密山林

穿上绿衣服的黄土高原生态环境依然脆弱

记者手记：
司马迁与大红袍

吴朝晖

一

到韩城不易，如果不是我的坚持，这次又会擦肩而过。

韩城很偏僻，交通也不发达。我查了去韩城的方式，高速公路、火车、飞机，从我的出发地大同，都无法直接到达，并且耗时漫长。

最快的方式是先回北京，然后西安，然后高速公路到韩城。

在当下中国，一个人或者地方占有的任何资源，都与行政级别直接挂钩，包括交通。韩城只是一个县级市，不和任何交通枢纽靠近，所以从西安过去最方便。

但有些东西是与行政级别没有关系的，比如我就要离开的大同，和即将到达的韩城。

在国家林业主管部门那里，它们是退耕还林工作突出，所以成了我们这次"绿色中国行动"的采访地。在我看来，除此之外，它们在中国的历史版图和文化版图上，却有着特殊的重量。

韩城花椒

韩城是司马迁故里。这个小小的地方，因为一个司马迁，足以让整个中华文化的版图，向这里倾斜。

从咸阳机场一出来，便直奔韩城。

已是周五下午时分，我希望下班前能够到达，当地一个朋友正在等候。大周末的，打扰人家与家人相聚，心里颇为不安。

从西安绕城高速上京昆高速，向东北方向疾驰。

到陕西几次，除一次到铜川外，基本上都在西安附近转悠。有人说，一千年中国看北京，五千年文明看西安。到陕西博物馆看一看，就知此言不谬。

但每次到陕西，我都觉得这里的历史分量实在太沉重了！一座座帝王高大的陵墓，把大地压得似乎要深陷下去；始皇帝的兵马俑庞大兵团，似乎随时一声呐喊，便从地底冲出，继续他们残酷的征战；还有则天武后的那座巨大无字碑，似乎穿越千年时空，依旧在表达着一种强烈的蔑视——一个拥有绝对权力的奇异女子，对所有胆敢妄议是非者的不屑。

哦，八百里秦川，四塞之地，自古多少英雄豪杰在这里演出过惊天动地泣鬼神的戏剧。然而，"千秋万岁名，寂寞身后事"，那些自以为可以改天换地、支配他人命运的人，今天身影何在？

只有那个伟大的老子，留下一部深奥莫测的五千字《道德经》，骑着青牛，从中原西出函谷关，不知所踪。

青牛毕竟不是快马，更不是今天一日千里的火车、汽车，老子又能走到哪里去呢？我觉得，他应该消失在关中这片广袤深厚的川原之中，也许，就藏在大地褶皱的某一个沟坎里，过着一种悠然自在的躬耕陇亩生活。

韩城，也属关中平原，不过已处在东北边缘，在陕北黄土高原与关中平原的衔接地带，地质学家也称这里为渭北高原。

从八百里秦川，逐渐进入黄土高原地带，地貌就逐渐显现出奇险状态。

这是黄土高原特有的一种地貌，被称为"黄土塬"。"塬"是西北地区老百姓对顶面平坦宽阔、周边为沟谷切割的黄土堆积高地的俗称，现在已是正式的地貌学名词。

这种地貌有一种非常特殊的惊心动魄——你觉得你正在平原上行走，突然，脚下的土地就不见了，变成一个深不可测的断崖深谷，你不得不突然收住脚，倒吸一口凉气。

大地深厚而结实，值得我们信赖。但黄土高原，却让你时时"如临深渊，如履薄冰"，它似乎不停地变换身姿，大幅度沉降、移动，或突然裂开，或突然沉陷，或在你不注意的时候，突然抽离而去，让你一脚踏空，堕入空谷——这是一种突如其来的惊险，一种不可预料的惊心动魄，一种平常之中乍现的奇崛之美。

当车行到达一个巨大跨度的高桥时，我觉得我们的车似乎走在云端之上。

这是一个连接两个高塬的桥，跨度有数公里之长，下有数十米之深，高崖阔壁，深沟巨壑。因为太高，桥墩像一根根细竹竿，而桥墩上的桥，像一根柔软的飘带。

桥下谷底中间有一根闪亮的细线，延伸至桥右方，一个与这条沟壑几乎垂直的更为阔大的沟壑，中间也有一根发光的细线，两者相交在一起。

司机师傅告诉我，桥下闪亮的是芝水，右边发光的是黄河。而左边芝水旁的高崖上，就是司马迁祠。

果真气象非凡之地！

二

司马迁祠，当地人俗称为司马庙，坐落在韩城市南 10 公里芝川镇的韩奕坡悬崖上，始建于西晋永嘉 4 年（公元 310 年），距今已有近 1700 年。据历史记载，时任夏阳（即今韩城）太守的殷济，"瞻仰遗文，慕其功德，遂建石室，立碑，树柏。"

司马迁祠墓建筑自坡下至顶端，依崖就势，层递而上。登其巅，可东望滔滔黄河，西眺巍巍梁山，南瞰古魏长城，北观芝水长流。

在司马迁祠院的最后面，苍松掩映着司马迁的墓茔。这座形状极似蒙古包的八卦墓，传说是元世祖忽必烈敕命改建的。忽必烈认为正是司马迁在《史记》中为少数民族立传，蒙古族才有了自己民族渊源的文字记录，于是他按照蒙古人的习惯，为史圣改修了这座蒙古包形样的砖砌圆墓。

蒙古人能够横扫欧亚大陆，并治理中国数十年，不是没有道理的。例如对待司马迁的态度，就是诸多汉族帝王所没有的气度和胸怀。他们小肚鸡肠地诬称司马迁的《史记》是"谤书"，一直试图淡化、压制、湮灭这本书的流传和影响。

奇特的是，就在圆形墓的墓顶，长出几颗巨大的古柏树，是为司马灵魂之勃郁乎？抑或司马之健笔如树，依然苍劲有力，在历史的天空随风摇曳，继续进行无声的书写？

太史祠虽然建筑规模不大，但它依据山岭的天然地形，建筑高峻挺拔、气势雄伟，和周围环境非常协调。其开势之雄，景物之胜，形式气派，恰如司马迁的人格、文章、事业，超拔于群。

司马迁祠中照例有历代诸多文人雅士题写的碑石，其中郭沫若撰写的一首五言诗颇为人推重，其诗曰：

龙门有灵秀，钟毓人中龙。学殖空前富，文章旷代雄。

怜才膺斧钺，吐气作霓虹。功业追尼父，千秋太史公。

郭沫若的为人为文，人多诟病。但他的才气，大家却一致公认。同为才子式人物，郭沫若对司马迁似乎应有惺惺相惜、心灵共鸣的一面。但两人却走了两条颇为不同的路，这应该是中国文化人相隔两千年的不同标本，他们之间的契合与分离，在历史的大背景下进行比较，也许是一件非常有意义的事情。

司马迁在《太史公自序》中说，"迁生龙门，耕牧河山之阳"。

"龙门"为韩城古称，相传夏禹"导河积石，至于龙门"，因而史以"龙门"

为韩城的代称。这里的"河"就是东边的黄河，"山"则为西边的梁山。

黄河这条大河，确实是一条非凡的河流。它从青藏高原发源地向东流出，至甘肃兰州突然急转向北，到内蒙古草原很北的腹地，才转向东流，不久又转头南行，沿着陕西和山西的分界一直流到渭河流域，吸纳了渭河、泾河几条支流，携带了黄土高原的大量黄土，再向东经河南、山东东入大海，在北方的大地上，写下了一个大大的"几"字。

它的这种流法，从东到西，从南到北，流过了不同的地貌、不同的土壤、不同的温度、不同的高差，孕育了不同的民族、不同的文化，并让他们贯穿起来、流动起来、交融起来——黄河，它涵盖整个北中国，是北方一切的源头。

司马迁在黄河岸边，在韩城的黄土高崖上，"耕牧"到十几岁以后，才到京城西安随父学习。后来，他曾护送父亲的灵柩归葬韩城高门家族墓地，又曾6次随汉武帝从这里的夏阳古渡，渡过黄河，到对岸祭祀后土祠。司马迁与故乡这个地方联系紧密。

从古到今，黄河龙门都非常著名。

龙门是黄河的咽喉，位于韩城市北30公里的黄河峡谷出口处。此处两面大山，黄河夹中，河宽不足40米，河水奔腾破"门"而出，黄涛滚滚，一泻千里。传说这里就是大禹治水的地方，故又称禹门。

人们所说的"鲤鱼跳龙门"就是指这里。据《三才图会》载：古时每年三月冰化雪消之时，有黄鲤自百川清海游集龙门之下，竞相跳跃，一年之中，能跃上龙门者只有72尾。一登龙门，云雨随之，天火烧其尾。登不上者，点额曝腮。

"鲤鱼跃龙门"的传说，寄托着人们的美好梦想。从这里走出的司马迁，成为位居中书令的皇帝近臣，应该是跃入"龙门"了吧，但司马迁自己的境遇，与民间的愿望，何止隔着十万八千里的距离！

大诗人李白似乎有着超强的直觉力，他来到这里，写了一首极为奇诡的诗，现在读来依然令人感叹唏嘘！

这首诗叫《公无渡河》，诗不长，姑且引之。其诗曰：

"黄河西来决昆仑，咆哮万里触龙门。

波滔天，尧咨嗟。

大禹理百川，儿啼不窥家。

杀湍湮洪水，九州始蚕麻。

其害乃去，茫然风沙。

被发之叟狂而痴，清晨临流欲奚为。

旁人不惜妻止之，公无渡河苦渡之。

虎可搏，河难凭，公果溺死流海湄。

有长鲸白齿若雪山，公乎公乎挂胃于其间。

箜篌所悲竟不还。"

《公无渡河》前面写的是大禹治水，大家都熟悉。后面却是一个非同寻常的故事。

后面故事的来源，为《古诗源》中的汉代古歌《箜篌引》。诗前面有一段注解，说有一"白首狂夫"，晨起"披发提壶，乱流而渡"，"其妻随而止之，不及，遂堕河而死。其妻援箜篌而鼓之，作公无渡河之曲，声甚凄怆。"歌曰："公无渡河，公竟渡河！堕河而死，将奈公何？"。曲终，亦投河而死。

李白将《箜篌引》的诗和故事移植过来，写得更加惊心动魄：

那披发之叟竟想"凭河"——涉水渡河而过，难道就不怕被大河吞没？诗人以极大的困惑陡然惊呼："被发之叟狂而痴，清晨临流欲奚为？"

震荡轰响的浪涛声过去，蓬发妇人的喃喃自语道出必然结局："虎可搏，河难凭。公果溺死流海湄。"

此后，诗人以夸张的笔墨，描述狂叟溺死浪波、为长鲸所啮的恐怖景象，以及狂夫之妻那"公乎！公乎"令人不忍卒听的凄惨号哭。

最后，天空之下，黄河岸边，只有箜篌的悲切和鸣，白首狂夫再也不会归来。

经过李白的再创造，这首诗带有了更强烈的悲剧色彩。

这首诗的怪诞在于，前半首写大禹治理黄河的敬业与成功，是一个表彰功绩的故事；后半首突然冒出一个披发痴愚的狂叟，不听劝阻涉水过河，最后身死荒滩，为巨鲸所食的故事。

这两个似乎毫不相关的故事，为什么放到一首诗中？

那个狂叟，为什么非要过河？他要到对岸寻找什么？

为什么非要涉水过河？难道就不能找到一条船吗？

即便一时找不到船，你就不能等等吗？为什么非要那么着急地渡过河去？是什么事情这么急不可待？

黄河的狂暴肆虐有象征意味吗？

"白齿若雪山"的"长鲸"，是否另有所指？

那个"临流"、"凭河"的"披发之叟"是否也有所喻？

诗仙写诗时的具体心迹，已渺然难考。但李白来到的是司马迁的故乡，写的是关于龙门的诗，他不可能忽略掉司马迁这样一个巨大的存在。

"公无渡河，公竟渡河！堕河而死，将奈公何？"

不管李白是不是确切地用这首诗，来悲叹司马迁的命运，但他这首诗中一定有司马迁的影子。

我坚信。

三

我一直固执地认为，一个地方的山川风物，与生长在那里的人，有一种神秘的关联。要不然，北方人与南方人，浙江人和陕西人怎么会有那么大的不同？

站在壁立千仞的黄土高崖上，劲风入怀，怅望四野，我似乎在对面的漫坡上，看到一个白胡子老人，正在击壤而歌：

> "日出而作，
>
> 日入而息，
>
> 凿井而饮，
>
> 耕田而食。
>
> 帝力于我何有哉！"

他的声音激越而高亢，他的形象纯朴而憨厚，这个可爱的老头是谁呢？《古诗源》上注解说："帝尧之世，天下太和，百姓无事，有老人击壤而歌"。这个唱着《击壤歌》的老人，实际上是生活在黄土高原的我们的一位祖先。他闲来无事，坐在300米厚的黄壤上，随口吟出的这首古歌，是华夏民族有记载以来的第一首诗——其实，远远不止于此，我们几千年来的生活，被这个老头一歌唱尽。

哪怕到了天涯海角，我们也走不出这片土地给予我们的馈赠和限定。

所以，多年来的记者生活，养成了我的一个习惯，每到一地采访，如果时间允许，必先到当地博物馆看看，然后到书店寻找有关当地历史文化、名人掌故、山川风物之类的书籍。当然，如果有一个当地文化人朋友，带着你到处走走，一起聊聊，尤其能到当地的夜市上，吃吃当地地道的小吃，那就更好了。

我的经验是，一个地方如果能出一个有影响的文化人，一般来说，他就会成为这个地方的文化代表，外地人会从他的身上，来认识、理解这块土地和这块土地上的人。

但往往是，每个地方还有几个当地的文化名人，他们生于斯、长于斯，热爱家乡的土地和美食，熟悉家乡的风俗人情，热衷于采集整理当地的历史、文化掌故，并加上自己的理解，予以阐释、传播。从某种意义上说，他们就是当地这块土地的文化凝聚、传承、代表者，以这块土地的名义，发言。

这次一到韩城，我就有幸认识了这么一个朋友。

这个朋友很有意思，山东大学历史系的高材生，小有名气的诗人，省作协会员。大学毕业后到西安一所高校任教，可他不大喜欢那里的生活，遂调回家乡韩城，在一个与文学、历史毫不相干的单位任职。业余时间醉心司马迁研究，是韩城市司马迁学会副会长，最近一部大部头的专著即将出版。

这位朋友叫张韩荣，好像笔名是"韩嵘"，因为他送了本他以前出的诗集，上面署名为笔名。不过，两个名字都与韩城相关。

说起司马迁，说起韩城这个地方，他有诸多新奇的观点。

我想，他这个人本身就很有意思，整个就是一个司马迁的文化后裔。司马迁的文化基因，在他的人生选择中，产生了决定性作用。可见司马先生流风所披，影响千年。

韩城林业局造林科的王晓鹏科长，带我去那深沟大壑、刀劈斧削的塬上，看一种特殊的植物——大红袍。

这大红袍不是茶，是花椒。茶产在福建武夷山中，是茶中极品；花椒产在韩城黄土塬上，也是椒中珍异。

"大红袍"是花椒的一个品种，因其成熟后果实鲜红如火，有人戏称"万山红"。站在塬上高处，展眼望去，塬上塬下，都被一株株花椒树密密覆盖，郁郁苍苍。近处的花椒树上，果实繁盛，密密麻麻，虽然尚是青色，但基本已经长成，浑圆饱满，惹人喜爱。

大约这里的土壤、气候，非常适宜花椒生长，韩城种植花椒已有几百年的历史，但产量一直较小，国家退耕还林政策的实施，推动了韩城花椒的大规模种植。目前韩城的种植面积有 50 万亩，年产 2000 万千克，约为全国总产量的六分之一。

参与花椒种植的，几乎涉及家家户户农民；加上参与花椒采摘、加工、销售的人，恐怕超过韩城三分之二以上的人口。花椒成为韩城的主要物产，成了当地的主要支撑产业和农民的收入来源，成为覆盖这片土地的主要绿色植物，或者说成为韩城的代表性植物。花椒的身影由此笼罩了人们的视野，花椒麻辣辛香的味道改变了人们的味觉，关于花椒的话题充斥了人们的生活。

对韩城来说，花椒种植不仅有经济意义，更有生态价值。

黄土塬皆为黄土，一旦下雨，水土流失极其严重。旁边就是黄河，黄河之黄就是这里的水土流失造成的。所谓"黄河清，圣人出"的古老梦想，大概从未在历史上实现，因为黄土高原的崬塬上沟沟壑壑，都把黄土输送到了黄河中，黄河的浑涛浊浪，又把这些黄土带到东部的下游，然后沉积下来，使河床逐步升高，成为令人望而生畏的"天上河"。一旦上游水大，下游的水便从河道冲决而出，漫灌良田，形成汪洋无际的巨大黄泛区，房屋毁于一旦，百姓流离失所，如果政府无力救灾，灾后往往饿殍遍地，死尸相藉。

这种情况的改变，只有两个办法：一是绿化黄土高原，保持水土；一是建立水库，疏浚河道，控制水流。

新中国建立后，黄河上建了三门峡等水库，也疏浚了河道，但绿化却没有做好。国家规模宏大的退耕还林工程，实际上是在还几十年欠下的生态账。这个账，对于黄土高原和黄河来说，尤其重要和及时，因为这里的生态实在是过于脆弱了。

据韩城退耕还林办提供的数据，从 1998 年至今，韩城市的林业用地面积增加了 11 万亩，有林地面积增加了 20 万亩，森林覆盖率提高了 10 多个百分点，达到 43.3%，这在黄土高原是一个很大、很有说服力的数字。

还有一个非常重要的数字是，退耕还林工程实施后，新增控制水土流失面积 10 万余亩，专家的结论是：地表径流得到了有效控制，水土流失现象得到有效缓解。

花椒，及其品性、滋味，与司马迁的风骨有一些暗合，构成了韩城人生活的重要组成部分。

有好事者编了一副对联，对韩城进行了这样的概括："百里矿山万树椒，一部史记千年城"。

这个概括还不够全面，它漏了最重要的一个——黄河。

记者手记：
生命不屈 绿意不止

温超

上世纪80年代，电影《黄土地》横空出世，当人们被顾青与翠巧的爱情所吸引的同时，也将千沟万壑、黄沙漫漫的黄土高原图景镌刻在了脑海深处。我虽从小生长在关中，对于陕北的印象，却依然跳脱不出电影中的画面。

2010年，我去往外地沿途经过延安。初冬的淡霜覆着在干瘪枯萎的低矮灌木上，把一座座山丘染的发褐。在枯草掩映下裸露出的黄土像是介于泥土和岩石之间的一种新物质，看起来丝毫没有孕育生机的可能。虽谈不上荒芜，却让人感到万物萧条的意韵。没有讲解，没有资料，没有深入，仅仅路过，总是感觉这片土地有些贫瘠，缺乏特质。这，就是我与黄土高原的初次邂逅。

2014年夏至将至，我跟随报道组再一次踏足这里，不同的是这次是带着任务，将目光聚集在了这片土地的"绿衣"之上。

报道组从关中平原之东——陕西韩城取道黄龙山森林公园，经南泥湾一路向西北挺进。盛夏临近，沿途的绿意让同行的老师们一个个惊叹不已："这到底还是不是那个黄土高坡？"当然，坡还是那个坡，只是披上了色彩亮丽的外衣。

这片高原上，黄土曾绵延40万平方公里。春冬季节，大风起兮沙飞扬。生活在这里的人们只能在这片光秃秃的黄土地上重复着开垦、播种、再开垦、再播种的循环耕作模式。然而土地越垦越贫瘠，生活也愈过愈艰难。尽管如此，生命却在最不适宜的条件下将自己的存在展现得淋漓尽致。

然而，越往西北行进，绿意便渐渐淡了起来，黄土地开始展现自己最为人所知的贫瘠、荒芜的一面。在公路两旁的垂直山体上能看见挖出的一个个小坑，坑里是看起来几近枯败成灰的植物。离这个图景不

生态环境改善，吴起出现美丽的天鹅

远的地方，是一排排崭新的新式窑洞，干净、整洁，在阳光下闪闪发光。一股充满生命活力的气息扑面而来，然而这个时候内心突然酝酿出了一股子压抑和悲凉，或许是对于审美青山绿水的惯性，此时对这种极端的搭配竟惹得心里有些烦闷和抑郁，但更多的却是敬畏，敬畏在这样的环境中生长着的所有生灵。

吴起，初次听说这个名字颇感金戈杀伐之气，然而此吴起非彼吴起。作为全国退耕还林第一县，吴起因率先实施封山禁牧和退耕还林以及率先在全国实施十五年免费教育而闻名，我们的目的地也正是这里。

"山是和尚头，沟里干丘丘，三年两头旱，十种九难收"，这是当地百姓对于昔日恶劣生态环境的描述。在国家实施退耕还林以前，吴起全县 11.8 万人，牲畜饲养量达 49.8 万头。那个时候从政府到群众还都没有生态文明的概念，迫于生计，年年倒山种地、漫山放牧的景象随处可见。然而，土地越垦越穷。林草越牧越荒。1999 年 8 月，一位国家领导人到延安视察，在当时就提出了"退耕还林、绿化荒山、个体承包、以粮代赈"的十六字治理措施，要求延安人民"变兄妹开荒为兄妹造林"。对于黄土高原来说，一场旷日持久的巨大变革从此拉开帷幕。

这场变革至今仍持续着，所有的一切被记录在 2009 年在吴起建成的国家退耕还林纪念馆。我们抵达吴起的第一站，就来到了这里。馆不大，但是却极尽所能地包含了退耕还林以来的图片、文字和影像资料。当我听到领导人在延安退耕还林初期的那番讲话时，眼睛湿润了三次。从兄妹开荒到兄妹造林，不仅仅是一种理念上的转变，更是一种人与天斗的大决心和大毅力，势必将是一段艰难但却伟大的历程。

有比较才有发现，才有更深刻的认识。在馆内一角，摆放着一截碗口粗的桉树树桩，我好奇地问了句这是什么？馆内的工作人员接口道：是在南方生长了 8 年的桉树。于是，我自然地回想起此地目之所及的绿意似乎并没有这么粗壮的载体来支撑。于是随口问了句：咱们这里怎么没有看见？工作人员只是苦笑了一下便不再出声。这个时候我突然明白过来与"天斗"的艰辛。这里沙尘天气频发，干旱少雨，即使下些雨水也会和着黄土直流而下，土涵不住水。而风沙更是不断地将地表土攫走，使植物就地干枯、死亡。当地退耕办的工作人员介绍说，他们统计过一次植树的成活率只有不到一半，而再过一年之后，就剩下一半的一半了。所以，眼前的盎然绿意都是在无数滴汗水的浇灌下，在与风沙的不断抗争中凝聚而成的。生活和生长在这片大地上的生灵与自然的博弈从未停止，也从未屈服。此前心中那股压抑和悲凉混合着震撼尽消。在这一瞬间，我突然觉得身处的地方是多么的与众不同，不仅因为这里曾被联合国粮农组织断言"不具备人类生存的基本条件"，更因为这里生长着不屈的生命，不断凝重的绿！

如今，吴起的森林覆盖率已经由 1997 年的不足 20% 提高到 62.9%，城镇居民人均年可支配收入达 29873 元，农民人均年纯收入 9110 元。不可否认，在这里面固然有石油工业的功劳，但是吴起的农业经济与畜牧业发展也早已今非昔比。

走出退耕还林纪念馆，目之所及片片翠绿让人心旷神怡。延安市退耕办总工程师白志刚说，由于地表植物多了起来，每年春季的沙尘天气大为减少，雨水也渐渐充沛起来，就连野生动物的种类和数量也在增加，有时候还会出现晨雾绕山的景象，而这些就是他们15年来的工作成果。可是，如果不封山禁牧，不再实施退耕还林，那么不到一年时间一切就都会回到1999年的初始状态。

延安市退耕办副主任仝小林说，从去年开始，延安自筹资金，计划用4年时间将全市现有的224万亩25度坡耕地全部退耕还林，实现陡坡全绿化，林草全覆盖。

显然，这场人与自然的博弈还不能轻易分出胜负，生命与自然的抗争仍然在继续……

蓝天白云下的吴起新县城

黄土高原远眺

录音特写：
雷沟村里的城里人

主持人：退耕还林工程实施十多年来，我国北方旱区的森林覆盖率显著增加。在山变绿水、变清、人变富的同时，农民的生活正在发生着深刻的变化。中央台"绿色中国行动"采访组今天走进甘肃省静宁县。我们先来听一下报道组发来的录音特写《雷沟村里的城里人》。

【出录音】

女儿："妈妈，这个怎么套呀？"

母亲："把这个袋子撑圆吧，套在这个苹果上。"

女儿："边儿套在这里面是吧？"

母亲："对，还行……"【压混】

在静宁县治平乡雷沟村，苹果园一片接着一片。村民雷振贤正和爱人忙着给苹果套袋，刚参加完高考的女儿乐乐也从城里赶来帮忙。乐乐住在城里，很少接触农活，老雷只能一边忙活，一边给女儿示范。

【出录音】

乐乐："爸爸，为什么要套这个袋子呢？"

老雷："这个袋子套起来，这个果面就比较光滑，红润，就这个好处。到市场上卖的时候好卖，颜色好看。"【录音止】

老雷告诉我们，退耕还林前，村里种的最多的就是玉米、小麦，年景好的时候，亩产四五百斤就已经顶了天，别说脱贫致富，就连解决温饱都很困难。退耕还林工程实施之后，乡干部动员大家种植苹果树。现在，他家的 8 亩苹果每年收入就超过 10 万元，但这钱还只是"小钱"。

【出录音】"像别人家都是自己干，所以收入可观。像我，还要雇人呢，把这一半就给人开了工资了。"【录音止】

老雷说，有了钱，为了孩子们的学业，花了 20 多万元在县城买了一套 140 平方米的楼房。平时，爱人带着两个孩子在城里住，变成了名副其实的"城里人"。

随着苹果产业链的不断扩大，他投资抢先发展仓储业，为果农提供仓储服务，并很快成了远近有名的"雷百万"。

村民雷振贤和家人正
在给苹果套袋

【出录音】

"我们这个库不管是给客商还是给果农，都是按件收费的，一个苹果箱收他们储藏费6块钱。25孔库一个库2.5万件，大概纯收入就是200万元左右。"【录音止】

老雷说，他们村家家都参加了苹果产业的生产和经营，400多户有300多户买了车，许多人还在县城买了房，村里生产，城里生活，既是乡下人，又是城里人，日子过得挺满足。

【出录音】"继续发展吧，政策这么好，继续发展吧，哈哈……"【录音止】

录音报道：
代代相传的绿色"接力棒"

今天的"绿色中国行动"，我们走进甘肃。作为我国首个以省为单位构建的国家生态安全屏障综合试验区，甘肃正在举全省之力铸就祖国西部的绿色长城。目前，全省林地面积 1.47 亿亩，森林覆盖率由 1996 年的 9.04% 提高到现在的 11.28%。但狭长的版图上，中部有着定西生态极其脆弱区域，河西走廊最西端的敦煌市及周边地区年降雨量更是仅为 40 毫米左右，不足南方城市一场雨的降雨量。这里追寻绿色的脚步尽管历尽艰难，却从未停止。

【出录音：车辆行驶声，压混……】进入甘肃，采访车行驶在青兰高速上，道路两旁的山体都被整治成层次分明的台阶状。远远望去，台阶上种的像是松树，

退耕还林示范点一片生机

稀稀拉拉，数百公里几乎都是一个模样。

【出录音】**记者：** 像这些树看着都小小的，有多少年了？

刘师傅： 有些有十年了。雨水少的地方还就几十公分、一米左右的样子，能活着就不错了。没水嘛……【录音止】

在和定西市安定区林业局刘师傅聊天时，我们强烈感受到缺水带给这块土地的深深忧虑。

【出录音：车辆行驶声……压混……】

绕过一道道山梁，采访车停在了安定区响河流域退耕还林示范点。脚下，层层梯田状的林地，外围边侧种着一米多高的侧柏，中间苜蓿、柠条和各种不知名的野草随风摇曳。一片绿意中，极目远眺，对面山头却出现了一片片分布不均的枯黄，显得有些刺目。安定区林业局副局长董俊盛解释说：

【出录音】"现在变绿的这一块，一个是咱们以前的国有林场，另一个是现在咱们的退耕还林区域。从那边看过去有些没退耕的，现在白白的。现在我们全县25度坡以上的耕地有50万亩，迫切需要退耕还林，加大任务。"【录音止】

【出录音：枯草地的沙沙声……】

记者： 为什么我看到这全都是干草？

董俊益： 这一段降雨量有些少，有些旱。要把这所有的退下来的耕地已经成林的保存下来，就是要纳入国家基本生态公益林的管理范畴。建议国家在出台政策的时候，向我们北方地区、干旱地区给予倾斜。【录音止】

月牙泉的生存环境不容乐观

在甘肃，随着生态建设的层层推进，一些村庄整村搬出了大山。安定区巉口镇赵家铺村就是其中之一。【出录音：大车驶过的声音，压混……】公路穿村而过，来来往往的大货车卷起的滚滚尘土四处飞扬，路边种植的庄稼也是灰头土脸的，田野里的树苗一片片地枯黄。

【出录音：音效，敲门声，没人……】记者敲了几家的门，都没有人回应。随行的包村干部说：【出录音】"这个时候种的田基本上锄的都已经锄了，也没什么事情，去打工了。"【录音止】终于，看到有人拉着一车苜蓿从外面回来。

【出录音】

记者： 你拉苜蓿干嘛呀？

赵效禄： 喂羊。

记者： 家里养了多少只羊？

赵效禄： 六七只羊。

记者： 种的苜蓿够喂吗？

赵效禄： 够了。

记者： 你没有出去打工？

赵效禄： 身体经常有病呢。【录音止】【压混……】

这是农民赵效禄的家。举目四望，屋里没有几件像样的家具，后院摊满了苜蓿，几只羊没精打采地在羊圈里转着圈儿。65岁的父亲赵玺坐在厨房门前的台阶上，他说，50亩地的退耕还林补偿款是全家眼下最主要的收入来源。

【出录音】"希望再退一点嘛。希望得很，没人力的，就靠这个。"【叹气声……】【录音止】

2013年，赵家铺村人均年纯收入只有4000多元。就这，在定西市已经攀上中上等的收入水平。村党支部书记杨雄说：【出录音】"如果一旦退耕还林补助款停止的话，我们村的三分之一的农民将受到很大影响。"【录音止】

采访中，我们深切地感受到，在自然条件恶劣的西北地区，退耕还林等国家生态建设项目不仅是人类与大自然的艰苦抗争，更是雪中送炭的民心工程。在这里，让每一个绿色的生命得以延续，都实属不易。占据甘肃省42%国土面积的酒泉市，土地沙化严重，年降雨量不足100毫米，蒸发量却高达2000多毫米，市自然保护局局长关勇说：【出录音】"酒泉每增加0.1个百分点的森林覆盖率，需要营造28万亩的林地，提高起来难度非常大，所以说我们对这一片绿色的珍惜和保护现在也显得非常重要。"【录音止】

而让每一个绿色的生命活下来，不过是个开始；如何让它成为老百姓的福祉，还需要一个漫长的过程。甘肃省每年对长江的输沙量占到了整个流域的十分之一，对黄河的输沙量占到三分之一。这样的生态要害地位，让这块黄土地上的绿色梦想代代相传。甘肃省林业厅副厅长段昌盛说：【出录音】"保护这片环境，不光是甘肃自身的事，这也是我们国家整体生态建设的重要组成部分，把发展和保护很好地结合也是我们现在面临的一个课题，这一点非常地迫切。"【录音止】

录音报道：
一颗西北苹果的
"社交网络"

【出录音】"你好，欢迎光临红六福果业……"【压混】

在甘肃静宁县城，记者随意走进了路边的一家苹果销售店，里间的冷库里堆满一箱箱单颗一斤重、直径达95毫米的苹果，销售者张康娟说，每天有四五十箱超级大苹果通过互联网销往全国。

【出录音】"基本上都是在网上走，一天订单四五十箱，都是来自各国的、各地的人。"【录音止】

在55公里外的治平乡雷沟村，记者找到了大苹果的生产者，46岁的村民雷托胜。他家6亩苹果地每年带来12万元的收入：【出录音】"种苹果树好，种小麦一亩地三四百元，现在一亩地就是两万来元。"【录音止】

苹果精选送走后，排剩下的被送入下一个环节——食品加工厂。在静宁八里工业园区原料车间，厂长张建国说，100多块钱收来的次等苹果可以制成果汁和果醋，

甘肃静宁县山坡田地上的苹果

一年可创利300万到400万元。【出录音】"苹果的形状不太好的，成熟度不太好的，用这个榨成果汁，用果汁再经过发酵，发酵一部分果醋。"【录音止】

15年前，静宁县借退耕还林机遇，依托区位优势，着力发展苹果产业，面积由19万亩发展到如今的102万亩，并积极引导和培养农民分流到种植、仓储、包装、营销、物流、出口等各个环节，一个现代旱地果木产业链初步形成。昔日这些黄土高原上老实巴交的农民，现在变成网络交易的时尚达人，为这个极贫县人均每年增加了4157元的收入。

"产业链"的兴旺让人欣喜，静宁县林业局局长李三正看到的却是"生态链"形成带来的前景，他说一棵苹果树牢牢抓住了12平方米的土地，百万亩的苹果林抓住的将是黄土高原的希望。【出录音】"退耕还林之前静宁森林覆盖率只有不到7%，经过这十几年提高到25.9%，如果苹果这块算上就达到69%，这就不得了啊。"【录音止】

记者范存宝、张磊到静宁苹果包装箱厂采访新来的大学生

记者手记：
一代人与一片绿

张磊

土黄是西北地区的主题色，哪怕入夏后，山坡上的各种树木已舒展了枝桠，试图用并不茂密的叶子遮挡住脚下的黄土地——尽管远观起来，漫山遍野的葱绿让人愉快，甚至产生错觉：印象中的干旱和风沙与这里无关。但如果离得近些，和你个头一般高的它们，会让你不由自主地思考，它们何时才能长大成林，抵御南下的风沙、巩固这方水土？

有着这样的思考的，除了天天面对它们的干部和群众，还有我们这些"外来人"。2014年6月下旬，中央台"绿色中国行动"采访组来到甘肃，五天时间驱车2000多公里，寻找绿色的足迹。

第一站，是静宁。这里每年的有效降水量不足400毫米，属典型的旱作农业区。但从远处看去，漫山遍野全是绿色。"除了陡坡地之外，咱们能看到的都是苹果树。"陪同的林业干部带着我们来到东山梁，指着一片接着一片的苹果园，语气中充满了自豪。

退耕还林前，这里就有种植苹果的传统，但作用只限于"换几个零花钱"，大片的耕地只用来种玉米、小麦，因为那是解决温饱的口粮田。退耕还林政策实施后，经济林成为当地的首选。

"动员大家栽苹果的时候，大家都不愿意。我就说，你们栽，果子下来了我来卖。"当地一家仓储企业的老板感慨地告诉我们，十多年前，自己是村支书，响应了县上的号召，动员大家栽苹果树。但是没想到，树栽起来了，销路却成了大问题。无奈之下，他只能自费到外地取经，看看别人是怎么把小苹果卖出大钱的。

苹果容易糖化，储存是关键。为了不让乡亲们的利益受损失，他还花了3000元建了几孔储藏窖。在他的努力下，村里的苹果好歹算是让村民有了一点收入。

后来，他成了乡党委副书记，从一个村到一个乡，肩上的担子重了，但挑战远远超乎他的想象：没有技术，苹果产量不稳定；不懂标准，苹果质量参差不齐；没有销路，只能看着苹果烂在窖里；没有收入，有的村民甚至把树砍了，再种上小麦、玉米。

　　无奈之下，他摔了旱涝保收的"铁饭碗"：辞去乡党委副书记职务，一心一意当起了"苹果贩子"，走南闯北推销静宁苹果。外面的世界真的有时候让人很无奈，这是他十多年来最大的感慨：南下，联系好了客商，把价值数十万的货发过去，到收款的时候，却找不见对方的人影；北上，通过中间商把苹果卖到了俄罗斯，也被骗去了几十万元。如今再提起当初上当受骗的经历，他轻描淡写地说了一句："做生意嘛，权当是交学费了。"

　　学费很贵，但这个满脸胡茬的"大老粗"却因此开始变得"聪明起来"，苹果生意也开始步入了正轨。2013年，他收储的苹果出口产值就超过了600万美元。当我们问及"有了钱，是不是该把投资目光转向别处"时，他掸了掸身上的土，坚定地说："不会！把静宁苹果卖出去，是我必须实现的承诺！"

　　如今，静宁县的苹果面积超过100万亩，农民每年从苹果产业上的收益超过3200元。不仅如此，一棵苹果树就能巩固12平方米的水土，产生极大的生态效益，林业干部们说："如果算上这些果树，我们县的森林覆盖率将超过60%。"

　　不过，退耕还林政策中"经济林比例不能高于20%"的约束性指标制约了苹果面积的再扩大。因此，在当地干部看来，放宽经济林比例，合理搭配林种，应该是退耕还林政策后续调整的一个重要方面。

　　从静宁向西，过会宁，到安定，荒山愈发多起来，零星的绿色成了点缀。有的山上，甚至只有一棵树孤零零地矗立在山尖，在蓝天白云下，像极了战役结束后仅存的士兵。不过，行至安定区响河梁，向下俯瞰，一排排的油松和侧柏列队整齐，让这片昔日荒山少了荒凉，多了生机。这是十多年前，当地干部群众一起上山、挖坑栽树的成果。

　　定西素以"苦瘠甲天下"闻名于世，尽管安定区是市府所在地，但也是全国有名的贫困地区之一。正因为恶劣的生态让这里的干部群众吃足了苦头，所以，在退耕还林启动之后，这里的人们用一种极其顽强的"三苦精神（领导苦抓、部门苦帮、群众苦干）"，硬是把百万亩荒山、陡坡地变成了林地，并先后获得了"全国绿化先进集体"、"全国退耕还林先进县（区）"等称号。

　　如果没有参与过这场战役，就不会了解"栽一棵树比养活一个娃娃还艰难"的深刻含义。安定区林业局副局长董俊盛回忆说，在荒山上种树，最困难的就是水从哪里来。"为了解决水的问题，咱们就是自己拉水灌，装上水罐车以后咱们拉到山上以后弄个蓄水池，还有发电机抽水进行浇水。一车水要拉到这山上的话是要100元左右，当时一株树的话水的成本2~3元。"

　　小树栽到了地里，但在这贫瘠的土地上，要想让它们活下来更不容易。林业站的干部们说，一片林子至少要补植三次才能让成活率达到80%。大家最羡慕的就是南方地区："人家无心插个柳枝都能引出一片绿来，我们把心操碎了才能让它们活下来。"

　　但是，"大地增绿"的后续效益也随之显现："跑水、跑肥、跑土"的"三跑田"如今变成了"保水、保肥、保土"的"三保田"；农田单产显著增加；曾被贫瘠的土地束缚住的农民开始向外走，劳务收入也大幅提高；有的村民甚至已经开始发展林下经济，通过林地流转，发展养殖业，增收致富。

有了绿色，就意味着有了希望，这也正是当地干部群众继续与座座荒山战斗下去的关键所在。"希望能继续扩大退耕还林的面积，把这项利国利民的政策延续下去。"这是当地干部群众对退耕还林政策的最大期许。

"这棵树要长到碗口粗，至少需要50年。到那时，我估计已经入了土、看不到了，但是我的儿子、孙子他们能看到，会指着它们说，这是我的先人种下的。"站在安定区锦鸡塬的山梁上，一位"老林业"感慨地说。

甘肃静宁，漫山遍野的苹果树郁郁葱葱

安定区响河梁上，生长了十多年的油松侧柏染绿了荒山

记者手记：
阳关烽燧 西望楼兰

陆明明

　　"渭城朝雨浥轻尘，客舍青青柳色新。劝君更尽一杯酒，西出阳关无故人。"一曲《渭城曲》道尽了相知故旧的离别情深，也折射出古人对于阳关以外神秘西域的忧心畏惧，以及无限遐想。古往今来，诗歌都是"见景生情，即物起兴"的写照，只有身临其境、情境交融，方能心生澎湃、得意忘言。此次随"绿色中国行动"报道组来到甘肃敦煌，深刻地感受到了阳关的苍凉肃杀。伴随此景，这首耳熟能详的《渭城曲》中所蕴含的意境也在这烽烟滚滚、黄沙漫卷的大漠中愈加鲜活起来。

　　作为古代中原王朝通往西域的必经之路和丝绸之路上的重要节点，阳关在中西交往的历史上有过极为重要的地位。西汉以来，历代王朝将这里作为重兵戍守的军事要塞；商旅、使节经由此地，往来东西；更有文人墨客临关兴叹，著就诗篇。边塞诗人岑参就曾写下"二年领公事，两度过阳关"的诗句。然而宋王朝以后，由于流沙侵袭，居民东撤，阳关为沙漠掩埋。如今，昔日雄踞西域要道的阳关城堞早已荡然无存，唯有一座烽燧傲然屹立。而阳关的旧貌，也只有在敦煌遗书中找寻，《阳关戍咏》一篇曾这样描述："万里通西域，千秋尚有名。平沙迷旧路，智井引前程。马色无人问，晨鸡更不听。遥瞻废关下，昼夜复谁扃。"

阳关烽燧如今只剩下
残垣断壁

记者陈俊采访敦煌林
业局副局长张玉玲

"其后岁余，骞所遣使通大夏之属者皆颇与其人俱来，于是西北国始通于汉矣。
然张骞凿空，其后使往者皆称博望侯，以为质于外国，外国由此信之。"
——《汉书·大宛列传》

在阳关博物馆中，我们看到了大量汉代以来阳关的历史资料，其中用了相当可观的篇幅和文物述说张骞的两度"凿空"之行。自张骞掀开中西之间最后的珠帘，横贯亚洲的交通要道空前繁荣和畅通，阳关也成了这条通道上的一颗耀眼明星。

然而辉煌的历史并不能改变阳关极端的自然条件。"西出阳关无故人"，并非是诗人感性的夸张，而是当地地理环境的真实写照。在采访中，敦煌市林业局副局长张玉玲就提到，像土壤的沙化、沙漠的前移、地下水位的下降，这些大的环境问题在甘肃敦煌地区都是长期存在的。

不仅是敦煌，放大至周围来看，恶劣的环境也是威胁人类生存的一个顽疾。阳关向西可达若羌——昔日的楼兰古国，然而中间横亘的塔克拉玛干沙漠却是一条死亡之路。万里无垠的沙海，足以把任何生命埋葬。这是一条极度缺水的天然屏障，不用说古代的骑马乘驼，便是今天的驱车翻越，也是艰难万分。人们口中的"阳关大道"，可能也只是相送之人的一种美好期盼罢了。

"（楼兰）上无飞鸟，下无走兽，遍及望目，唯以死人枯骨为标识耳。"
——《佛国记》

报道过程中，我们也经过了楼兰故地新疆若羌。对于楼兰古国的消失，战争说、环境恶化说、罗布泊南北游移说、瘟疫说，莫衷一是。然而无论是历史记载，还是我们亲眼所见，自然环境的恶化无疑是一个重要的原因。在这里，驱车数百公里，沿途的景色基本没有任何变化：茫茫沙海，间或有几片零零星星的红柳丛和稀稀落落的胡杨林。如果不是头顶上偶尔盘旋的苍鹰和国道上往来的车辆，这里几乎与生命绝缘。

诗人王维把酒临风送
别友人的塑像

　　为此我们也对"退耕还林"工程的成效产生了"质疑"。面对我们的疑问，林业局的同志指着碗口粗的一棵树告诉我们，这是一棵生长了30年的树。西北地区严重干旱缺水，甘肃年均降水量为300毫米左右，敦煌地区年均降水量为39.9毫米，而新疆若羌地区更是少至17毫米，水资源的极度短缺最大限度地制约了植被的生长。"植树造林，三分造，七分管"，敦煌以西，则是"一分造，九分管"。然而就是为了这极其微小的绿色希望，无数林业人在这大漠戈壁中一待就是几十年，用自己的青春换取西北的青翠，使我们不禁侧目，为之动容。

　　　　"如果生态环境越来越差，人类生存难以为继，建设丝绸之路经济带也将成为'空中楼阁'。保护生态环境对于建设丝绸之路经济带具有战略性、基础性和前瞻性。"
　　　　　　　　　　　　——2014年5月《亚洲合作对话丝绸之路务实合作论坛》

　　站在阳关西望楼兰，面对着漫无边际的沙漠戈壁，我们也产生了担忧，今天的阳关会不会变成昔日的楼兰?

　　2013年9月，国家主席习近平在哈萨克斯坦纳扎尔巴耶夫大学发表演讲，提出共同建设"丝绸之路经济带"。作为"丝绸之路经济带"的重要节点，甘肃通过"退耕还林"工程、"三北"工程、生态治理工程，正致力于"丝绸之路经济带"的生态屏障建设。正如敦煌市市委副书记王永宏所说："如果没有这些绿洲城市，整个河西走廊就不复存在，历史上也不会有两千年历史的丝绸之路。今后，这些绿洲仍是生存发展的生态条件，因此必须要保护好它们，不能任由生态环境恶化。"

　　历史的洪流和几十个世纪的滚滚黄沙，早已把当年的阳关旧貌掩埋，如今留给我们的只有那远处沙坡之上孤立的烽燧和依稀残存的故道。然而静立风中，关外沙场的金戈铁马和丝路栈道的驼铃阵阵又在耳畔渐渐地响起。我又联想到了"退耕还林"工程，这又何尝不是一次"凿空"，又何尝不是一条通往绿色西北的"新丝路"呢？西望楼兰，望得见的是那早已远去的楼兰遗址，望不尽的是在西北沙漠戈壁上燃起的绿色新希望。

沙漠中的胡杨仿佛记录了与风沙搏斗的历史

记者手记：
又见若羌

许新霞

　　若羌，仅听名字，似乎就能感觉到这是一座有故事的地方。七年前，参加《穿越三北风沙源》报道去过若羌，这个建立在楼兰古国遗址上的小县城给我留下了深刻的印象。从来没有想到，还能有机会再次来到这个距离家乡数千公里的地方。又见若羌，比记忆中多了许多色彩！

　　早晨9时，从巴音郭楞蒙古自治州州政府所在地库尔勒市出发，采访团一行坐了一辆面包车经218国道前往若羌，当地林业局的同志介绍说，这一路距离约430公里，但由于每小时限速60公里的缘故，可能得六七个小时才能到达。这样的车程让大家不约而同都长长地吸了一口气，但当地同志淡定的表情告诉我们：在新疆，这是很正常的事。

　　上次《穿越三北风沙源》在新疆采访留给我最深刻的记忆，除了80岁的维吾尔族老大妈赤脚站在沙土地里述说沙害的情景、34兵团战天斗地精细化耕耘的故事外，还有就是从一个县到另一个县，动辄数百公里，但公路两侧茫茫戈壁滩一望无际，内急时连个避人的土丘都寻不上的尴尬。然而，再走若羌，给我的第一个惊喜就是路边隔上一段距离竟然会有厕所。在别人看来或是小事一桩，在我心中却颠覆了对于这漫漫长路的些许恐惧，在炎炎夏日也敢放心地喝水了。

　　怀着某种莫名的期待，原本喜好在车上恹恹昏睡的我清醒无比，张望窗外的世界，并不似记忆中那般苍凉。也或许是由于来的季节不同，窗外多见绿色，塔里木河畔的胡杨或远或近，坚挺而孤寂地伫立在公路两侧，伴随着我们大部分的行程；有些地方生长着一簇簇号称沙漠卫士的红柳，它们庞大的根系牢牢地固住了沙漠戈壁，形成了一

戈壁荒漠

楼兰博物馆夜景

个个隆起的小土丘；在兵团驻扎的地段，一块块的棉田整齐划一，在目光所及处与清澈透亮的蓝天交汇成一条线……有水的地方就有绿洲，有绿洲的地方就有人类活动。逐水而居的生活习惯在新疆体现得尤为明显。尽管一路仍然可以看到许多地方依旧是寸草不生的戈壁荒漠，但因为这些生命的存在和点缀，让心灵不再感到寂寥和无助。

下午5时，汽车终于驶入了若羌县城，在匆匆吃了几口饭后，我们赶去乡镇采访，好在新疆的夏天十点多钟黑夜才会来临，这时候去也不觉晚。尽管县域面积高达20.23万平方公里，相当于3个爱尔兰、近10个科威特的面积，有着"华夏第一县"的名头，但安排采访的乡镇离县城却都很近，开车十几分钟就能到达。在铁干里克乡果勒乌斯塘村，记者见到了1986年到这里打工，后来在此安家的农民申保霞，她家种了8亩多的红枣，年收入近20万元。她说，因为家里地少，这收入在村里算是比较低的。3个多小时的采访，虽然与当地维吾尔族老乡在交流时有些语言障碍，但他们眼神里的幸福一瞥、发自内心的爽朗笑声依旧真切地传递到了我们的心里。

2013年，统计数据显示，若羌全县农民人均纯收入2.4万元，当地干部们笑称，这个数字其实还很保守。但就这个数字已经居西北12省农民年人均纯收入之首，高于中东部许多发达地区。若羌的农民几乎家家户户都过着城乡两栖生活：冬闲寒冷时，在城里生活。夏天忙了则迁居农村。而当地农村人的房子也是颇令人羡慕，多是大小两三个客厅套在一起，维吾尔族家庭最喜欢的装饰品——色泽艳丽、构图精致的挂毯几乎每间屋里都有，显得非常喜庆。汉族农民则一张口南腔北调，他们都是上世纪不同时期从内地四面八方迁来的"外来户"，在和当地的维吾尔族兄弟姐妹共同生活、发展的路上相互帮助、相濡以沫，就像田地里相伴而生的白杨、枣树，

若羌退耕农民的家

记者张国亮、范存宝
在若羌采访维吾尔族
红枣种植户

你中有我，我中有你，在这块土地上牢牢地扎下了根，活出了自己的色彩，成为地地道道的新疆人。

昔日古楼兰，今朝新若羌。用县里干部们的话说，若羌谐音"弱强"，若羌的前世今生就是一部由弱到强的发展史。

再见，若羌！希望它的明天会更好！

记者手记：
盛夏的棉袄

王贵山　张国亮

如果你看见一个人寒冬腊月光着膀子，你可能会想他一定是在锻炼自己的耐寒力。但如果你看见一个人在炎热的夏天捂着厚厚的棉袄，你八成会觉得这个人一定是个神经病了。在甘肃静宁的采访途中，我们就看到了这样奇特的景象。

6月底，静宁的气温已像盛夏。我们的采访车子在山路上颠簸前行，道路两旁十年前退耕还林种下的苹果树正在挂果。我看着那些小苹果想象着它们成熟后的样子，突然，采访组长王贵山感叹道"咦，奇怪，他们为什么都穿着棉袄呢？"我向山路上望去，果然，一辆辆骑行而过的摩托车上面的农民都穿着厚厚的棉袄或军大衣，上上下下包得严严实实，有的还带着皮毡帽裹上围巾只露出两个眼睛。看着这个景象，我们都恍惚了，这到底是6月底还是12月底啊？

采访的间隙，我找机会拉住一个穿着"盛夏棉袄"的老乡，问出了心中的疑惑。老乡笑笑说，不穿棉袄就要得关节炎啊！冬季寒冷吹成关节炎容易理解，炎热的夏天骑摩托也会吹出关节炎吗？对于老乡的回答我们依然还有不少疑惑。因为和采访主题无关，我们没有过多的追问。

采访完下山，我们又看见了许许多多"盛夏的棉袄"，我用相机拍下了一些。

盛夏"大衣哥"

或许没有在这片黄土高原上生活，我们并不知道这片土地的艰辛和山风的凛冽，我告诉自己仅仅看表面并不能了解最本质的真实。在采访中，我们了解到退耕还林种植苹果给这片土地带来的巨大经济收入和生态效益，看着这些"盛夏的棉袄"，突然感觉到这片黄土高原不也正在穿上绿色的棉袄，保护着它不受风沙的肆虐吗？

录音报道：
边境线上的绿色样本

主持人： 新疆是我国沙漠化、风沙灾害最严重的区域，以防沙、治沙为重点的林业生态体系和特色林果业为重点的林业产业体系建设近几年取得了快速发展。目前新疆的人均森林面积是 320 平方米。今天，"绿色中国行动"报道组走进中哈边境著名的塔城老风口，请听报道：《边境线上的绿色样本》。

【戍边战士唱《小白杨》，压混】伴着小白杨哨所战士的歌声，我们走进了新疆塔城市老风口，在这片世界罕见的暴风雪灾害区，以往大风裹挟狂沙暴雪呼啸而过的景象再也见不到了，一条长约 28 公里的生态屏障将风口死死堵住，这里已成为绿色的海洋。

望着已然铸就的绿色长城，塔城市林业局局长戴晓龙给我们讲述了建设之路的艰辛。

【出录音】"贴钱去管护这片林子，对我们政府来说就是个包袱。"【录音止】

在新疆，种树比养娃娃还难，由于多方面原因，国家对生态林的管护投入严重不足，且多年不变，成为当地政府的沉重负担。【出录音】"一亩林地的管护成本在 300 块钱，现在国家的补助政策是一亩地 90 块钱，这 90 块钱远远不能满足我们现在对这片林地的管护需求。"【录音止】

如何找到一条既减轻政府负担，又保证林子长期发挥好生态效益？塔城市开始了艰难地探索。2010 年，当地将老风口一带的低质低效林流转给一些有实力和眼光的企业进行管理和经营，塔城佳禾畜牧有限公司就得到了齐巴尔吉迭新区 8400 亩林地。

【出录音】"这全是橡树，总共这一块的橡树将近 400 万株吧，像现在这个高度的话，基本上一株可以卖到二三十块钱。然后你看我们采用的都是

塔城地区裕民县小白杨哨所

新疆博斯腾湖

最先进的滴灌技术，以前政府搞这项都是漫灌的，漫灌像那么大它怎么漫，漫不起来，光这一个滴灌带的投入我们每年都是几百万。"【录音止】

怀揣资金、掌握技术、了解市场、深谙现代管理的企业参与进来，林子里的多种经营一下子变得生动和丰富起来：低效林改造、林下养鸡、苜蓿套种、果蔬采摘体验、橡树种植、高山海棠、网球场、赛马场、钓鱼大赛、高端旅游、生态林农产品的生产加工出口……政府的包袱，在企业经营者们眼里却成了生态效益生成的聚宝盆。

国家林业局退耕办调研员李琭说：【出录音】"塔城的尝试形式多样，初步呈现出良好的效果。我们应该改变单纯依靠政府投入的模式，鼓励探索集约化经营、市场化经营、社会公益力量共同参与等多种路子，让更多的人投身生态建设，并能从中获利。"【录音止】

【阎维文版《小白杨》曲，压混】大西北的边境线上，需要安全的保障，也需要生态的保障，新疆塔城老风口的生态林改造，不失为一个值得借鉴的样本。

录音报道：
"渴"望新疆 守护绿洲

主持人： 今天，"绿色中国行动"报道组走进新疆，新疆是我国沙漠化、风沙灾害最严重的区域，以防沙、治沙为重点的林业生态体系和特色林果业为重点的林业产业体系建设近几年取得了快速发展。目前新疆的人均森林面积是 320 平方米。请听采访组发来的报道《"渴"望新疆 守护绿洲》。

记者： 由库尔勒往若羌，穿越塔克拉玛干大沙漠东南角，近 500 公里的路程见证着新疆这片土地的辽阔、壮美和荒凉。一路前行，农田林木逐渐消逝，绿色退缩成荒漠中的点缀。大漠中路基两旁的一段红砖路引起了我们的注意。同行的巴音郭楞州林业局造林科科长邓成军告诉我们，当年为连通南疆，2000 多名筑路工人就地取材，历时五年修成了 102 公里世界最长的砖砌路。

【出录音】"铺路的原材料无法从外地远距离地拉过来，当时筑路工人就地取材，用附近的胡杨、红柳、梭梭这样的植被在砖窑烧砖，就地做砖窑。据统计，102 公里的路用了 2000 万块砖以上。"【录音止】

红砖路把巴州同外界联系起来，也为若羌的经济社会发展起到了无可替代的作用。站在这条路上，如何判断当年行为的对错？若羌境内著名的楼兰古城和罗布泊的消失警示着人类，自然的破坏将为人类自身造成灾难性后果。若羌县退耕还林办副主任艾买尔江说，若羌已经从更高层面认识到人与这片土地相互依存的关系，十五年前，若羌陆续种植了 22 万亩红枣树替代小麦、棉花，乡镇绿洲森林覆盖率从 16% 提高到 83%，生态环境改善明显。

【出录音】"原来若羌的生态环境非常的恶劣，沙尘暴经常有，一刮风不要说农村，县城里都是沙子。通过退耕还林，大面积地种植红枣，林地的面积增加了，生态环境有很大的变化，现在

吉尼斯纪录——世界上最长的砖砌路。图中能看见的只是 2 公里做纪念用，红砖路如今已经作为路基被旁边的新路覆盖

由库尔勒市前往若羌县的道路两旁景色

沙尘暴的天气也减少了。"【录音止】

22万亩红枣既是人造森林，又是各族乡亲的经济作物。种植红枣让若羌农民人均纯收入从2001年的2216元增加到2013年的24381元，位列西部十二个省区首位。生态效益和经济效益的高度统一让若羌退耕还林取得了巨大的成功，也让村民主动参与保护生态。在若羌县铁干里克乡胡杨村记者看见，村民麦麦提在15亩茂密的枣林旁自发种植了白杨林。

【出录音】

"你种了多少亩？"

"有4亩。"

"为什么种这些树？"

"种这些树对耕地有好处，保护我们的空气嘛，保护红枣园子，还有挡那个风沙。"【录音止】

主持人：十多年来，退耕还林、三北工程、公益林管护等项目的共同实施，让新疆森林覆盖率由1.92%提高到4.24%。绿洲的面积在扩大，沙漠化速度在放缓，但新疆每年依然有80多平方公里的土地在沙化，如何让沙化停止脚步呢？继续来听。

巴音郭楞州林业局副局长周江认为，应采取区别化扶持政策。新疆许多地方年蒸发量是降水量的上百倍，造林难度极大，遏制沙漠化需要加大政策倾斜，建议国家根据降水量的多少来确定造林补贴。

【出录音】"降水量多的地方，它可以通过自然降水来弥补，降雨量越少的地方在水利设施灌溉方面就要花费很大的资金投入。所以你像我们这样几十毫米降水量的地方不能仅仅考虑到补贴苗木，苗木拿来，水从哪儿来？"【录音止】

若羌退耕还林后的红枣林

即便有了资金并不代表一定解决水的问题。在新疆北部的塔城地区，退耕还林等生态工程的实施让当地森林覆盖率提高了一倍。然而这个降雨量相对较多的地区同样面临着水资源紧缺的隐忧。塔城齐巴尔吉迭新区一组的村民张新福在塔城地区打井多年，地下水位的下降让他充满担忧。

【出录音】"以前的芨芨草我们骑上马都不露头，我们小时候。以前的水位才多少？2米！我们挖个坑通个管就吃了，现在多少？50米见水。这个生态怎么办？我们子子孙孙怎么办？"【录音止】

五年前，张新福不再替人打井，转而培育了50亩的橡树苗，他说自己的目标就是让抗旱的树种发挥出更好、更长远的作用。

【出录音】"这个树种最多20多年、30年，甚至十几年就死了，可是橡树呢可以活到1000年，它还特别抗旱，根子还特别深，我现在已经搞了五年了，一直在取这个经验，在里头摸索它的习性。"【录音止】

在新疆采访中，我们无处不感受到水资源的重要。新疆农业灌溉用水量占据总用水量的95%以上，而林业生态用水却没有明确指标。如何节约水资源更好地保护生态？新疆维吾尔自治区林业局退耕办主任徐新云说，除了大力发展滴灌技术，目前新疆各地正在探索"土地休耕"、"关井压田"等措施，像退耕还林一样限制人类对土地的索取。

【出录音】"你像吐鲁番地区它实行关井压田，近几年要关上几百口井，减个三五十万亩耕地出来。阿克苏地区提高水资源利用率，把耕地压缩，在近五年之内减少耕地近500万亩。"【录音止】

人类是自然之子。如何在利用自然的同时又能保护自然，还远远没有满意的答案。守卫绿洲，守护几十个民族的共同家园，还需要我们共同努力。

录音特写：
一棵小白杨

主持人： 在新疆，小白杨作为一种标志性树种，伫立在天山南北。接下来请听"绿色中国行动"前方报道组发回的录音特写：《一棵小白杨》。

新疆塔城，边境线，巴尔鲁克山高地上的小白杨边防哨所，一棵棵笔直的小白杨迎风挺立，军旅歌曲《小白杨》就诞生于此。20多年前，一名锡伯族战士回家探亲，带回10株杨树苗，只成活一棵。如今眼前已是郁郁葱葱一片。

记者： 来了以后种过树吗？

守边战士： 种过很多，周围的树都是我们种的。毕竟新疆这边戈壁，要慢慢绿化起来，使我们的国家不会荒漠化。

记者： 你认为小白杨是一种什么精神？

守边战士：（死了就挖，拔掉继续种），扎根边防，蓬勃向上。

天山南北，一棵棵小白杨笔直地挺立，守护着农田，守护着绿洲，守护着希望。

枣农： 防风林带起不来，枣树也栽不起来。你看林带底下，防风林带好的，一年刮再大的风，红枣都影响不大。你要没有林带的地方，一刮风红枣全都下来了。

采访组在小白杨哨所合影

在距离小白杨哨所100公里外的塔城市恰合吉农场，迟尼拜村已被成片的白杨树围裹。哈萨克族农民海拉提正用心管理着他132亩的小白杨，每年投入管护费三四万，等待着十年后的成材。

记者： 这一次性的收入，现在有预期吗？

海拉提： 那个时候就多了，132亩，一万多棵树吧，十年后，现在算，就上百万了。

记者： 你现在所做的（管护）就是等着这上百万吗？

海拉提：还有，改善生态环境，100多亩树长起来了的话，环境也好了，不是我一个人受益，全村300多人都受益。很多的改善，以前风啊，砂石啊，没有树。

天山南北，棵棵小白杨，结成绿色长廊，守望着农田，抵御着风沙，已成为绿洲的生态屏障。又如绿色银行，为百姓带来稳定收入，带来绿色的希望。

海拉提：作为哈萨克族，麻烦你们，把我们的问候，带到我们在首都的各族人民……

记者李楠、张孝成采
访退耕户

塔城市生态保护成效
显著

记者手记：
面对森林，我们敬礼！

许新霞

"一颗小白杨，长在哨所旁，根儿深干儿壮，守卫着北疆……" 当我们站在著名的军旅歌曲《小白杨》的诞生地——中国和哈萨克斯坦边防线的一侧，巴尔鲁克山无名高地小白杨哨所前，听着战士们唱起他们的连歌时，心中的感动无以名状。

在新疆，白杨树是极其寻常的，农田边、果林旁、农民家的房前屋后……但凡人们耕作生活的地方，往往会在四周用白杨树筑起一道绿色的屏障——防风林带。农民们说，开荒种地，不是先种地，而是先种树。没有防风林带，不管你种的是棉花、小麦，还是大枣、苹果，大风袭来，都会遭遇灭顶之灾。在这里，白杨树是不寻常的，它们用笔直的伟岸身躯守护着祖国边疆人民心中希望的种子。

不到新疆，不知祖国之辽阔；不到新疆，不知人类之坚韧。在新疆，由于地广人稀、戈壁荒漠，从古到今，人们逐水而居。天然林、公益林等各种林地是祖国边疆的绿色长城，更是大家生存的天然氧吧。近年来，随着公益林生态效益补偿机制的实施，为了防止人祸天灾，公益林地都设立了管护站，招聘护林人员进行专门管护。这些护林人员长年深居简出，鲜有机会和外界接触。在一些比较偏僻的管护站，没有电脑、电视、收音机，甚至连手机都没有信号……提起护林员的生活，新疆维吾尔自治区林业厅副厅长侯翠花有说不完的故事：喀什地区巴楚县最偏僻的公益林管护站离县城有上百公里，山路崎岖，出趟山得几个小时的时间。七年前，她曾到那里调研，见到了一位汉族护林员，由于妻子是维吾尔族，加上长期与外界没有联系，导致语言退化，竟然已经不会用汉语与人交流，还得依靠翻译二次沟通；在喀纳斯保护区，由于没有路，护林员得骑马两天才能出山，日常工作用品都是通过巡逻船送到湖头，再用马送进去；有的管护站设在沙漠深处，没水、没电、没路，靠远距离从湖里拉水，

美丽的白桦林

然后存放在水窖里饮用，上面飘浮着蚊蝇，甚至死老鼠；年轻的护林员没有机会处对象，除了巡护山林外，就是在孤独中饮酒解闷；许多森林管护站都有一个奇怪的现象，就是手机不是拿在手里，而是挂在树上。因为信号太微弱，在某处寻到微弱的信号，就将手机挂在那里保持与外界的稍许联系……这些现代社会听起来甚至有些不可思议的艰苦，在新疆不是传说，而是真真实实的现实。辽阔的林地里人烟稀少的地方一个护林员就要看管上万亩面积，人员活动频繁的地方也要管护上千亩。

几天的采访，我们看到了新疆美丽无垠的草原，浓密的森林，碧波荡漾、遐思万千。然而，天山南北，遮挡风沙的绿洲背后是近万人的护林员队伍坚守在深山老林人烟罕至的地方，无悔地奉献着青春，像塔里木河畔的胡杨扎根大漠，像高山哨所旁昂扬向上的白杨树，静默地伫立，守望边疆的青山绿水。

怀揣"看得见山，望得见水，记得住乡愁"的生态梦想，面对那些可敬的森林守望者，我们鞠躬敬礼！

红枣的防护林带白杨

录音报道：
新疆哈巴河的绿色生态路

哈巴河，地处准噶尔盆地边缘、哈布吉沙漠西北，背靠大山，三面环沙。20世纪八九十年代，这里气候干旱、土地贫瘠、沙化严重。沙漠前沿的塔斯卡拉村三分之一人口熬不住风沙，逃难外地。说起这些，68岁的老支书马友民记忆犹新。

【出录音】"当时我们这里一棵树没有，风沙特别大，种上庄稼嘛风刮的不行（麦子一场风就没了），没了，确实困难。我们六十多户人，二十多户人跑了。"

肆虐的风沙让马友民意识到，唯有植树造林、阻挡风沙才能生存。于是，他跑乡里、县里，层层寻求帮助，再挨家挨户做村民工作。

【出录音】"哎，老百姓还不愿意，这地方庄稼都不行，树能长吗？第二年，树苗长出一尺高。老百姓一看可以啊，风能把庄稼刮走，刮不走树苗。"

1988年，塔斯卡拉村制定了林业发展规划，全村统一投工投劳种树。但是计划经济那一套，村民不买账。没办法，马友民又跑乡里、县里，磨破嘴皮争取到"谁种树、谁拥有"的政策。至此，48户村民起早贪黑，挖渠、修路、植树。十年寒暑，全村建起了20公里防护林。

2002年，国家推行退耕还林政策，塔斯卡拉村村民种树热情更加高涨，短短几年，全村防护林增加到40公里，林地总面积超过5400亩，同时还带动周边5个村庄发展生态防护林。萨尔塔木乡副乡长杨斌说：

【出录音】"国家有补助政策，让老百姓有最基础的保障收入；再一点，改善了生态环境以后，我们南北也好、东西也好，还有一些耕地也利用起来了。"

2007年，哈巴河县退耕还林面积达到20万亩，林地总面积突破360多万亩，森林覆盖率达到25%，成为国家级园林县城。如今，在改善生态、解决温饱基础上，哈巴河县又在探索林业富民之路，通过林下种草、养畜，套种经济林，发展旅游业增加农民收入。2012年，在地区林业局帮助下，哈巴河县引进康元生物、汇源等知名企业入驻，引导当地农民种植沙棘，发展绿色、环保、健康的生物产业。阿勒泰地区林业局党组书记刘志强说：

【出录音】"必须找到一条农民利益和生态效益结合起来的好的途径。那么我们现在推的生态林的建设就是沙棘，老百姓积极性也高，将近5万亩沙棘。我们将来就是建设100万亩沙棘，建设沙棘之乡、沙棘之都。"

记者手记：
用足迹丈量中国的绿色版图

陆明明

今年是退耕还林工程 15 年，在这个重要的历史节点上，中央人民广播电台启动了大型系列报道"绿色中国行动"。作为一个初来乍到的年轻记者，我有幸参与了这次报道活动，并全程跟随报道组，一路由西南向西北，走过了云南、陕西、甘肃、新疆四省区，用声音记录中国的退耕还林变迁，用足迹丈量中国的绿色生态版图。

云南——千里之行，始于足下

云南是我们此行的第一站，对于这次报道，成员们都是既憧憬又担心，憧憬的是能够走近自然，走入田间，与天地对话，与心灵交谈。担心的是"绿色中国"这一宏大而厚重的主题，让大家感到重担压肩，颇有"为天地立心，为生民立命"的使命感和责任感。仍然记得出发前的动员会上领队王站长给大家布置任务的高标准、严要求，以及行程中的选题会上，大家热情洋溢、思想碰撞的激情澎湃，

云南元阳哈尼梯田

吴起的黄土高原依然
黄沙遍布

每一个要求、每一个想法、每一次采访实践，都让我们发掘出自己身上的无限可能和整个团队无穷的创造力。这种昂扬的精神状态也一直延续到了后面所有的报道过程中。

在云南，我们走访了素有"中华风度，世界奇观"之称的哈尼梯田。在云岭这个干旱少雨的地方，元阳能够一枝独秀，孕育出梯田这一人类奇迹，很大程度上得益于良好的生态系统。元阳人将森林、梯田、山寨、水系四位要素融为一体，森林涵养水源，水源供给梯田，梯田养育人类，人类反哺森林。四位要素共同作用，使元阳梯田能够永续不衰。

陕西——生态之路，道阻且长

初到陕西，满眼的绿色让我们有些错愕，当年曾经传唱大江南北的歌曲《黄土高坡》分明唱的是"大风从坡上刮过"。而眼前非但没有大风，就连黄土都显得弥足珍贵。对于我们的"惊讶"，陕西省林业厅的同志介绍，自从1998年，朱镕基同志提出了"退耕还林、封山绿化、个体承包、以粮代赈"的政策措施，陕西省率先启动了退耕还林工程。经过15年的努力，如今绿色向生态脆弱的陕北地区延伸了400多公里，昔日的"黄土高坡"如今变得绿意盎然。

但是相对于陕西"三年两头旱，十种九难收"的自然条件，15年仍显短暂。从韩城出发，一路西北而行，到了延安吴起，黄土坡还是露出了本来的面貌。薄薄的一层绿色，稀稀落落，有的地方甚至黄土遍布。当地退耕办的同志说，这里的植被成活率极低，眼前的绿色都是在与自然不断抗争的过程中存活下来的。或者可以说，脆弱的生态环境随时威胁着退耕还林的成果。这使我们不禁对陕西的林业工作者肃然起敬，这不屈的绿色都是他们日复一日、年复一年用汗水浇灌而成的。

甘肃——平凡脚步，绿色坚守

在甘肃，印象最深的是在定西市安定区巉口镇赵家铺村采访的森林管护员朱强国，他每天的工作是在管辖的山区巡视 3 个小时，巡护面积 11000 亩，目的是检查林区存在的火灾隐患和时有发生的违禁放牧。我们给他算了笔账，一天 3 个小时，一年就是 1095 个小时。对常人而言，一年 1095 个小时巡山的枯燥是难以忍受的，但是朱强国却"乐在其中"。他还特意从兜里掏出一个小红本给我们看，这是"森林资源管护巡山日志"，是每一个护林员每天要记的日记。寥寥数行，朱强国却记得格外认真。正是由于"朱强国"们的"认真"，巉口镇的违禁放牧少了，从原来的每天都有，到现在的一个月两三起。改变的是人们的意识，改善的则是绿色生态环境。望着漫山遍野的青翠，朱强国表示，环境的改善让他感到很舒服，他愿意继续守护这片绿色。

新疆——扎根边防，大道如天

新疆塔城，我们登上了位于裕民县的塔斯提哨所——小白杨哨所。歌曲中那棵"小白杨"如今已经长成一棵笔直伟岸的大树。在哨所上，我们采访到一位来自广东的年轻边防战士，不善言辞的他谈到"小白杨精神"，立马来了劲头，八个铿锵有力的字脱口而出："扎根边防，蓬勃向上"。在新疆，白杨树就如同这位边防战士一样，寻常质朴，不加修饰，静静矗立，默默无言。然而正如当地农民说的，"开荒种地，不是先种地，而是先种树"。没有白杨树的阻挡，耕地、农田、房屋抵御不了风沙的肆虐。

今日的陕西山河披绿

回过头来重新打量这白杨树，打量这西北荒漠戈壁的绿色屏障，我觉得它又是不寻常的，用它的健壮的臂膀，守住了西北地区人民的收成和希望。临行时，哨所又响起了那首熟悉的旋律，"一颗呀小白杨，长在哨所旁，根儿深干儿壮，守卫着北疆……"

云南、陕西、甘肃、新疆，我们行程15000公里，每到一地都会见到不同的人，听到不同的故事，但是所有这些故事中都融入了一个主题——对绿色的祈盼和坚守。

从云岭上下到秦川遐迩，从阳关内外到天山南北。从元阳老城的清晨到吴起故镇的黄昏，从陇中定西的正午到边陲塔城的子夜。二十余天的时间，我们用足迹丈量中国的绿色版图，用笔触记录中国的绿色进程，用心灵倾听中国的绿色脉搏。

二十天，我们对中国土地的广袤有了切实的体会；二十天，我们对退耕还林的意义有了更深的理解；二十天，我们对林业工作者的坚守产生了由衷的敬意；二十天，我们给绿色中国的主题赋予了全新的内涵。

然而于我而言，"绿色中国行动"所给予我的，更是对于新闻记者这一职业的重新思考。通过这次行程，我对"好的新闻是用脚走出来的"这一信条有了更深刻的体会。正是由于跋山涉水，我知道实施"退耕还林"的艰难与进退，正是由于进村入户，我明白"绿色中国"绝对不是一句空话，它凝聚了几代人的汗与泪。

新闻界先驱邹韬奋讲过，"现在都须彻底认识新闻记者所负责任的重大与工作的艰苦。知责任的重大，我们不惮前驱；知工作的艰苦，我们以苦为乐，为展现生活的亮色，为映照文明的辉光，我们永远在路上！"

不错，我们永远在路上，用我们的声音见证青山，用我们的足迹丈量中国。

记者手记：
那水、那树、那人

陆明明

　　哈巴河是我们此次"绿色中国行动"之行的最后一站，选择这里作为一段旅程的终结似乎有着别样的意味。作为中国最西北边陲的县，哈巴河风光旖旎，物华天宝。除了有看不尽的美景，还有数不清的动人故事和传说，从古至今在这里流传。一位作家曾经说过，"如果不是远行，怎么会了解远方的每一个陌生而绚丽的生命轨迹呢？"行到水穷处，面对奔流不息的哈巴河，风姿绰约的白桦林，我们"坐看云起时"，细细地品味，静静地感悟这属于哈巴河的美丽与神奇。

那水——哈巴河

　　哈巴河县位于阿尔泰山南麓，草原广阔、山川秀美。因哈巴河这条河流而得名。"哈巴"这一称谓从何而来、什么意思，至今众说纷纭，莫衷一是。有人说因河而来，有人说因树而来，也有人说因鱼而来。我更愿意相信第一种说法：哈巴河上游有十一条支流，其中较大的七条都以"哈巴"为名，它们发源于阿尔泰山深处的冰川，蜿蜒曲折，迂回百里，最后汇入哈巴河，随额尔齐斯河流向大海。

　　自古，河流都是人类文明的发祥地，一方水土孕育一方文明，流传一段佳话。哈巴河也不例外，近代以来，在抗击侵略、守卫国土的过程中，留下了许多感人的故事，其中一段为当地人代代传唱：19世纪，行将就木的清王朝不敌外夷入侵，丧失了大片领土。当时，野心勃勃的沙俄意欲染指哈巴河这片美丽净土，大举进犯。世代居住在这里的哈萨克族，在民族首领和部族头人的率领下，顽强抵抗，最终驱逐了沙俄近千人的骑兵部队，保住了我国秀美的河山。

　　新中国成立以后，边疆各族同

哈巴河的河水与蓝天、绿树交相辉映

哈巴河退耕还林营造的沙棘

哈巴河沿岸风光秀美

胞仍然定居在哈巴河沿岸，守护着祖国漫长的边界线。那一时期也产生了大批广为传扬的故事："西北第一哨"、"父子两代护边员"、"兵妈妈宣传队"。哈巴河也因为这些故事而愈加灵秀婉约、瑰丽神奇。

那树——白桦林

在哈巴河，说到独一无二，非白桦林莫属。北宋王安石有言，"世之奇伟、瑰怪、非常之观，常在于险远，而人之所罕至焉"，用这句话来形容白桦林绝不为过。哈巴河的白桦林规模之大，世所罕见，绵延 138 公里，被誉为"西北第一白桦林"。当然，只有真正的美景才能不负盛名。这里的白桦林景色因时而异，四季分明，春日的霜枝吐绿，初夏的万木葱茏，秋天的叠翠流金，隆冬的银装素裹。每一种景致都是不一样的境界，每一种境界都给人无限的遐想。

当地的哈萨克居民非常喜欢白桦树，称它为"百树之王"。相传，19 世纪初哈萨克伟大的思想家、诗人阿拜之父库南拜，曾经从哈萨克斯坦，慕名来到哈巴河畔，在白桦林中搭建了 50 座白色毡房，邀请亲朋好友居住在白桦林中，度过了一段美好的时光。如今白桦虽在，斯人已去，只留下一段美丽的传说，供后人追忆。

那人——阿克塔木人

萨尔布拉克乡阿克塔木村是哈巴河县的一个回民村，全村除一户哈萨克族和两户汉族以外，全部是回族同胞。村党支部马书记介绍，萨尔布拉克乡是 1974 年成立的，成立之后阿克塔木村就来到这里定居。阿克塔木这个名字在少数民族语言中的含义是"并排两棵树"：人们在这片土地上放眼望去只有两棵树，除此之外都是戈壁沙滩，这也正是当时自然环境的真实写照。建村伊始，植被稀少，风沙肆虐，庄稼种下去以后，"风来跟风跑，水来跟水流"，头一年种的 24 吨小麦最终只获得了 3 麻袋的收成。

极端恶劣的自然条件使人望而却步。村民人心惶惶，大量外迁。用马书记的话说，原来阿克塔木村有"三多，三少"：村民往外跑的多，搬来的少；男娃娃多，女娃娃少；驻村干部出去的多，进来的少。当时全村就下定决心，植树造林，防风固沙。

经过村民的努力，退耕还林实施当年，阿克塔木村的退耕林就达到 1300 多亩，防风林达到 2000 多亩，林地面积与耕地面积相当。通过退耕还林，哈巴河实现了生态与经济的双赢。阿克塔木人也用自己的双手，书写了一段令人惊叹的传奇。

哈巴河、白桦林、阿克塔木人，这三个看似并无关联故事，其实都是一段传奇——生态与人的传奇。透过它们，我想表达的是："绿色中国"，我们一路走来，不断地见证着传奇，也在创造着传奇。现在，这段旅程接近尾声，在哈巴河即将告一段落，但是我们没有遗憾，因为这二十天我们付出了很多，也收获了很多，付出的是我们不眠不休的辛劳，收获的是这绿染山河的希望。在我们的心中，另一段"绿色中国"的旅程才刚刚开始。

最后用一句话作别：

哈巴河，这片土地因河而得名，因树而绮丽，因人而神奇。二十天，这趟旅途因绿色而结缘，因走过而不悔，因你们而绚丽。

喀纳斯风景如画

新疆退耕大户养殖的羊驼

　　"绿色中国行动"第四采访组行经重庆、四川、湖南、广西四省（区、市），所到的十余个区县，都是绿色丰沛得快要流淌的地方。也无一例外，这些地方都曾因近几十年伐木开荒造成水土流失，石漠化异常严重。

　　百年来的工业文明，尤其是近几十年经济的快速发展，几乎都是以对绿色的吞噬为代价的。可是绿色消失了，河水便不再清澈，空气便不再清新，土地便失去涵养。采访过程中，不时可以听到人们对并不遥远的过去的回忆——广西红水河是珠江的上源，从上世纪60年代开始，沿岸毁林开荒，拓展耕地面积，到90年代，已经是两岸童山相对，一河红水横流；湖南溆浦县一个靠山的村子，也经历过相同的毁林开荒过程，数十年后，土山变石山，一场大雨就能把坡地里的庄稼冲得干干净净；1998年特大洪水几乎就是大自然对重庆、四川等长江上游地区石漠化状况的最强烈警告。

　　也许因为不断提起着过去，才让我们对眼前看到的景象感到震撼——林果满山，碧水潺湲，田畴交错，新房幢幢。站在那些充满人工痕迹的林木下，你忍不住要鼓起鼻翼，让和润的气息尽情涌进胸膛。

　　退耕还林作为一项生态工程和民生工程开始不过十余年，但是已经让人们切实地感受到了绿色回归

为了梦中橄榄树

报道四组组长：魏漫伦

所带来的好处。退耕的山岭已经重新披上了绿色，退耕的农户大多改变了原来薄田种粮，靠天吃饭的固有生活模式。红水河沿岸的农民已经靠果木和林下经济作为新的生产模式，川北的农民也变成了果农或者果业加工厂的工人，重庆的柠檬、花椒规模化生产，湖南的珍稀树种种植都成为染绿荒山、致富乡里的好方式。"退耕还林"的好处不仅在于探索了解决生态问题的有效途径，更在于创造了山区百姓脱贫致富过上幸福生活的新方式。

以退为进，这是退耕还林工程带给我们的一个关于发展的启示——退是对自然的尊重，是对发展方向的重新审视和选择。退一步，让百姓找到了新的生活方式，让经济发展有了长足的后劲。

而此行，记者们的关注点还在于：在新一轮退耕还林工程开始的时候，如何有效规避以前发展中的问题，如何给退耕百姓以长远的实惠，如何从政策上、制度上、管理上保障"退耕还林"能够继续成为有效的生态工程和富民工程。

森林不单是森林，绿色也不仅是风景，它和我们的生活密切相关，它是空气和水，是地球的呼吸和人类的美丽梦想。

寻访南中国的新鲜呼吸

2014 年 6 月 16 日，由中央人民广播电台记者魏漫伦、岳旭辉、刁莹、王利和国家林业局退耕还林办公室石建华副处长等五人组成的"绿色中国行动"报道第四组，分别从北京、太原和合肥出发，在广西壮族自治区首府南宁聚齐。这是这次为期 20 天的采访行动最后出发的采访组，目标是在广西、四川、重庆和湖南两省、一区、一市，报道退耕还林在南中国的进展成效，探寻新一轮退耕还林的借鉴经验，从雾霾困扰的北方前来寻访南中国的新鲜呼吸。

红水河，问河哪得清如许？

广西壮族自治区是采访第一站，经过四个小时的跋涉，采访组到达贫困县东兰，而流经东兰的红水河则是此行遇到的第一条大河。

红水河，珠江水系干流西江的上游，广西含沙量最高的河流，因为流经红色砂页岩层，水色红褐而得名，6 月正是丰水期。

然而逆水泛舟，采访组眼中的红水河看不见红黄浑浊，而是河水丰盈充沛，颜色绿中微黄，两岸青山相连，绿色满眼。

"大家看到的红水河现在一年只有汛期两三个月泛着浑黄，其余的时间都是一河清水，退耕还林 14 年，红水河变身清水河，红水河的名字已经名不副实。"

五十多岁的东兰县退耕还林办公室主任韦宏民坐在船头，手中握着退耕还林前红水河两岸的照片，向采访组叙说红水河前后的变化。

老照片上的红水河两岸基本都是裸露的红色土壤，夹杂着些不能连成片的稀稀拉拉的玉米等绿色。韦宏民说："红水河两岸过去也是森林茂盛，青草茵茵。从 1958 年大炼钢铁开始，乱伐树木，红水河最终变成童山秃岭，水土流失逐年加重。到 2000 年前的时候，山坡上的土地以垦荒为主，坡度从 30 度到 50 度的都有，有的甚至是 60 度的陡坡，主要是种玉米，可是，玉米一亩才产二三百斤，而且第一年还能种，第二年就勉强，第三年坡地因为雨水冲刷崩塌了，不能种了，而土地流失则是越来越重，河水的泥沙含量越来越大，下游的几个电站因为水流含沙量很大，水轮磨损严重，常常停工检修。"

　　而今，两岸的红土地披上了绿色盛装，板栗树、凤尾竹、桉树、杉树，树木相连，农家小屋掩映在绿树丛中。引发变化的正是2001年开始的退耕还林工程，韦宏民说，这个变化天翻地覆。

　　2001年开始试点退耕还林后，东兰县退耕还林新增林地39万亩，森林覆盖率由57.5%增加到76.7%，据广西大学的监测结果，东兰坡耕地的泥沙流失量由退耕前每年每公顷的580千克减少到131千克，整整减少了77.4%！

　　问河哪得清如许？这就是红水河变身清水河的秘密。

　　实际上，红水河变清只是退耕还林政策的一个成果，退耕还林带给红水河沿岸的百姓还有更多的富裕。十多年的时间，东兰县农户户均获得退耕还林各项补助9794元，人均1815元，除了补贴，很多还依托退耕还林发展了林下产业。

　　红水河畔的东兰县隘洞镇老村牛角坡的板栗场，是2001年退耕还林工程的配套荒山造林项目，面积600亩，种植板栗19000株，2007年开始挂果，现在年产板栗七八万千克，产值每年都在40万元左右。

　　走进板栗场，四处看到高大茂密的板栗树长满山坡，三三两两黑白两色的三乌鸡悠闲的在林下觅食，公鸡悠长的打鸣声衬出了山林的幽静，空气湿润新鲜，草地碧绿茂密。

　　养殖场的负责人韩健说，当时都是高过人的荒草，没有一棵树，根据退耕政策，上级补助了些树苗就开始种植板栗，"当时和拥有林地的农户签了15年承包合同，农户不但可以得到四成的分红，另外还能赚取养殖场劳务服务的工资，或者干脆能去广东打工赚钱。2012年，我们又开始在林下发展养殖三乌鸡，年出栏三乌鸡3

由童山秃岭、河水浑浊到两岸青山、绿水丰盈，退耕还林给红水河增添了无限生机

万羽，一只卖到 80 元，一年销售额就是 240 万元，收购商的车直接从养殖场拉着就去了南宁和柳州，绿色生态养殖的三乌鸡供不应求。"

栽下摇钱树，引得金凤来。

"鸡吃草籽、虫子，鸡肥可以滋养树林，林下可以养鸡，循环经济，绿色有机。"这就是百姓眼中的绿色生态经济。

而像牛角坡这样的林下经济项目，东兰县已经建成有规模的黑山猪养殖场 6 个，乌鸡林下养殖示范场 5 个。

光热丰富，雨量充足，政策给力，农户激发起了无穷的热情，也带来了整个生态的根本性转变，带来了极好的示范效应。

东兰县退耕办主任韦宏民说："板栗挂果后，一亩地就能产三四百斤，一斤一块七八，一亩地就能有千把块钱收入，再加上退耕还林补助，这样对于农民来说，就是一个很好的收入。"

2001 年退耕还林试点开始时，群众对退耕还林心存疑虑，怕政策变，怕政府的补贴兑现不了。"而现在完全变了，已经退耕的农户精心管护退耕地林木，力争取得好收成，而未能退耕的农户则在争任务、抢新一轮的退耕指标，大家都在盼着新一轮退耕还林尽快实施。"韦宏民说。

树定权，山增林，人增收，地变绿，水变清，红水河期待新一轮的退耕还林。

录音报道：
问渠哪得清如许

【鸡鸣声压混】

清晨 6 点，广西东兰，从小生长在河边的韩健早早来到自家退耕还林的坡地，从这里能看到红水河。退耕还林后，水土流失减少了 77%，如今的红水河，碧波万顷，美如漓江。

韩健：我小的时候一到下雨天，那个水都是混混的，为什么叫红水河，"红"就是这样得的名。

广西退耕还林始于 2001 年，韩健和村民们承包了红水河边 600 亩荒坡，种植东兰出名的板栗品种"壮乡绿"，板栗树下养殖三乌鸡，鸡除虫害和杂草，鸡粪又成为天然肥料。

韩健：光板栗一年是 40 万，鸡一年出栏 3 万羽，每只 80 ~ 100 块钱。

中午 12 点，广西凤山，51 岁的罗金魁点燃沼气灶，开始煮饭。

罗金魁：这个灶很方便，又不污染、又省我们去打柴了，以前我们都上高山去打柴的。

广西农村一半以上的人家像罗金魁一样使用沼气，这种廉价的清洁能源让村民们扔掉了砍柴刀，也保护了山里的植被。有沼气灶以后，厨房更干净了。

【流水声压混】

晚上 7 点，瑶族妹子庞金莲还蹲坐在广西金秀大瑶山的泉水边，她要赶在天黑前收获今年的绞股蓝。山泉水边遍植有生态作用的药物绞股蓝，因为在陡坡地上，所以只能靠人工采收。

庞金莲：坐一天到晚腰都难伸得直。

记者：卖绞股蓝一年能卖多少钱?

庞金莲：三四千元。

记者：从哪一年开始种的?

庞金莲：前年。

2008 年开始，广西陆续对金秀、凤山等珠江水源地实行生态差别对待，只要青山绿水，GDP 不再作为考核指标。庞金莲和老乡们也知道保护水源的意义。

庞金莲： 这条水要流到广东珠江，我们就是要保护山里的一草一木，这是我们应该的。

除了广东，珠江水也供给香港和澳门，在依靠种植林下生态经济作物生活的庞金莲看来，这是遥远的地方。

庞金莲： 在山里也想看看山外的世界，但一年收入就几千块钱，我们怎么能去的了呢。

金秀副县长黄日红知道庞金莲的愿望和困境，他希望来自下游县市的生态补偿能够早日提高。

黄日红： "无工不富"嘛，山内不办工厂，要办只能在山外办，山内只有自来水厂和污水处理厂两个厂。本来三类检测就可以了，我们是二类水给他们，我们牺牲我们的发展给你们发展，下游县市给的补偿金去年只有300万，你们吃肉，我们喝汤都没有，每亩地就几块钱，农民不够。

东兰2001年成为全国退耕还林试点，14年来泥沙流失量比退耕前减少了77%，红水河变成了清水河，直接惠及下游的几个水电站，东兰退耕办主任韦宏民希望电站的补偿能回到东兰。

韦宏民： 东兰搞退耕还林，下游的五六个电站有实际利益，东兰没什么实际利

长寿地区的山水

益啊，你搞退耕还林光种树了。

同样是珠江水源地，凤山探明了地下 35 吨金矿，但为了保护生态，至今没有开采，做了 20 年石漠化治理的凤山县副县长张武贵也有委屈。

张武贵： 为了生态我们就不开，国土功能区划把我们作为限制开发地区，只给我们青山绿水，不给我们搞工业，我们牺牲了发展，保住了下游，给我们的钱只够维持基本生存，生产发展、让我们县过上富裕生活还达不到。现在生态补偿机制还没有完全建立起来，真正来讲，那些下游省份应该进行生态转移支付。

水源地几个县市全年空气质量都是一级标准，空气负氧离子每立方厘米常年在 10000 左右，几乎都注册了世界长寿之乡，生态环境让大城市羡慕不已，但经济的硬伤无法回避。

【壮歌压混……】

这是壮乡山歌，歌词大意是：远方的朋友，欢迎你们到这青山绿水的地方来。唱歌的山妹子脚上的拖鞋穿了很多年。金秀高速 2019 年开通以后，南宁到大瑶山腹地只要 3 个小时，山泉水、野生茶、瑶族医药和旅游业的发展指日可待。东兰的板栗、凤山的核桃在未来五年内将漫山挂果，生态资源向生态效益的转变前景可期，但核桃从栽植到挂果要七八年的时间，等待收益的几年里，东兰县村民只能在林下种植了桑树，卖桑叶和养蚕为生，如果不跟上生态补偿机制，老百姓发展经济改善生活无疑是一条漫漫长路。

国务院参事室研究员姚景源点评： 我觉得在生态环境保护机制上，我们要做到：谁污染，谁掏钱；谁受益，谁付费。那么，由于生态环境的改善、治理、受益，也应当从他们受益当中拿出一部分去补偿我们有所付出的这个地区的民众，我们还是要加快完善生态补偿机制；要立法、要有细则；另一方面一定要把思路拓宽，不一定说我们实现小康我们非得要搞工业，特别是不能搞污染性的工业。

不是所有长寿之乡都叫巴马

从东兰到凤山，大山连绵，山路弯弯，在无尽的绿色中，眼前豁然开朗：四围的大山轻轻巧巧抱起了一座小城，这座小城就是凤山。

也许凤山不为很多人熟知，可说起凤山的紧邻却大名鼎鼎，那就是长寿之乡巴马。巴马早已经是广西的一张名片，绿色环保生态长寿，处处透着神奇的味道，也让各地追求健康生活的人趋之若鹜，面对暴涨的各地游客，巴马接待能力已经出现压力，甚至力不从心，而每位游客都意味着能给当地带来吃、穿、住、行消费的财富。

巴马的成功对于紧邻巴马的凤山人意味深长，在凤山人眼里，巴马美，凤山更美。

凤山县林业局局长安永发告诉采访组，凤山有中国目前利用天然洞穴建设的空间最大、钟乳石展品最多最奇特、格局最美的世界地质公园，有集山、水、洞、天浑然一体，被称为"世界之窗"的三门海生态旅游景区，凤山森林覆盖率高达82.5%，有40万亩杉木用材林，33万亩核桃，30万亩油茶，凤山县的空气负氧离子数每立方厘米多达一万个以上，凤山是中国第48个、广西第15个长寿之乡，凤山每10万人口中，百岁以上长寿老人为33.5个，这个数字在中国长寿之乡中排名第三，而巴马引以为傲的有长寿河之名的盘阳河，源头就在凤山。

而凤山的底气还不止于此，凤山的地下埋着至少35吨储量的黄金，即使是黄金价格下跌的今天，仅此一项矿藏市值也有上百亿元，被誉为"黄金之乡"，"但是，这个黄金只能深埋在地下，采了一点后不能采了，因为这里是广东省珠江的源头红水河流域，是受到严格保护的水源地，是一级生态屏障保护区，而黄金的开采对生态的破坏极为严重，所以只能放弃。"凤山县副县长张武贵说。

红水河的下游就是珠江经济发达地区，下游的金山银山需要上游的绿水青山来支撑，这是凤山在限制自己的工业发展为下游的人造福，因为上游的水质一旦受到破坏，后果无法想象，下游的GDP再大，生活质量也会大打折扣。

受到开发限制的凤山，日子过得很艰辛，整个县里公用经费支出12亿多元，自己的财政收入只有1亿元，其余的主要就是靠国家转移支付。虽然上级不考核凤山的GDP，但是，脱贫、生态的指标还是硬指标。

那么凤山发展靠什么？山多田少，在当地干部和群众眼里，退耕还林还是一种相对有效的致富手段。一方面，农民可以靠着退耕还林建设一个绿色银行，各种补助能提供一定的家庭收益，一方面，退耕还林可以大量解放农户的双手，发展劳务输出经济，再一个，随着整个社会对生态环保重要性认识的提高，国家也在逐步加大生态补偿的转移支付力度，环保部有专门的对凤山水、土壤、空气等指标的考核，每年生态补偿金按照百分之五到百分之十的幅度增加，而凤山今年获得的资金就有 6000 万多元，可以给公用事业提供一定的补益。但仅有这些支撑温饱还行，致富就显得单薄许多，要想经济上有根本性转变，人们还需要想办法把凤山绿色生态所蕴含的能量尽情释放出来。

凤山优异的绿色生态环境蕴含怎样的发展能量？凤山的紧邻巴马提供了一个极佳的成功范例。有一个数字，2013 年，25 万人口的巴马全县接待游客 290 万人次，而这个数字在 2006 年的时候还只有 11 万，290 万游客带来的收益之大可以相见。这说明，生态养生休闲旅游作为人们富裕后的新追求，正在成为新的经济增长点，发展旅游业既是地方经济的支柱产业，也是带动当地农民脱贫致富的重要方式，而现在的凤山已经一切齐备，需要的就是对自己生态形象的塑造和提高到像巴马一样的知名度。

不能开采金矿的凤山，正可以借助退耕还林提供的丰富的生态资源，发展生态经济，开发"绿色的金矿"。

绿色天地大有作为，这也许是退耕还林带给国家级贫困县凤山人的一个新的致富密码。

凤山县副县长张贵武接受记者刁莹采访时提出，应借助退耕还林机遇发展生态旅游产业

农家建在绿树丛，采访组在广西凤山县袍里乡央峒村吊井凹采访农户退耕还林后在外务工情况

记者手记：
老韦的老照片

王利

　　珠江水系干流西江的上游，是红水河，它因流经红色砂页岩层，水色呈红褐而得名。在采访的第一站广西，这是未到红水河的印象。

　　从南宁坐车出发，4个多小时后抵达红水河大桥。午餐的地点就在红水河边，紧邻着红水河大桥，这让我有时间站在桥上，远观红水河，红水河两岸青山连绵，而眼前的红水河就像一条绿色的腰带环绕其间。

　　我不禁提出了一个疑问，这，真的是"红水河"吗？一串爽朗的笑声之后，却并没有人立刻告诉我答案，好似一切只可意会不可言传，疑问始终在我脑海萦绕不去。

　　吃完午饭，我们一行人登上了一条船。船行驶在红水河上，两岸的青山倒映水中，恍惚身在漓江。本地人，东兰县退耕办主任韦宏民可算是开了口，伴着发动机的声音，老韦操着并不标准的普通话说，以前的红水河并不是这个样子，那时是名副其实的红色，两岸的山坡几乎都是荒山，除了庄稼和杂草，就很少有植被的覆盖。

　　变化始于2001年，东兰县开始退耕还林的时候，彼时，红水河两岸的坡地上破天荒的不种粮改种起了树，也就是从这年起，红水河的水在悄然地变化着。

　　我说，"退耕还林前的红水河两岸到底是个什么样子呢？靠语言的描述很难想象。"没想到，说着说着，老韦从随身携带的纸袋里掏出了一张照片，照片拍摄的

照片的背景就是红水河

广西东兰县，退耕办主任韦宏民手里的照片记录的是东兰红水河两岸退耕还林的场景（小照片是退耕前的荒坡）

红水河边，壮乡妹子
在唱山歌

日期正是 2001 年，东兰县退耕还林工作刚开始的时候。

照片里是一座山坡，透过照片，老韦指着一座如今披满绿装的山坡说，这就是照片里的山，十多年前它几乎是个荒坡。此时，船仍在红水河开着，不一会就到了另外一个山坡。每到一处，老韦就拿着这处当年的照片做起了比较。一张、二张、三张……老韦每拿出一张照片，就好像是一段曾经发生的故事，出现在我们面前。尽管，由于拍摄的时间比较久，有的照片已经泛黄褪色。

老韦的叙述很平淡，似乎这些都不足为谈。在老韦的叙述中，我断断续续地拼出了这样的话语：东兰是著名的革命老区，"老、少、边、穷"几乎是这个县的真实写照。退耕还林刚开始的时候，很多老百姓都不愿意种树，害怕种树会亏本，没有种粮食赚钱。那时候，老韦他们需要开动员培训会、点坑、挖坑、调苗、种植、检查，一年到头，都没有空闲的时候。

接过老韦袋中的照片，我们翻看着，其中一张照片吸引了我的注意，照片显示的是东兰县退耕还林的场景，红水河两岸的山坡东一块西一块都在开荒，坡地上还有很多因为要种树挖的坑。

退耕还林 13 年，东兰县新增林地 39.2 万亩，森林覆盖率提高了近 20%。退耕还林后，红水河水土流失减少了 77%，如今，红水河变成了清水河。

老韦的照片，承载着的是一种记忆：见证红水河的变迁，记录当年和朋友一起奋斗过的岁月。老韦说，当年一起搞退耕还林的人，一个个都离开了东兰县，不过大部分都在林业的老本行工作着。我想，正是有了这些人当年的坚持、努力，东兰才能建立了一个又一个板栗种植示范基地，东兰县板栗的种植面积才能增加到了现在的 32.5 万亩，才能让红水河两岸的荒山绿化、百姓致富。

采访结束后，在其中一张照片的相同位置，我们给老韦拍摄了一张照片，老韦说，这张照片他会好好珍藏。

而我在想，新一轮退耕还林工作即将重启，下一轮后，这里又会发生什么样的变化？若干年后，希望能在这里再次见到老韦和他的老照片。

红水河边的山坡上种植的是有名的"壮乡绿"——板栗，板栗树下养殖三乌鸡，鸡除虫害和杂草，鸡粪又成为天然肥料

如今的红水河，碧波万顷，曾经的"老、少、边、穷"之地，也吸引了不少大学生到此工作

退耕还林后，水土流失减少了 77%，如今的红水河，碧波万顷，美如漓江

记者手记：
你负责赚钱养家，我负责貌美如花

魏漫伦

　　富裕的原因大多相似，比如交通方便，比如产品接近市场，劳动力素质高，政策灵活，地理有优势等等，而贫困则正好相反。

　　在广西、四川、重庆和湖南采访退耕还林，多数地方都顶着国家级或者省级贫困县的帽子，山地多、交通差、经济落后、没有特别的资源优势，但是，这些地方都有一个共同点就是生态很好，而且在国家的政策和资金支持下，还可以建设得更好。

　　贫穷不应是生态建设的必然归宿，坚守"生态红线"的穷地方也应该收获应得的"生态红利"。解答这个问题，不光需要穷地方的努力，还需要国家政策的倾斜，需要富地方的支持。

　　广西金秀瑶族自治县的发展经历也许能部分回答这个问题。

　　身处大瑶山的金秀最穷，也最绿，是采访组此行遇到的最好的生态县。

广西金秀大瑶山中一处曾经开垦的山地，如今退耕还林种上了树木，未来这里依然郁郁葱葱

先说说金秀的绿。金秀，土地总面积 2518 平方公里，全县总面积的 80% 是山区，森林覆盖率高达 87.34%，特别是在山区地带，森林覆盖率超过了 90% 以上，可能是全中国森林覆盖率最高的地方。金秀无山不绿，难见裸土，走在山间林里溪流旁，随手可以捧起一鞠清水一饮而尽而不用担心水质问题。"广西最大水源林区"、"国家级珠江流域防护林建设源头示范县"、"大瑶山国家级森林公园"、"大瑶山国家级自然保护区"等称号就是对金秀之美的概括。

在金秀县城，只有两个企业，一个是自来水厂，一个是污水处理厂，金秀大气土壤的干净可想而知。

"我们县城空气中的负氧离子含量每立方厘米有 9000 多，空气质量达到一级标准，是你们大城市的几十倍呢。"金秀城里的居民自豪地说。

"国家要求我们金秀出境的水是三类水的标准，但是，检测结果实际上是优于二类水标准。"金秀县县委书记韦佑江自豪地说。

超越国家质量要求提供的水源输出，是金秀人对下游经济社会发展做出的最好的奉献。

再说说金秀的穷。有一个真实的故事，金秀县前两年出了一个盗伐森林案件，21 个人因为盗伐树木被抓，这其中有 7 对就是夫妻。这些人家里虽有树林，但是，国家规定不能砍伐，靠山不能吃山，又没有别的致富门路，只好去砍树卖钱。为了这些家庭得到应有的照顾，相关方面特别决定，夫妻中放一个回家。

因为已经基本绿化，可以退耕的上地太少，因而在广西普遍带来收益的退耕还林在金秀只能起一个辅助的作用，全县十多年时间共退耕还林 1.5 万亩，而未来也没有太大的上升空间。为了补偿金秀这类地区绿化建设所付出的牺牲，国家从 2001 年起开始实施森林生态效益补偿试点工程，集体和个人所有的公益林补偿标准从开始的 5 元每亩每年，逐步提高到了现在的 15 元每亩每年，但是这点钱，按标准兑现给管护者的管护费也仅仅只能算是对林农管护公益林工作的一种补助，实际上还远远谈不上支付给林木所有者的森林生态效益补偿资金。

金秀县县委书记韦佑江说："目前农民的山地木材林蓄积量每亩约为 10~12 立方米木材，一立方米木材市场价为 1000~1200 元钱，10 立方米就是 1 万多块，农户给国家看住 1 万多块钱的东西，国家每年只给你 14 块钱，这是农民在为国家的生态做牺牲、做贡献。金秀是国家级贫困县，现在是 15 万人，财政收入是 2 个亿，贫困人口 74694 人，占全县总人口数量的 48%，就是几乎一半。"

没有合理的转变方式，地处广东经济发达地区珠江水源保护地的广西金秀，生态压力就像一条绳子，死死地困住了发展的手脚，金秀县关闭了所有的铁合金厂、铜矿山等，木头财政也逐步退出，全县森林年砍伐量从最高峰逾每年的 100 万立方米下降到如今不到 10 万立方米，有树不能砍，有地不能垦，端着金饭碗的金秀需要讨饭吃。

而金秀人得到的回报，则是上级政府给予的差别考核，金秀不再考核 GDP，改为考核以生态保护为主的指标，国家给予金秀每年 10 多亿元的转移支付。因为生态保护给力，金秀每年生态获得的补偿资金有 3100 万元，额外还有接近 400 万元的奖励。方方面面的支持，努力让金秀把发展精力放在旅游、中医药、茶叶、水果等绿色产业上。

但这些对于一个 15 万人口的县域经济发展来说还远远不够，守住了"生态红线"，就需要收获更多的"生态红利"，没有"生态红利"的支撑，"生态红线"很难长期坚守。

县委书记韦佑江表示，国家给予的支持，与金秀这一独特的生态功能区所具有的生态价值及实际需要的经费相比差距甚远，远远无法解决林农的基本生活，"建议将金秀县重点公益林森林生态效益补偿基金补偿标准提高到每年每亩 100 元，并按照生态效益的受益情况，建立珠江流域下游经济发达地区反哺金秀生态环境建设机制，确保金秀生态环境、群众生产、生活条件不断得到改善。"

"我负责貌美如花，你负责赚钱养家"，这也许是经济发达地区和生态保护地区之间相互依存关系的一种最好的状态。

"绿色中国行动"第四采访组在广西金秀采访采摘板蓝根的农户，这里已经实现完全绿化，森林覆盖率高达 90% 以上

记者手记：
酒城寻林

王利

长江与沱江的交汇处，有一座小城——泸州，又称酒城。

人人都知道泸州是酒城，却很少有人知道"酒城"的缘起。

说起酒城，还有一个故事。1916年，朱德随蔡锷起兵，朱德由云南赴川讨袁后，驻扎泸州。是年除夕，朱德赋诗抒怀："护国军兴事变迁，烽烟交警振阗阗；酒城幸保身无恙，检点机韬又一年。"

此后，朱德的这首诗越传越广，进而传出了泸州。从此，"酒城泸州"的美名就与朱德的这首诗结下了不解之缘，泸州因此得名"酒城"。

6月底的四川，空气中仍然夹杂着一丝凉意。从成都出发，往南行驶近300公里就是泸州。酒之于泸州，可以体现在汽车在高速公路上疾驰，窗外不断掠过酒的户外广告牌。

泸州的酒香可以用一句话来形容：风过一城带酒香。就连苏轼都作词，"佳酿飘香自蜀南，且邀明月醉花间，三杯未尽兴尤酣。"对泸酒的酒质的优美倾羡不已。

我不爱酒，与泸州也仅仅是擦肩而过，此行的目的是酒城寻林，采访泸州市叙

叙永县草坝村支书李光祥介绍，现在还有很多村民期望有政策能够退耕还林，他们村现在还有三分之二的土地需要退耕

叙永县番山村：种植的竹子多了，村里开始发展竹产品精加工，竹桌、竹椅、竹字，一应俱全，收入比卖竹子翻了好几番

永县退耕还林 15 年来的变化。

在我看来，酒与退耕还林的成果，都有一个共同特点：酒，醉人；林，醉心。于是，关于此地的退耕还林，我选择了从酒写起。

车在叙永山间的道路上前行，一路上树的绿逼入眼帘，随行的叙永县林业局的工作人员说，山上的树木，很多都是退耕还林以后的成果。

在叙永县殷家沟，说起退耕还林工程，村支书赖定才一个劲地直夸好。赖定才说，种树不像种庄稼一样需要大量的人力，解放了劳动力，村里的坡耕地种上树，解决了村民的大问题。

采访路途中的一景，整齐划一的树木就是退耕还林的成果

赤水河畔，村民王云家的果树挂满果子。退耕还林种上果树后，不仅让他的收入增加，水土流失也大大减少

在1700多人青杠村，10多年前，村里赶着退耕还林的时机，发动村民种竹子，如今，曾经的荒山变成竹海，不仅环境好了，全村光是靠竹子的收入去年就达到了1550万元。

在赤水镇，退耕还林工程实施以来，叙永县在赤水河流域完成人工造林37.9万亩，而赤水镇则因地制宜，发展起了果树种植，目前桃子、李子等都已经形成规模。赤水镇的村民王云说，坡地上种上果树以后，不仅水土流失减少了，收入也比以前翻了好几番。

1999年启动退耕还林工程以来，叙永县累计完成退耕还林工程44.765万亩，其中退耕地造林19.565万亩。叙永县林业局局长成禄富说："因为实施退耕还林工程以来，全县共减少水土流失面积430平方公里，坡耕地退耕还林后，每亩减少水土流失近5吨，增加蓄水近20立方米。"

护林员李阳贵，25年来几乎每天都是在山上守林度过。因为护林点比较偏僻，广播几乎成了他了解外界讯息的唯一渠道

四川省叙永县，当地退耕还林的过程中大量种植竹子，如今，竹子随处可见

叙永县，满山青绿，绿的狂放，不知收敛

　　退耕还林 15 年，叙永县的森林覆盖率由 1999 年的 35.6% 提高到现在的 53.8%。15 年来，变化的不只是环境、森林覆盖率，15 年来，退耕农民的思想也在悄然变化。如今，对他们来说，有了绿色就有了希望。"希望能继续扩大退耕还林的面积，把这项政策延续下去。"这是当地对退耕还林政策的最大期许。

　　15 年后，再看叙永，满山青绿，绿的有些狂放，不知收敛，羡煞了我们这群久居城市之人，空气中的负氧离子甚至让人感觉有些醉氧。

　　酒城、林地，它们的特征现在是如此明显。酒，醉人！林，醉心！

记者手记：
金山建在青山上

魏漫伦

位于画稿溪风景区的青杠村是四川省叙永县水尾镇的一个小山村，这个以竹产业闻名的小村，风景就像她所在的画稿溪名字一样漂亮。

绿色漫山遍野，竹林参天蔽日，水绕山环，漠漠稻田，犹如世外桃源。

和村里景色一样漂亮的是青杠村的人均年收入数字。1787 口人的村子，2000年起，在灌木丛的基础上，退耕还林，发展竹产业，种植了包括毛竹、方竹、楠竹等各个品种竹子 44000 亩，每亩每年收益约 500 余元，竹产品包括了地板、家具、箱板、食材，每年收入 1500 多万元，仅此一项人均就有 8600 元，青杠村成为远近闻名的全国绿色小康示范村。

村支书王强说起村民的收入满脸自豪："我们青杠村已经是家家盖新楼，户户农家乐，大家可以腾出手来去广东打工赚钱。"

青杠村作为叙永县万亩亿元竹林产业的一个点，在这个点上，完美地展示了叙永的退耕还林成就弧线。

叙永县林业局长成禄富说，叙永县在退耕前的 1999 年，林业生产总值仅仅还只有一个亿，2011 年就达到了 32 亿元，而农民仅林业收入就人均达到 1860 元的收入。但这还不是最重要的，重要的是，放开了土地的束缚，农民可以脱离土地，进城务工。

四川作为我国最早推行退耕还林省份之一，退耕还林总量排在全国第三位，目前实施的 1336.4 万亩退耕还林地中，约有 60% 的林地已有经济效益，而且绝大多数收益超过 230 元每亩的直补标准。其次，劳务增收减轻了农民耕种强度，促进了农村剩余劳动力的转移，在四川丘陵山区县，外出务工农民比例达到一半以上。2013 年四川定点检测，退耕农户人均纯收入达到 9952.7 元，其中，退耕政策补助和林地直接增收贡献率达到 8.9%，劳务增收贡献率达到 59.8%。

也就是说，退耕还林更多的是释放了大量的农村劳动力进城务工，而这对于步入老龄化社会、城市和企业大量需要成熟劳动力的今天，意义尤为重要，川军出川，企业心安。

叙永县林业局局长成禄富总结说："退耕还林政策引领是动力，多元经营模式是根本，土地流转、林地流转、专业合作社、龙头企业带动是方式。不解放农民的双手，让农民把大量时间固定在土地上，是没有办法脱贫的。"

湖南桑植县也同样说明了这一点。通过 15 年的退耕还林建设，桑植县全县年均增加林地面积 1.1 万亩，全县森林覆盖率由过去的 62.6% 提高到 71.79%，一方面部分农民从土地中剥离出来，劳务输出加大，从事多种经营，截至 2013 年底，已有近 10 万名退耕农民外出务工，年均收入 2 万元左右，年均劳务总收入达 20 亿元，另一方面，一些农户为了离开土地，也促使土地实行流转经营，土地利用趋于合理。

在我国著名的黑茶之乡湖南安化县马路镇蒋坪村，马路茶厂 2005 年与 141 户农户签订开发无公害有机茶园基地合同，租赁承包实施退耕还林，每年可以创收 600 多万元，而农户每家租地收入和外出劳务收入，也可以达到年人均上万元。

湖南安化县县长熊哲文说："在农村当前，经济社会的发展，都要以退耕还林为载体，失去这个载体，无法把农民从土地上解放出来，农民也无法实现脱贫。"

金山银山靠的是绿水青山，绿水青山意味着农户植树造林的一劳永逸，意味着农村劳动力的解放，实际上，对于退耕农户来讲，更看重的是后者，因为国家补贴重要，更重要的是能借助退耕还林发展后续产业致富以及从土地上解放出自己的双手，这就是退耕还林带给农户的绿色致富钥匙。

有山皆树，无处不绿，四川叙永县树定权，人定心，解放大批劳动力出川务工

但直到今天，这个绿色钥匙才仅仅将农民致富的大门开启了一道门缝，农村现在还有大量弃耕荒地、望天田亟待退耕还林来改变现状。重庆市奉节县退耕还林办公室主任白云向采访组表达了渴望新一轮退耕还林的急切心情："奉节全县25度以上坡耕地面积还多达26.81万亩，15度到25度的坡耕地面积还有11.54万亩，整个奉节县还有123个行政村没有实施退耕还林，这些行政村都是高山村和居住条件、交通条件、经济条件相对落后的村，在家人口已不足三分之一，大片耕地被荒芜，而这个比例放大到全国，就是一个惊人的数字。"

而且，目前退耕还林的问题还有很多需要进一步的改进和调整：林种单一，生态林多，经济林少，国家一旦停止补助，退耕农户生计将受到影响；盲目发展，很多还没形成林产品生产—加工—销售一条龙，退耕户对自身发展能力、品种的适生性把握不准，造成了大量的资源浪费，更没有经济效益；当前备受推崇的集中土地、集中品种、集中栽植、集中管护和集中人口的营林新机制也需要不断调整完善。

但无论如何，退耕还林作为一个平台，整合了国家、集体、农户和整个社会的多方利益，看到了实实在在好处的千家万户，在新一轮的退耕还林中一定会推陈出新创新发展，焕发出无穷动力。

记者手记：
用树保卫三峡

魏漫伦

站在山头看汾河镇的泉坪村，是如纱如烟的雨雾中展开的一幅田园山水画卷。

山上陡坡是郁郁葱葱的生态柏木林，向下的缓坡是刚刚挂果的生态经济兼用核桃林，平地则是绿油油的玉米和稻田，村中央是一湾清水中的鹅鸭嬉戏。

展示这幅画卷的重庆市奉节县梅溪河畔的泉坪村，称得上是重庆市退耕还林生态典范。

村民邱正体说："过去下大雨黄泥汤下到江里的情况现在没有了，只有清水溪流下河。原来的坡地种玉米，是望天收，一亩就是二三百斤，贴上功夫不说，有时候连化肥、种子钱赚不回来，现在，坡地退耕成核桃树，由外面来的公司承包经营，除了每年能拿到租赁费，还能在自家地里为公司打工赚钱，一天 100 块工钱，

山坡退耕还林，平地水稻、玉米，池塘鹅鸭嬉戏，奉节县汾河镇泉坪村展开了一幅山水画卷

算下来收入比过去高得多。"

汾河镇副镇长覃斌站在山头指着漫山遍野的核桃树告诉记者："这些核桃就是一个大户承包后建立的核桃基地，很多村里现在只剩下一些老年人在家种庄稼，我们就把土地向种田能手和大户集中，大户把老百姓的地流转到他的手上，每亩地给农户300元钱，比我们退耕还林一亩240元钱还多了60元钱，农户少了自己经营的风险还多了收入，当然很愿意。大户统一管理、统一经营，农户还可以在退耕的基地里面务工，除草、追肥、打药，一个人每月还有一两千的收入，总体上比外出打工挣的还多，老人能照顾到，小孩也有人管，也不存在空巢老人现象，可以说一举数得。"

对于地处三峡库区核心地带的重庆来说，退耕还林意义尤为不寻常，除了保障农民增收，确保三峡生态转好是更为重要和迫切的目标。因为三峡水的清澈与否关系着长江中下游中国经济发展火车头地区的经济和生活安全，意义之大非同小可。采访组到访的万州和奉节，溪河纵横切割多、山大坡陡流失重是共同的地貌特点，退耕还林，用树将三峡碧水捧在手心是几百万库区人的心愿，也是必须要完成的目标任务。

重庆市退耕还林管理中心主任廖秀云说："围绕生态效益优先这条主线、农民增收致富这个宗旨，重庆十年投入退耕还林资金207亿元，完成退耕还林1917万亩，265万农户享受收益，森林覆盖率增长20个百分点，仅涵养水源、改良土壤、固氮释氧等生态效益评估价值就达1000亿元，而这还不包括树木木身的价值和由绿化生发开去的各种其他衍生产业的价值，退耕还林于国于民可谓一本万利。"

十年一瞬间，三峡库区过去的荒山早已蜕变，从前林木贫瘠，河水浑浊，如今青山常在，绿水长流，而库区农户也打开了一扇扇致富大门，从过去的种地吃饭，到如今"靠山吃山"，"林下致富"。

退耕农户从国家钱粮补助中得到了实惠，从林下经济中收获了更多的财富，更多的退耕农户还将剩余劳动力转移出来，从事第二、三产业，据初步统计，仅奉节县每年退耕农户外出务工人员就超过17万人，收入近12亿元，而万州转移农村富余劳动力更是多达41.5万人，部分退耕农户已从农村转向城镇居住，农村面貌正在发生大幅度变化。

退耕还林，绿护三峡。在退耕还林的平台上，过去完成了太多的任务，未来还需要整合更多的希望。目前，水土流失面积仍然占到重庆市辖区面积的38.1%，25度以上陡坡耕地面积还有958万亩，三峡库区生态依然脆弱，树护三峡才走完第一步，各方承担的义务和利益分配还需要进一步调节和兼顾，退耕还林任重道远，还有大量的重担需要承载：

——需要加快退耕后续产业的培育，加强完善退耕管护的长效机制措施。由于青壮劳动力大量外出务工，农村留居下来的都是老人和儿童，普遍缺乏实用技术，后期管护不到位，严重影响着农林产业的发展，需要尽量引导农民走"公司＋基地＋农户"的发展模式，鼓励有实力、懂经营、善管理的企业或专业合作社等组织，

南中国的远山在期待
新一轮的退耕还林

与农户开展土地转让、业主或大户承包、联合经营等发展模式，兴办林业企业；

——期待国家筹集专项退耕还林生态补偿资金，主要用于长江退耕还林工程区和三峡库区的森林生态补偿；

——随着物价水平的上涨，需要提高退耕直补标准，提高退耕还林种苗造林费补助标准，以解决农户的生计问题，让农户免于后顾之忧。

三峡是中国的三峡，中国的三峡需要上、下游受益者的共同维护和付出，有了退耕还林这个大平台，有了几百万库区人为保护三峡一湾碧水做出的种种努力，有理由相信，未来一定会有这样的画卷在我们面前展开：高峡出平湖，绿树护碧水，神女应无恙，当惊世界殊。

桑植县十五年退耕还林成就

　　桑植县自 2000 年被列为全国退耕还林试点示范县以来，15 年全县累计实施退耕还林 37.78 万亩，其中退耕地造林 16.15 万亩，荒山造林 18.43 万亩，封山育林 3.2 万亩。项目涉及全县 39 个乡镇（场）476 个村 5.4 万农户，受益人口达 21.6 万人。经国家多次核查验收，全县 2000 ~ 2005 年退耕地面积保存率（2004 年度为 99.99% 除外）、管护率、成林率、林权发证率、建档率均为 100%。2007 年，桑植县被评为全国退耕还林先进县，工程自实施以来，为全县农民致富，增加老百姓收入、改善生态环境等方面做出了巨大的贡献。

　　通过 15 年的退耕还林建设，生态效益显著，全县年均增加林地面积 1.1 万亩，全县森林覆盖率由过去的 62.6% 提高 71.79%，使 13 万多亩 25 度以上的坡耕地得到有效治理，遏制了水土流失，使生态环境从根本上得到改善。造林地区苗木长势良好，滑坡、洪灾等自然灾害明显减少。社会经济效益明显，农业产业结构趋于合理，全县将项目实施着眼于经济、劳力、产业、区域布局结构的调整，栽植厚朴、油茶、梨子、板栗等生态经济兼用林 6.55 万亩。

　　退耕还林的实施使农民实现增收，15 年国家给桑植的政策补助为 4.06 亿元，退耕农户人均增收 1879 元，项目自实施以来，使部分农民从土地中剥离出来，从事多种经营，同时劳务输出加大，扩大了农村的就业机会，带动了第三产业的发展。截至 2013 年底，已有近 10 万名退耕农民外出务工，年均收入 2 万元左右，年均劳务总收入达 20 亿元，项目实施使"广种薄收"、"越垦越荒"的现象基本得到遏制，土地开始实行流转经营，土地利用趋于合理。

桑植的退耕还林成效显著

记者手记：
中国梦的底色是绿色

魏漫伦

6月的南国高温潮湿，雨水绵绵。采访组在桂、川、渝、湘采访退耕还林的时节，正是北方雾霾连日的时候，饱受雾霾困扰的来自北方的采访组成员，穿行在生机勃勃的南国山林中，大口地呼吸新鲜的充满负氧离子的空气，在心底都会升腾起一个强烈的感受，新鲜的呼吸是多么的重要，如果城市每天都是这样的空气该有多么好。

如果城市每天都是这样新鲜空气该有多么好，这是雾霾中的人们梦想。如果说，中国梦是无数中国人的共同梦想集成，那么，这个梦想不仅仅是老有所养、病有所医、居有其屋、学有其所，也不仅仅是社会公平、程序正义，不管中国梦的内容有多么的浩瀚繁多，在这个梦里，还必须要有人人都能呼吸新鲜空气的生态环境，如果这个梦想底色用一种颜色来代表的话，那就只有一个选择，是树的绿色。

在南国广西，这个绿色是一种勃发的生机，是没有遮拦的茂密，是生命元素的尽情发散。

在中南部的川、渝、湘，这个绿色是优雅成熟的绿，是雨雾天中的水彩描画，是摇曳的竹林和沉甸甸的橘柚。

而在晋陕黄土地乃至青藏高原、内蒙古大漠，这个绿色则是一种坚强生存意志的象征，是抗击风沙保持水土的坚韧清瘦。

无论或浓或浅的绿色，农户需要的是土地流转、林地确权后的丰收和财富，是农村城镇化后，村里人向城里人的角色转换；这个绿色带给城里人的，则是精神和生命的体验，是新鲜的呼吸，是潮润的养眼，是追求休闲养生生活的基本条件。

一项工程，改变了山山水水，美化了每一寸土地；一个决策，带动了各项产业，孕育了遍地绿金；一种生活，富裕了每家农户，繁荣了整个城市，这就是退耕还林。

湖南溆浦县水隘乡退耕以前几乎每年都要遭受洪灾、旱灾，退耕还林后生态已经恢复到上世纪50年代的水平，森林覆盖率从退耕前的41.3%增加到79.2%，退耕还林后种植的马尾松、国外松孕育出了鲜美的枞菌，每年通过销售枞菌就可以为全乡农户增加四五百万的收入。经销大户王端洪说："退耕还林树木长势喜人，树林逐年郁闭，过去难得一见的枞菌现在漫山遍野，每到采菌季节，我们全家都到自家的树林里采枞菌，全乡成担成车的枞菌源源不断销到长沙、怀化等地，光这一项，家里每年收入就上了好几万。"

四川省叙永县落卜镇草坝村位于云遮雾绕的大山青杠坡上，过去居住在大山深处的人们近年来因为求学、打工进了城，土地逐渐荒芜。党支部书记李光祥指着荒山说："娃儿都去外边打工了，山坡地都没人种了，荒着真是可惜，我们这里的老幼还可以动弹手脚，做点力所能及的事情。现在村里三分之一的坡地荒山都退耕了，还有三分之二，国家最好把这些荒地全部退耕了，再长树也是社会的财富，别让地闲着了。"

重庆奉节县汾河镇副镇长覃斌说："整个我们汾河镇总共有 5.1 万亩左右耕地，25 度以上的坡耕地有 3.8 万亩，因为退耕指标限制，我们只争取到 7580 多亩的退耕地指标，占整个坡地应退耕地的 19.8%，现在还有 2 万多亩需要退耕。作为国家划定的生态功能地区，已经退耕地的水土流失现在得到了完全治理，山上一下雨，水都是清水，不但灌溉用水和生活用水得到了保障，而且清水下江，保护了三峡。"

广西壮族自治区凤山县副县长张贵武说："退耕还林 12 年，国家投资 4000 多亿，完成了 1.8 亿亩的耕地退耕还林，2 亿亩的荒山造林，这 3.8 亿亩林地的经济价值和生态价值投入产出比远远物超所值，这是我们全民为生态买的单，这个账划算！"

地是刮金板，树是摇钱树，是绿色将人类的精神、身体、健康和财富完美地结合在一起，而退耕还林像一个有力的杠杆，支撑起了农民增收、土地增绿的重担。

记者魏漫伦、岳旭辉在湖南安化县马路茶场采访经营者，了解茶农务工收入

湖南省安化县是我国最大的黑茶生产县，这里的茶场很多是由退耕还林而来的，实现了山增绿、户增收、茶场有收益

从北方太行山、燕山到南国大瑶山、红水河，再到川渝三峡，三湘四水，记者一路看到的是退耕还林在大地上渲染的绿色生机，感受到退耕还林带给广大农户的财富机遇，感受到各地人们对生态文明、美丽中国的期盼。

更多农户的期盼，是可以放下锄头，抬脚进城，赚取林业和打工的双重收益；更多乡镇、林业干部的期盼，是能发展林业产业和生态旅游，增加新的经济增长点，实现农民的尽快脱贫；更多企业对退耕还林的期盼，是随着劳动力紧缺的逐步加重，企业期待更多的农民工转换角色，离土进城；更多人对绿色的期盼，是改变生存环境，遏制水土流失，确保水源地安全，防止风沙侵袭，让家园更美，让大地更美，让呼吸更顺畅。

可以说，无论是劳动力输出还是林业产业的发展、生态经济的提升，新一轮退耕还林的紧迫性、重要性以及还应该具备的针对性和灵活性，对于中国的生态建设和农户脱贫都是不亚于土地承包那样的一场革命。

退耕还林作为开启这一革命的绿色密码，将带给中国新鲜呼吸，带给农民绿色财富，将为中国梦的底色渲染上浓浓的绿意。

国家林业局退耕还林办公室主任周鸿升做客中央台《政务直通》

主持人： 听众朋友，晚上好！欢迎收听中央人民广播电台中国之声《政务直通》节目，我是雨亭。今晚21点到22点，我们用一个小时的时间，欢迎大家来到《政务直通》。一起直面政府关注、百姓关心的热点问题。今天我们所关注的主题是四个字"退耕还林"，首先跟大家介绍一下，今天来到我们《政务直通》直播间的嘉宾是国家林业局退耕还林办公室主任周鸿升。周主任您好，欢迎您！

周鸿升： 主持人好，各位听众好，我是周鸿升。

主持人： 和周主任一同坐在我们直播间的还有参与了退耕还林大型报道"绿色中国行动"的中央台记者凌晨。您好，凌晨。

凌晨： 主持人好，各位听众大家好！

主持人： 稍后，我们将就我国退耕还林的相关话题和大家共同进行交流，今天在我们节目播出的过程中，也欢迎听众朋友通过中国之声，或者中国之声央广夜新闻的微博实时发送您的留言。我也注意到此刻就有不少听友和微友已经留下了自己的观点和问题。另外听众朋友也可以通过央广网的主页面，我们的视频也在同步进行中，大家也可以同步点击来收看，下面我们首先通过一个片花来了解一下退耕还林的概念，以及我们为什么要关注退耕还林。

【片花】

"金山银山不如绿水青山，15年前面对水土流失、风沙肆虐，一场收复失地，挽救生态的绿色突围战正式打响。"

市民： 当地有一个什么说法呢，就是：开荒种地剥层皮，下一场雨，拼死拼活干一年，粗茶淡饭裹肚皮。所以说开荒种地，越垦越荒，越荒越垦。

市民： 以前靠天吃饭，没啥收入。

"退耕还林15年一退一进间发生怎样的改变？"

市民： 现在空气特别好。

市民： 农民的收入提高了。

市民： 能去玩的地方多了，而且说能去的玩的地方比以前好看了。

市民： 水清显蓝，白云飘飘，花果飘香，渔农的收入渐渐上升。

"当生态碰撞经济，如何兼顾？农业大省与退耕还林怎样调和？老政策面临新挑战何去何从？国家林业局退耕还林办公室主任周鸿升做客中央台政务之通，聚焦退耕还林 15 年。"

主持人： 是的，今年是我国实施退耕还林工程的第 15 个年头，退耕还林工程也是迄今为止世界上最大的生态建设工程，刚才通过这样一个短短的介绍片，大家也了解到了，它给我们的生活带来了哪些改变，而且听到了很多身边的普通人大家切身的感受，今天借助这样一个机会，周主任做客我们《政务直通》的直播间，首先请您向大家来介绍一下，这 15 年来，退耕还林的成绩怎么样，我们交出了一份怎样的成绩单，或者是答卷呢？

周鸿升： 好，从 1999 年到 2013 年，全国共实施退耕还林，建设任务 4.47 亿亩，其中退耕地造林是 1.39 亿亩，宜林荒山荒地造林和荒山育林合计大概 3 亿多亩，就相当于再造了一个东北黑龙江加上内蒙古的国有林区的面积，下达了资金 3500 亿，有 3200 万农户 1.24 亿农民直接受益。

主持人： 这些数字给我们一个印象，至少在这 15 年来在生活方面有了改变，在整个退耕还林设计的思路和目标达成方面我们有了很大的进步和收获，也正是为了见证退耕还林 15 年时间的变化，我们中央人民广播电台和国家林业局联合采制的大型报告"绿色中国行动"，这段时间听众朋友如果留意的话会发现我们在中国之声的电波当中每天都和大家有见面，通过网络也能够看到相应的一些文字和图片，非常地生动。从上个月，也就是 6 月份的 16 日出发到今天，我们报道组的 20 多位记者兵分 4 路，在全国 33 个省、自治区、直辖市选取出了 16 个省区进行了实地的调查采访，今天来到我们直播间做客的记者凌晨也是其中的一员，下面，我们共同来了解一下，我们的记者采访当中所带来的一些收获。

【录音】

伴着小白杨哨所战士的歌声我们走进了新疆塔城市老风口，在这片世界罕见的暴风雪的灾害区，以往大风裹胁狂沙暴雪呼啸而过的景象再也见不到了，一条长约 28 公里的生态屏障将风口死死堵住，这里已成为绿色的海洋。

清晨 5 点，皖南天目山脚下的宁国市仙霞镇盘樟村村民徐坤山走进自家的竹林地，开始了一天的劳作。徐坤山家里的地在半山腰，原来并不种竹子而是种水稻，大山开到腰，小山开到顶，100 多年的开垦，在盘樟村形成了蔚为壮观的梯田，灾害也开始随之而来。

市民： 那个时候的天气下大雨，水是浑的，它要流好几块下来，泥石流就下来了。

"2002 年黄山市、宁国市等地，开始全力推进退耕还林工程，徐坤山告诉记者，种树不仅国家每亩补贴 400 元，还有林下收益，这让村民们尝到了甜头。"

上午 10 点忙完手里的家务活，桑植县回笼村的刘东源来到离家不远的枇杷地，一个月前刘东源地里的枇杷全部卖完。

记者： 你觉得一年到头里面什么时候果园是最漂亮的？

市民： 挂果的时候，肯定是，那果子红的时候最好看的，看到有收获了嘛，肯定。在一个个红红的果子挂上面肯定是最好看的。

记者： 漫山遍野的。

市民： 漫山遍野的，那果子挂着，大家都比较有那种收获的成就感。

11 年前回笼村 22 户村民在 106 亩东南向的山坡地种上了枇杷，肥沃厚实的土盆让这里的枇杷品相格外好。

市民： 收益比较好，这里的枇杷是嫁接的那种枇杷，成熟了以后也比较甜，水分也比较多，如果是收益好的话，也快上一万左右。

在山西大同塔尔村退耕户退耕还林种的 700 亩杏树，金黄果实挂枝头，将在一周后迎来收获，收入能有几十万。

市民： 原来这地方一亩地就是一百来斤。

记者： 如今沿长江上游而下，黄坡绿衣渐浓，四川境内长江一级支流的年输沙量下降 60%，在湖北 7 年披绿相当于再造了 1.5 个神农架，15 年退耕还林，偿还了生态欠账，更拓宽了增收渠道。

主持人： 刚才我们用两分多钟的时间回顾了这次我们"绿色中国行动"当中的一些内容，听了我们记者的报告，包括我个人也感觉特别的生动和直接，周主任您听了以后感觉怎么样？

周鸿升： 我是感到很振奋，退耕还林 15 年的时间，我们是干了很大的事情，但是宣传很少。

主持人： 工作做了很多，但是大家未必都知道。

周鸿升： 这一次四组 20 多位记者的功劳非常大，非常感谢他们。

主持人： 其实通过记者的报告，大家也有这样一个平台和机会更多地了解到，退耕还林的背后，到底我们还应该了解哪些细节和点滴，其实我想这个工程本身最主要的还是其中的每一个人，它所涉及的每一个人的生活还有未来的变化，今天做客我们直播间的还有我们的记者凌晨，他也参加了这次的"绿色中国行动"的报道，也借这个机会，请你来为大家介绍一下这个过程中你亲眼所看到的一些变化。

凌晨： 我们四个组的 20 多位记者，都经历了大跨度的采访，比如说，我是从大西北的青海省先到了北京，然后带着第二采访组的伙伴从北京出发，依次穿行在安徽、江西、湖北、河南四个省采访，简单地说，大西北的特点是缺少绿色，而在南方放眼望去，映入眼帘的都是青山绿水，这是我的第一个直观感受。一路上我在想一个问题，就是这个绿色对人类究竟有多重要，那么在湖北省的竹溪县，我们意外地采访到了当地的一位退休老人，从他做的事情上我获得了部分的答案，这位老人姓甘，对野生植物十分的执迷。他从 2000 年起，开始调查竹溪县的植物资源，在 2000 年之前，专业部门记载了这个竹溪县的植物总数，只有少少的 900 多组，从 2000 年开始也就是我国退耕还林工作真正开始的这一年，到了 2005 年，老甘发现了这个植物的总数就达到了 2216 种，在过去 6 年之后，他采集到了植物的总数量超过了 3293 种，其中有 10 个是疑似的新种，有 140 个湖北省新记录种。

2008 年 4 月，老甘在十八里长峡腹地见到了一种奇怪的植物新种，经过国家的有关部门鉴定，这种植物曾被植物界视为已经或者可能灭绝的植物，这个植物的名称叫陕西羽叶报春。截至老甘接受我采访的时候，他发现的植物是 3410 种。我就在想，从 900 到 2216 到 3293 再到 3410 种，这组数字，可以让我们感受到竹溪县的植物成长的过程。老甘叫甘启良，做过电视台的记者，做过台长。他告诉我说，竹溪县的植物如此丰富，退耕还林工作发挥了重大作用，退耕还林保住了竹溪县的青山绿水，让这里的植物以及大自然得到了完整的链接，不仅如此，这里的动物也越来越多。竹溪县的人，成为了这项工程的直接的受益者，那么丰富的植物资源和动物资源让竹溪县看到了发展的前景，反复权衡以后竹溪县做出了决定，把一些高耗能、高污染的企业全部关停了。如今，最具代表性的竹溪茶叶通过了欧盟标准，出口量逐年上升，并且增加了当地茶叶在国内茶叶市场的竞争力。

"绿色中国行动"的记者走了一路，看了一路，问了一路，想了一路。在江西省的鄱阳县，我们还采访了鄱阳湖的湿地，采访了鄱阳湖中的渔业，还采访了沙化的问题，各个地方都在借助或者依靠退耕还林工程，探索着林下种植业，有些已经摸索出了一条路子，有些还在积极地摸索，但是只要大的生态环境形成了，从哪个角度去看人类都是受益者，但是我必须要说的是，靠山吃山不容易，靠水吃水也不容易，换句话说，实现生态文明的目标还要走很长的路，就像第一组采访组组长崔彤感言的那样："小树小草写就生态大文章。"

主持人：说的好，这些例子让我们更加直接地了解到，退耕还林当中的每一个人，或者是每一片土地，乃至于这片土地上的绿色，带给我们的一些冲击和感受。一边收听我们节目，一边很多微博中的网友也在和我们进行实时的互动交流，比如微博网友"郎中规"他打了个比方，现在有座山，全都是金子，你用他种树还是把金子都挖出来呢？是一个好比喻，就是看怎么来选择生态的建设和发展以及对于未来的规划，他说前提是金山也需要能种树。还有一位朋友是来自福建的，"全等待"他说福建这边我们感觉总体还行，但是在个别地区，个别乡村还有一些农民的观念还是需要相应的一些改变，看来做工作还要更加地细致，很多方面的工作有待于挖掘。还有一位微博网友"@小小兔"问了一个很有意思的问题？四个字听说很多回了，退耕还林，大家很熟悉，但是为什么叫退耕"还"林，而不叫退耕"造"林呢？还之前肯定是有借，这是谁向谁借了什么呢？那周主任来回答一下。

周鸿升：其实原本那个地方就是森林，我们长期坚持以粮为纲，而且曾经有一个时期就是向大自然进军，你进军，耕地多了，但是相应的森林、湿地和草原的面积就大面积减少了，尤其是在陡坡的耕地上，水土流失就会增加，退耕还林还草的耕地，实际上就是原来长树的地方，所以我们强调一个"还"字，那么毁林、毁草开荒，陡坡耕种的直接后果确确实实就是造成了严重的水土流失、环境恶化，还有一个就是旱、涝灾害加剧。1998 年我们国家长江、松花江、嫩江流域发生了特大洪涝灾害，泛滥区域之广、持续时间之长、水位之高，时所罕见，这场特大洪灾也敲响了生态保护的警钟，唤起了人们对林业的重视，那么坚定了党和政府治水必先治山，治山必先兴林的决心。

主持人： 刚才凌晨介绍的一个情况，其实我也有共鸣，在北方，一般到一些远郊区县也好，还是出门在附近不会走得太远的话，第一反应就觉得这个山还是有点光秃秃的，但是到南方来讲这个绿色就见的越来越多，对自身的冲击力会更强一些，而人的本能上应该是感受到这样的一种绿色青山，并且是好的空气，好的山水，才会让我们对于未来有更好的这种期待，这也是人的一种本能的期许，所以说您解读退耕还林就把这

国家林业局退耕办主任 周鸿升

个问题解读清楚的，因为之前这片林子就是在的，它是因为我们人的一些行为或者是社会经济的转型结构发展变化，造成了如今我们需要做这样一个工作的需要性，也可以理解为对历史欠账的一次补偿，俗话也说"好借好还，再借不难"，退耕还林究竟给我们的生态和社会经济发展带来了哪些机遇和变化？主要体现在哪些方面？尤其是这个机遇在未来还会有什么样的体现？

周鸿升： 应该说退耕还林，取得了这样三个方面的效应，第一个就肯定是生态环境的改善，我们现在看到这四路记者采访了 16 个省（区、市）的 40 个县，有了多方面的报道，实际上就是取得了很可喜的成就，咱们打比方说在延安，如果拿卫星图片的话，十几年的时间从黄土高坡，真是变成了郁郁葱葱的一片青山绿水，所以延安人民都很骄傲，去年延安 7～8 月间遭遇了几十年遭遇的大洪水，这个降雨量二十几天就将近 1000 毫米，但是却没有造成重大的灾害，总结起来无论是专家也好，还是延安自己的人民也好，就是十几年的退耕还林让延安的黄土高坡发生了剧变。

主持人： 对，当年那首《黄土高坡》大家很熟悉，基本上一想起这个歌曲的旋律和歌词就想起的是在一片黄土地的画面。

周鸿升： 你看吴起县，它从 1997 年的林草覆盖率是 19% 到现在是 65%，真是这个巨大的变化，另外还有一个就是"三农"问题得到了破解，你比如说农民增收问题，退耕还林，它调整了产业结构，真的是一项惠农项目。一是补助，国家拿出的钱来讲，退耕农户，户均累计得了 8000 多元的补助，农民自己就讲，退耕还林以来树栽得多了，地种得少了，技术学得多了，农闲时间少了，钱比过去赚得多了，生活条件也比过去好多了。

主持人： 变化很大。

周鸿升： 还有一个有的人可能还不太理解，说我退耕还林会不会粮食就会减产，一位院士在采访他的时候他就讲到，实际上它还促进了粮食的安全，我们在陡坡耕地上还了林，在防风固沙的地方种了防护林，保证了好耕地能够更多产，这个不仅仅没有减产反而叫做地减粮增。另外就是对农村的生产、生活方式进行了有效的调

整，越耕一个地越水土流失严重，那么就一句话就叫做穷山恶水，但是我们还了林以后，这个河水清澈了。农民的耕作方式得到了一个改变，"粮下川、林上山、羊进了圈"，这样的发展再配上基本农田的建设，农村能源建设，生态移民禁牧，包括发展后续产业，这些配套措施，让我们山区的林农也能够走上我们提倡的社会主义新农村这样一个路径，当然更重要的还有国际社会对我们退耕还林这样一个大工程的充分肯定也梳理了我们的国际形象，也有非常好的社会影响力。

主持人：您在解读过程中也多次提到了农民与农村的关系，我们的记者在采访报道当中，和直接参与退耕还林的农民有很多的交流，因为记者的话筒就是要伸向田间地头，伸到每一位农民的嘴旁让他们能够讲出自己的感受，他们对退耕还林有什么样的认识？或者是给他们的生活带来什么样的变化？凌晨借这个机会也向大家介绍一下。

凌晨：在涉及调查类型的采访中，我们选取的这个样本，应该是关注生活在贫困线以下的群体，因为这部分人取得的效果直接决定着一个目标性项目实施的效果在宁国市盘樟村，记者采访了一位农民，家里三口人，有三亩三分地，女儿在合肥读大学二年级。多少年来，家里一直在种稻子，即使是好年景全年的收入也很低，也就是仅仅够吃饭，换不回来生活所用的钱。2002 年，他们村开始退耕还林，家里人不愿意退，说种树能养活人吗？但是，一方面种植水稻收入低，一方面国家有补助，于是全家人最终被动放弃坡耕地，接受了退出耕地种植竹子的现实。那么即使是这样，这位叫彭祥林的农民兄弟硬是保留了 6 分口粮田，种了稻子和玉米。退耕还林三年之后他家的地里种植的竹子开始有了收入。到了 2013 年，全家靠种竹子卖笋子的收入已经非常地可观了，达到 18000 元。和老彭一样很多农民心里踏实了，不仅如此，村里还成立了合作社，农户不用为竹笋的价格和销路发愁，有专人负责这一块，那么在 6 分地上种植的水稻够口粮。53 岁的彭祥林告诉记者，他的老伴得了风湿，好的是参加了医疗保险可以报一半的药费，更重要的是他能够在家里照顾老婆，他说家里的日子开始好转，等女儿大学毕业后，家里要盖新房。这个风景一样的居住环境，让初次到这里的人会有些陶醉在这里，比如说我这个小组有一个年轻的女记者，她感叹说如果我能住到这里该有多好啊。但是我们不知道的是，大多数农民在退耕还林的过程中，都经历由疑惑、迟疑、甚至痛苦、被动退耕然后到获益、主动的退耕还林、全面受益这样一个过程。刚才我说的是安徽宁国市盘樟村老彭的故事。在河南省洛阳市的新安县，我们遇到了一个和老彭家境差不多的农民，听到他的事情我们的心里酸酸的，他所在的北野镇官职村挨着小浪底水库，这个村主要以生态林为主，但是大家在种植成林的大树上没有收益，就是说树长大了不能砍、不能卖，有劳力的人家都出去打工了，劳力少的，尤其是家里有病人的，收入都很低，这么这个生活很艰难，这位农民姓刘，家里就老两口，妻子也是得了风湿，失去了劳动力，丈夫只能给别人的地里薅草、打零工，每天赚 30 块钱，而每个月最多也只能打 20 天的工，这位老农民接受我们的采访时候说着说着伤心，他就哭了。我想说的另外一个情况是，同样是在新安县，这里打造的玫瑰园、樱桃园，济源市种植的东林草、核桃园的效益就非常好，孟津县尝试的合作社也很成功，不少农民被这家企业吸收为农工，靠企业发工资保障生活。所以，如何有针对性地解决退耕农民的生活，需要政府部门进一步思考，需要市场去引导。

主持人：如何有针对性地解决退耕农民的生活，也是我们在微博当中的很多网友所提到的一个共同的问题。那记者除了关注农民之外，也关注到农业的产业结构调整，这样一些契机让我们有一些重新的思考，周主任，在这方面我们有什么样的打算和考虑？

周鸿升：不惠及民生的做法应该是得不到老百姓支持的，所以在退耕还林当中，一定要发展生态经济型的后续产业，也就是"生态建设产业化、产业发展生态化"这样一个拓宽农民增收渠道、有效稳固退耕还林成果、促进经济发展的做法。克强总理曾经提出，我们的扶贫开发、生态移民、退耕还林，都要和区域优势产业相结合，那个地方它可以种什么，链就可以打造起来，另外竹子的涵养水源保持水土的作用很强大，那么我们这一次"绿色中国行动"的采访当中，采访到了很多的好例子。比如说采访了太行山区的核桃，像我们的湖南的茶叶、柑橘，新疆若羌的红枣，还有山杏等等，这个结合区域优势产业的经济林，完整的退耕还林项目，它的生命力就非常强。等到成林之后硕果累累，农民的收益成倍地增加，你想让他去种苞米，他肯定都不愿意。我觉得还有一个是精耕细作，留下来的好耕地。老百姓讲话叫孬地，我们退耕还林了，那是 25 度的陡坡耕地，那是严重的沙化的耕地，那是我们重要水源地周边的耕地，我们退耕还林。那么，留下来的好耕地还是要用科技的手段，比如说像我们覆膜的膜下滴灌技术，这种产业化经营，再加上良种，像袁隆平育出来的稻种，它就可以达到 988 千克的亩产，耕地的单位亩产上去了，它返回来又支持了坡耕地的退耕还林。实际上我们退耕还林以后还可以衍生出后续的产业，比如说我们临近城市周边的观光采摘园、农家乐、生态农庄等等，这些都可以对我们的农民兄弟的收入起到巨大的作用。我给您举个例子，像北京，它借助退耕还林巩固成果，后续产业项目，扶持了民俗旅游 1425 户，建设观光采摘示范园 53个，2012 年实现的收入达到了 5200 万元和 3300 万元，就拿门头沟"紫云山庄"采摘园来讲，他发展了 330 亩的核桃，亩均产值达到了 3 万元以上，这个当然是大城市周边，那么就是二三线城市周边我相信也有很大的发展空间。再有就是通过我们的退耕还林调整产业结构，可以促进农村剩余劳动力转移到城里去打工，这个四川有一个对丘陵地区的调查，大概 3 亩土地，进行一个坡耕地的退耕还林以后可以转移一个劳动力，四川省全省的丘陵盆地周围地区大概有 200 多万个劳动力，因为实施退耕还林得以转移，年创收就达到 100 亿元，所以我觉得这些都是产业结构调整返回来充分肯定了我们退耕还林工程取得的成就。

主持人：所以说这个辐射所带动的面和点都是非常广的，今天我们节目的主题提到"金山银山不如绿水青山"，共同来关注退耕还林 15 年这一退一进之间发生的改变，我们的节目正在进行，做客直播间的是国家林业局退耕办的主任周鸿升，中央台记者凌晨，欢迎大家继续收听，并且参与我们的节目。

主持人： 欢迎听众朋友继续收听正在直播的中央人民广播电台中国之声《政务直通》节目，我是主持人雨亭。今天做客《政务直通》的嘉宾是国家林业局退耕办主任周鸿升，中央台记者凌晨。

主持人： 刚才我们通过这样一个相对密集的时间段，为大家介绍了退耕还林对于我们的生态环境还有百姓生活带来的变化，但是我们也知道，退耕还林是一项十分复杂的系统工程，那么在这15年的时间当中，工程建设还存在哪些矛盾和问题，其中的难点是什么，相信这也是大家非常关心的，请周主任介绍一下这方面的情况。

周鸿升： 一个还是退耕还林与耕地保护之间这个矛盾，全国第二次土地调查结果，目前我们25度以上的坡耕地还有8244万亩，但是这8000万亩里面还有4298万亩的基本农田，按照基本农田保护条例，我们是不能够擅自把它退耕还林的，但是我作为退耕还林办公室主任，我希望25度以上的陡坡耕地都能够退耕还林，因为从道理上讲这些地方都应该恢复这个原有的植被，这是一个问题。

第二个就是退耕还林生态效益，它的长期性和我们补贴的短期性这个它是有时效的，这个之间也有一个矛盾，我们在退耕还林1999年试点，2000年启动的时候，确定下来退耕还生态林补助是8年，还经济林补助5年，还草的补助是2年，到2007年国务院完善退耕还林补助政策又延长了一个补助周期，但标准把它又降低，这个前一轮的退耕还林补助也就是到2016年逐渐地要到期了，这个到期以后我们的生态林在这个公益林区里头可以享受到中央森林生态效益补偿的资金，但是这个资金和退耕还林的补助相比较又低了很多，目前我们森林生态效益补偿的标准，应该说还是难以补偿退耕户丧失的成本。

主持人： 大型报道参加"绿色中国行动"采访组的成员，用两周多一点的时间关注了涉及退耕还林的方方面面。凌晨，在采访当中，你们关注到了哪些问题？

凌晨： 说到时间的宝贵，我们喜欢说弹指一挥间。15年确实不算长也不算短，我个人的理解是，我们国家实施的第一轮退耕还林工程，实际上是一个还债工程。这项工程在南方适宜的温度中，山地丘陵绿起来的速度快。实现了山地丘陵见绿。但是，也不可否认，在如此短的期限内，建造一个完善、健康的理想绿色体系，还是有相当大的难度。我举一个例子，很多地方的百姓在接受记者采访的时候都提出了相同的问题，他们说，树栽多了，山绿了、水清了、空气好了、环境也好了，农民的收入也增多了，但是，同时野生动物也多了，比如，最常见的野猪，常常毁坏庄稼地和林地，有的时候甚至钻到人家伤人。但是，由于野猪是保护动物，不能随便猎杀。安徽林业部门的一位同志说，有的县好不容易申请了猎杀野猪的指标，组织了打猎的队伍，但是真正开始打了，却找不到野猪了，而在这个公路上开车的司机，经常会看到横穿马路的野猪，实际上野猪也很狡猾。于是，当地政府最终只好给受到损失的农民补偿金。第二个问题是，有些树种出现了问题，如果改种其他树种效果会更好，但是，申请间伐树木的难度之大，令百姓不解也难以接受。林业管理部门的同志说，到目前为止，还没有制定出一个猎杀野生动物、间伐淘汰树种的具体办法。贸然出台一个不成熟的政策，可能会发生控制不了的局面。如果我们不深入实地采访，我们不会想到就野猪、枯死的树、淘汰的树这么一件件小事都会长时间地困扰着老百姓，困扰着政府部门。

主持人：的确，记者在"绿色中国行动"的采访当中也发现到了一些问题，借今天的机会我们也和大家来共同了解一下。

【录音】

当采访车在蜿蜒曲折的山林间盘旋，进入林地的腹地时，裸露着的一块块土地，如同大大小小的破补丁，镶嵌在绿色的山地丘陵上。当地林业局的干部告诉记者说，类似这样的"补丁"，新安县有 8 万亩。土地上为什么会有这么多的"破补丁"？新安县林业局局长邓朝晖解释说，第一个原因是，千百年的习惯使农民愿意留些口粮田。

邓朝晖：如果说你叫他退一部分，退完了以后他总得留点口粮田，自己种粮食，自给自足，拿钱去买粮食这件事老百姓是极其不愿意干的。

邓朝晖分析退耕还林"补丁"存在的第二个原因是，年轻人外出打工，家里只剩下老人和孩子，劳动力不足无法支撑退耕还林。同时，当地人均耕地不足一亩，一亩地又分八块的情况，使得零散土地难以流转。

邓朝晖：有些土地都流转不了。有些大户流转土地人家是看天时、地利、人和，有水的地方人家流转，交通方便的地方人家流转，你要在那深山区交通不方便的地方人家肯定不流转。

"绿色中国行动"采访组的记者在接下来的采访中发现，补丁现象不仅仅在新安县存在。当采访车通过蜿蜒曲折的山间小路缓缓驶入济源市的大峪镇堂岭村的山顶上时，小浪底水库同样尽收眼底。如同记者在新安县看到的情景，济源市大大小小的"补丁"有 5 万亩。

洛阳地区有 100 多万亩这样的"补丁"。整个河南省重要水源地周边的荒山荒地、严重沙化土地则有 230 万亩，大致相当于 1.5 个香港的陆地面积。

小浪底库区地处黄河中游，起着蓄清排浊、承上启下的巨大作用。在这样重要的生态屏障区域，消除退耕还林的"补丁"容易吗？多方给出的答案是否定的。

原小秋（洛阳市退耕还林中心主任）：首先是现在这个坡度，就是造林成本已经比较高了，再加上当地农民对退耕造林积极性不高，就是前景、补偿不是特别看好，因为标准比较低，每亩 90 块钱，与人家相比起来标准偏低。现在没有新的政策下来之前，农民对这个退耕的积极性不是特别高。

主持人：刚才我们了解到了这样一个概念"耕地补丁"，不知道周主任怎么看，包括农户对退耕还林补偿前景的不看好，毕竟大多数农户退耕后种植生态林后没有收益，补贴到期以后，还续不续？或者说，补助少了，退耕还林的效果会不会打折扣？要是没有补贴，是否会出现复耕的？等等一系列问题，农户都很担忧，这个也是情理当中。

周鸿升：河南是人口大省，在人多地少的地方，基本口粮田是必要的，那么当然也有一些"补丁"，刚才提到的这个"补丁"是前一轮退耕还林任务没有完成的，因为我刚才讲到，全国 25 度以上的退耕还有 8200 多万亩，所以实施新一轮退耕

国家林业局退耕办主任周鸿升接受访谈

还林工程就十分必要，那么在新一轮退耕还林实施当中，我觉得补助问题，我们会借鉴前一轮的经验把它破解掉。

主持人： 周主任，对于新一轮的退耕还林工程，大家的心里都在期待，接下来怎么走，当这一个时机来到的时候我们如何把握？

周鸿升： 十八届三中全会的决定里，要求"稳定和扩大退耕还林范围"，在今年的 1 号文件里边也提到，从 2014 年开始，继续在陡坡耕地、严重沙化耕地、重要水源地实施退耕还林还草。今年的"两会"，李克强总理在《政府工作报告》当中，也明确提出了继续实施退耕还林还草，今年准备安排 500 万亩，目前国务院领导已经同意了新一轮退耕还林还草的总体方案，新一轮退耕还林还草工程今年将在重点地区正式启动。

主持人： 我们的记者在节目播出之前采访了国务院参事室研究员姚景源，我们来听听他的观点。

【录音】

姚景源： 新一轮退耕还林其中最重要的内容就是完善的政策扶持体系，比如说我们要研究怎么样让我们的各类资金、资本能够进入到退耕还林的这个领域，怎么让我们的龙头企业能够在退耕还林过程当中发挥更大的作用，显然需要我们方方面面的政策扶持。重庆的退耕还林欲保护三峡的一池碧水，和长江中下游的生态环境直接相关，那么重庆之所以取得这样的一个重要成就，重要的措施之一，就是重庆在全国退耕还林补贴基础之上，它从地方财政拿钱再增加补贴，大家知道，重大工程更需要生态维护，我觉得要有特殊政策倾斜，应当是我们新一轮退耕还林工作需要研究的一个重大课题。

主持人： 姚景源特别提到了一些特殊的政策，包括特殊的情况，周主任您怎么看？

周鸿升： 姚景源，姚专家毕竟是国务院参事室的研究员，他对政策的把握是非常准确的，我们新一轮退耕还林还草，首先要强调的是，要农民自愿，要自下而上，上下结合的方式来决定，中央来核定各省的一个总规模，在土地资源清查过程当中，各省的陡坡耕地也好，严重沙化耕地也好，重要水源地周边耕地也好，这些都很容易确定下来，那么划拨资金到省以后，省级人民政府对退耕还林还草负总责，自主确定兑现给农户的补助标准。我们目前中央的每亩补助标准是 1500 万元，刚刚姚参事提到重庆就是自己从自己的财政里面拿出来，每亩又给农民 15 元，那么接下来其他省份，如果感觉到 1500 元低了，还可以根据自己本省的情况、地区的特殊情况，我们来从省级的财政里面，拿出钱来支付给农民，这是一个政策。那么另外一个就是关于这个社会资本广泛参与工程建设的问题，我觉得国际上都有非常好的例子供我们参考，在退耕还林工程当中，我觉得要要解放思想、转变观念，让更多的社会资本参与进来。我打个比方，你比如说我们重要水源地的这个保护，如果某个企业，它就是做这个矿泉水的，它就需要保持这一湖碧水，那么和我们的农民朋友，友好地商谈，给重要水源地周边主动退耕的农户一些补助，或者说他退下来什么样的林木都由我们的社会企业负责任地和他商讨，可以不施肥、不打农药。那么农民丧失了一些既得利益，我的企业从红利里面分配出来，给他们一些支持。这样一定会保持一湖碧水，当地的百姓也能获利，你的企业才能够更有效、更可持续地发展。所以我认为退耕还林工程，是应该让更多的社会资本参与进来。

主持人： 对，的确让我们对于未来是充满着期待。这一次我们的"绿色中国行动"采访只是其中的一小步，应该说我们看到了不少我们以往并不了解的东西，也发现了一些问题，同时又收获了不少的宝贵经验，相信未来还有更多的值得期待的这样一些工作来做，我们在各地采访的记者，也对这项工程充满期待，我们来听听。

【录音】

市民： 他们能不能在我们退耕还林户当中发展养殖业，或者是其他一些方面能够给一些支持和扶持。

市民： 我觉得政府应该加大力度，然后延续时间长一些，因为树长得比较慢，用这种政策来使退耕还林落到实处。

市民： 过去是每一百斤稻 40 块钱的时候你就补助 700 块钱，那个时候我们请工人的话是 2 块钱，现在是 100 块钱，小工。你也给我补助 700 块钱，那肯定高一点的好了。

市民： 建议国家出台退耕还林政策的时候向我们的干旱地区给予倾斜。

市民： 如果说能延长几年的话，对于我们这些退耕还林户来说能够更好一些。

主持人： 这是大家对于未来的期待，那凌晨也代表我们的记者同行，说说大家对于未来的期待吧。

凌晨： 在这次的大型采访中，我和我的同事都有一个收获和感想，就像 6 月

13日在"绿色中国行动"采访组出征仪式上，我代表全体记者说的，要成就一件事情离不开"天时、地利、人和"，国家出台好的政策还不够，还需要一个好的执行机构，更需要百姓的全力支持。第三组组长王贵山总结说："当政策呼应民心，会产生不可估量的力量"；第四采访组魏漫伦的感受是："上面定政策得统筹谋划才能走活全局，基层抓落实要因地制宜，才能获得实效。"说的就是这个道理。

　　主持人：时间过得很快，我们的节目要接近尾声了，感谢周主任和凌晨来到我们《政务直通》节目，就这么多的热点话题与听众朋友沟通。我相信，对退耕还林这项工程我们有了很多的了解，未来也有更多的期许，祝愿这项工程越走越远。

代跋

让青山作证
——中国护绿 绿护中国

主持人：半个多月来，中央人民广播电台"绿色中国行动"报道组肩负着社会责任，行程 4 万公里，足迹遍布全国 16 个省（区、市），用话筒记录我国青山再造的生态实践，直面生态环境隐忧，绘制青山绿地生态版图。请听录音述评《让青山作证》，采写中央台记者陈俊、李楠。

女生口播：在重庆万州，众多支流汇入长江，这里森林覆盖率接近 50%。

录音：如果出太阳的话，是一江碧水，两岸青山。

记者：初夏的神州，山河披绿。三北防护林体系建设 36 年，天然林保护工程实施 16 年，退耕还林 15 年，京津风沙源治理 12 年……我国绿色版图不断扩大：黄土高原披上绿装，华北平原生机盎然。月圆月缺，岁月沧桑，青山作证，绿水含情。绿色生态版图的扩大关系民生福祉，关系民族未来。

女生口播：在甘肃河西走廊，每年春季沙尘天气就会袭来，这里也是我国主要的沙尘暴策源地之一。

录音：都讲植树造林三分造、七分管，我觉得在我们这儿一分造、九分管都不为过。

没有绿色中国，何谈美丽中国。目前，我国森林覆盖率不到 22%，远低于世界平均水平。西北国土受到荒漠化侵袭，西南国土面临石漠化困扰，湖泊萎缩、地下水下降、旱灾水灾不断……一方治理、多方破坏，点上治理、面上破坏，治理赶不上破坏，缺林少绿、生态脆弱成为建设美丽中国的一大短板。人民群众期盼山更绿、水更清、环境更宜居，我们造林绿化、改善生态任重而道远。中国工程院院士尹伟伦说：

录音：我国整个森林生态建设恢复保护做得很有成就，并不等于到了满意的地步，因为我们历史对环境欠账、破坏太严重，百姓和政府对生态建设的效果和需求特别迫切。

污染会流动，绿色很脆弱。要建设绿色中国，我们不能单打独斗；要守护绿色中国，我们不能独善其身。要发展绿色中国，我们不应只追求漂亮数据，牺牲后代利益。国家林业局退耕办主任周鸿升说，为了绿色中国，我们不应"只求眼前风平浪静，不管后世洪水滔天。"

录音： 习总书记曾经讲过，山水林田湖是一体化，人的命脉在田，田的命脉在水，水的命脉在山，山的命脉在土，土的命脉在树。我们和自然要有更好的一种生存与发展的方式，不能无度地索取。

即使风沙退去，我们植树造林的干劲不能减；即使雾霾退去，我们让祖国披绿的步伐不能停；即使绿染层林，我们合力治污的干劲不能松。我们要在仰观蓝天白云、俯视青山绿水、呼吸清新空气的同时，走向富裕和文明。人不进则污染进，把生态"短板"补齐，我们面对的是一场事关未来的攻坚战和持久战。

李克强总理的声声嘱咐，不只是对各级干部的要求，更是对历史的庄严承诺：

国务院总理李克强录音： 生态文明建设关系人民生活，关乎民族未来。必须加强生态环境保护，下决心用硬措施完成硬任务。生态环保功在当代、利在千秋。各级政府和全社会都要进一步积极行动起来，呵护好我们赖以生存的共同家园。

让青山作证——中国会守护绿色，绿色也会守护中国！

金秋晨光

退耕还林极大改善了生态环境，展现一幅绿色家园

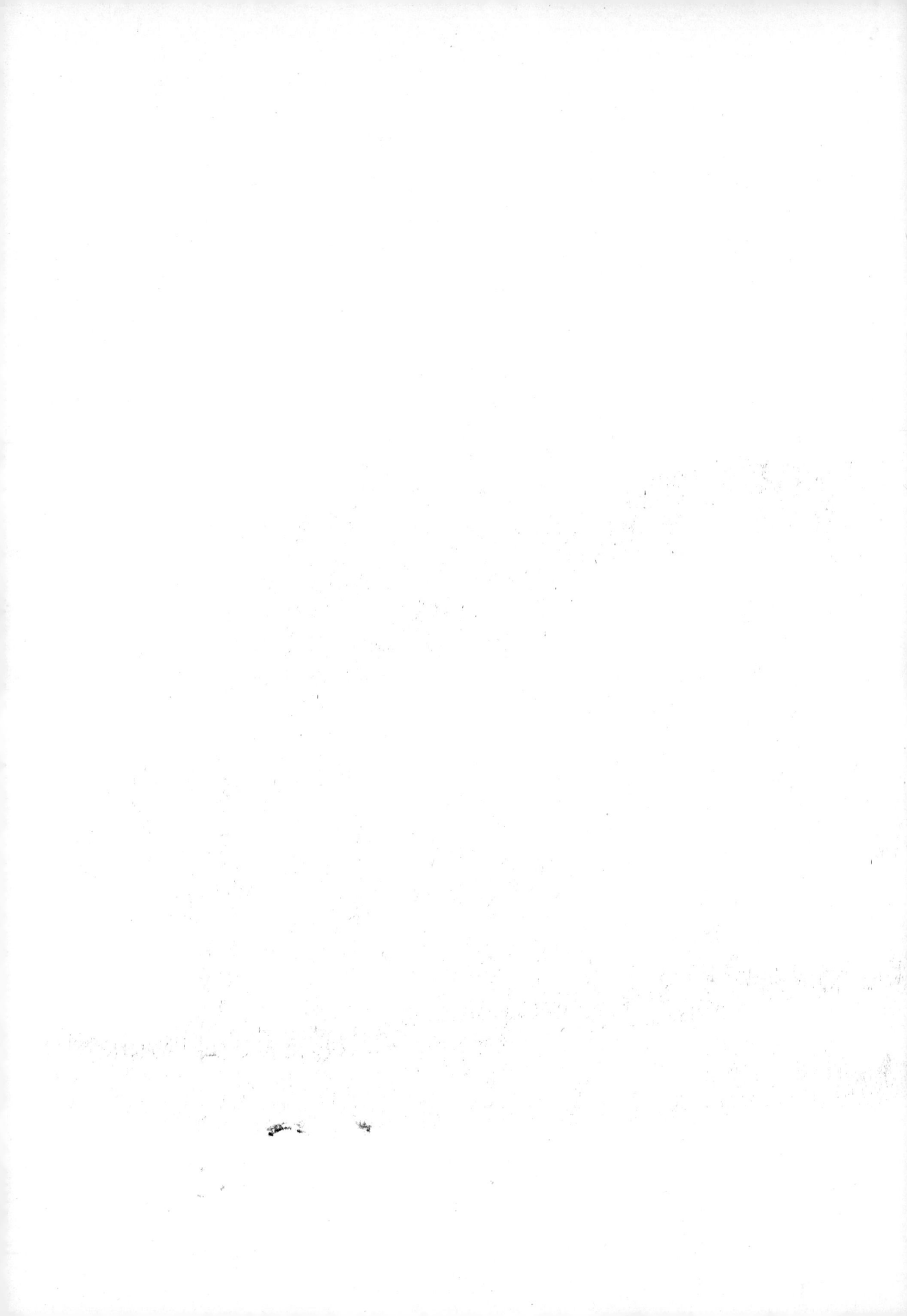